THILO BODE
Die Freihandelslüge

Zum Buch

Thilo Bode, seit vielen Jahren politischer Anwalt der Verbraucher und der Umwelt, stellt die Argumente der Befürworter der Freihandelsabkommen CETA und TTIP auf den Prüfstand und legt klar und verständlich dar, dass beide Abkommen Verbraucherrechte, soziale und Umweltstandards gefährden. Er schildert die Intransparenz der Verhandlungen und enthüllt die falschen Annahmen positiver wirtschaftlicher Effekte. Vor allem untersucht er die rechtlichen und politischen Auswirkungen: Im Fall der Ratifizierung erhalten wir beide Male ein Regelwerk, das die Interessen vor allem globaler Konzerne bedient, eine Paralleljustiz zum Schutz von Investitionen einführt und letztlich die Parlamente in ihrer Kompetenz beschneidet. Daneben beleuchtet Thilo Bode anschaulich die Folgen für unseren Alltag: Weitere notwendige Verbesserung von Standards im Umweltschutz, bei gefährlichen Chemikalien, in der Lebensmittelindustrie, in der Landwirtschaft und in der Tierhaltung sowie bei den Arbeitnehmerrechten würden künftig massiv erschwert.

Zum Autor

Thilo Bode, geboren 1947, studierte Soziologie und Volkswirtschaft. 1989 wurde er Geschäftsführer von Greenpeace Deutschland, 1995 von Greenpeace International. 2002 gründete er die Verbraucherorganisation foodwatch.

THILO BODE

unter Mitarbeit von Stefan Scheytt

Die Freihandelslüge

Warum wir CETA und TTIP
stoppen müssen

Deutsche Verlags-Anstalt

Redaktionsschluss: Mai 2016

Der Verlag weist ausdrücklich darauf hin, dass im Text
enthaltene externe Links vom Verlag nur bis zum Zeitpunkt der
Buchveröffentlichung eingesehen werden konnten. Auf spätere
Veränderungen hat der Verlag keinerlei Einfluss. Eine Haftung
des Verlags ist daher ausgeschlossen.

Verlagsgruppe Random House FSC® N001967

Aktualisierte und erweiterte Ausgabe 2016 auf der Grundlage
der 6. Auflage 2015
Copyright © 2015 Deutsche Verlags-Anstalt, München,
in der Verlagsgruppe Random House GmbH,
Neumarkter Str. 28, 81673 München
Alle Rechte vorbehalten
Typografie und Satz: DVA / Andrea Mogwitz
Gesetzt aus der Minion
Grafik im Anhang: © Peter Palm, Berlin
Druck und Bindung: GGP Media GmbH, Pößneck
Printed in Germany
ISBN 978-3-421-04764-9

www.dva.de

Dieses Buch ist auch als E-Book erhältlich.

Inhalt

Vorwort

Aufklärung statt Geheimnistuerei, Analyse statt plumper Argumente, das wollten wir mit diesem Buch erreichen, als es im Frühjahr 2015 erstmals erschien. Auf diesem Weg sind wir seitdem ein gutes Stück vorangekommen. Die Befürworter von TTIP und CETA, die mit getürkten Wachstumsprognosen und dem Verschweigen der Gefahren dieser Abkommen für unsere Demokratie operieren, sind zunehmend in der Defensive. Eine viertel Million Menschen gehen in Berlin auf die Straße! Welch ein Erfolg! Und im Nachhinein hat sich der Titel des Buches »Die Freihandelslüge« gleich mehrfach als berechtigt gezeigt. Bei TTIP und CETA ist das Prädikat »Freihandel« lediglich ein Vorwand, um Wirtschaftsinteressen durchzusetzen.

Mit Freihandel in seiner praktischen Form bin ich zum ersten Mal Ende der 1970er Jahre im Maghreb in Berührung gekommen. Als junger Mann arbeitete ich an Entwicklungshilfeprojekten in Tunesien mit und verteidigte den Freihandel gegen Kritiker, die es auch damals reichlich gab. Für sie war internationaler Handel gleichbedeutend mit »Ausbeutung durch Imperialisten«. Als Volkswirt habe ich mich im Studium vor allem mit internationalem Handel und Entwicklungspolitik beschäftigt. Solche Pauschalurteile haben mich daher schon vor vierzig Jahren geärgert. Sie ärgern mich auch heute noch: Als müsse jedes Land sämtliche Produkte und Dienstleistungen selbst herstellen, als wäre es nicht sinnvoll, wenn Länder ihre Stärken und besonderen Bedingungen, die sie von anderen Staaten unterscheiden, in einer arbeitsteiligen Weltwirtschaft zu ihrem Vorteil nutzten. Ohne internationalen Handel ließe sich die Ernährung der Weltbevölkerung nicht bewerkstelligen.

In Tunesien gedeihen trotz des wenigen Regens hervorragende Oliven, sie könnten als Olivenöl nach Europa exportiert werden und dem Land Devisen einbringen für den Import von bewässerungsintensivem Weizen – das wäre ein guter, auch ökologisch sinnvoller Austausch für die Handelspartner. So war die Theorie, als ich mithelfen wollte, die wirtschaftliche Entwicklung der armen Länder Nordafrikas voranzubringen.

In der Praxis erlebte ich dann, wie diese überzeugende Theorie durch die machtvolle Wahrung von Interessen beschädigt wurde. Tunesien durfte kaum Olivenöl nach Europa exportieren und wird auch heute noch an dessen freiem Export mit Handelsschikanen und Zöllen gehindert, weil die tunesischen Oliven mit der subventionierten Olivenproduktion in den Mittelmeerstaaten der EU konkurrieren. Anstatt den afrikanischen Olivenproduzenten die Chance zu geben, mit guten Produkten Geld zu verdienen und damit die Wirtschaft in armen, ländlichen Regionen zu fördern, finanzierte die Entwicklungshilfe teure Bewässerungsprojekte, um dort Weizen anzubauen. Das ist Verrat an der Freihandelsidee, begangen von Politikern, die vom Freihandel sprechen und Protektionismus praktizieren – um dann gönnerhaft Entwicklungshilfe zu gewähren.

Von der Idee des fairen Freihandels, der allen Beteiligten Vorteile bietet, bin ich dennoch bis heute überzeugt. Als das geplante Freihandelsabkommen TTIP (Transatlantic Trade and Investment Partnership) zwischen den USA und der Europäischen Union und auch das CETA-Abkommen mit Kanada (Comprehensive Economic and Trade Agreement) immer häufiger in den Medien auftauchte, war ich deshalb zunächst nicht grundsätzlich dagegen. Schließlich geht es nicht um Handelsbeziehungen zwischen einem Industrie- und einem Dritte-Welt-Land, sondern um ein Abkommen zwischen zwei wirtschaftlich hoch entwickelten und bereits eng verflochtenen Wirtschaftsblöcken. Doch dann begann ich, mich näher damit zu beschäftigen, auch angeregt durch viele Förderer und Unterstützer von foodwatch, die uns Fragen stellten und uns ermunterten, genauer hinzusehen.

Das haben wir getan, und das Ergebnis ist dieses Buch. Im ersten Teil versuchen wir, TTIP und CETA zu erklären – die volkswirtschaftlichen Grundlagen und die zu erwartenden ökonomischen Effekte. Eingeordnet werden dort die kontroverse Debatte, der Stand der Verhandlungen sowie die Auswirkungen von TTIP und CETA auf unsere Demokratie. Im zweiten Teil geht es um die Auswirkungen, die diese Abkommen auf unseren Alltag haben werden. Dabei muss man sich vor Augen halten, dass die Dimensionen von TTIP und CETA gigantisch sind, da sie fast alle Wirtschafts- und Industriebereiche berühren. Deshalb musste ich mich hier auf einige beispielhafte Bereiche beschränken. Es sind dies Felder, die einerseits erhebliche politische Bedeutung haben, andererseits uns auch im Alltag unmittelbar betreffen: Chemikalien, Lebensmittel, Landwirtschaft, Tierschutz und Arbeitnehmerrechte.

Die Entwicklungen in den vergangenen Monaten haben meine Grundannahmen und Befürchtungen bestätigt. Der nunmehr vorliegende Text des CETA-Abkommens beweist: Das in der europäischen Verfassung garantierte Vorsorgeprinzip droht durch das Freihandelsabkommen irreversibel beschädigt zu werden. Die in der Debatte behaupteten Zuwächse bei Wachstum und Jobs als Folge der Abkommen haben sich als politisch motivierte, nicht haltbare Versprechen erwiesen; die Drohung, wenn Europa diese Abkommen nicht schließe, würden andere (»die Asiaten«) die technischen und sozioökonomischen Standards bestimmen und Europa von den Weltmärkten abkoppeln, erweist sich als reine Panikmache. Und trotz intensiver Kritik soll nicht nur an der demokratiefeindlichen Paralleljustiz für ausländische Investoren festgehalten werden. Darüber hinaus hat sich die Erkenntnis verstärkt, dass das wichtigste Recht der Bürger Europas, nämlich mit ihrer Stimme bei Wahlen ihre eigenen Geschicke zu bestimmen, in mehrfacher Hinsicht und in einem ungeahnten Ausmaß geschwächt wird.

Die monatelange Recherche mit meinem Team hat mir jene Erfahrung in Tunesien vor vierzig Jahren ins Gedächtnis gerufen: Noch viel krasser als damals besteht bei TTIP und CETA eine Kluft zwischen Theorie und Praxis der Freihandelsidee. Die Abkommen dienen nicht den beteiligten Ländern, der Mehrheit ihrer Bürger und der Mehrheit ihrer Unternehmen, und schon gar nicht dienten sie ärmeren Ländern. Sie dienen fast ausschließlich den großen, weltweit agierenden Konzernen, die ihre Marktanteile und ihren Einfluss absichern und ausbauen wollen. Ein Baustein dafür, wie ich zu diesem Urteil komme, ist ein Satz aus dem TTIP-Verhandlungsmandat, das die EU-Mitgliedsstaaten der EU-Kommission erteilt haben. Dort steht, dass Investoren durch TTIP »das höchstmögliche Maß an Rechtsschutz und Rechtssicherheit« gewährt werden soll. Ein derart ehrgeiziges Ziel – »das höchstmögliche Maß« – gibt das Mandat für kein anderes Thema und für keine andere Gruppe aus.

Diese Formulierung bringt TTIP auf den Punkt. Lassen Sie sich nicht ablenken vom TTIP-Dauerthema »Chlorhühnchen« oder von der Frage, ob wegen des Abkommens bald Nürnberger Rostbratwürstchen aus Kentucky auf Grills in Europa landen könnten. Darum geht es bei TTIP nur ganz am Rande. Im Kern geht es darum, Konzerninteressen in Gesetze zu gießen, mit der Konsequenz, dass auf Dauer unsere demokratischen Rechte und die Demokratie in Europa diesen Konzerninteressen unterworfen werden. Das weit verbreitete Gefühl der Ohnmacht gegenüber dem Regierungshandeln wird sich verstärken und verfestigen ebenso wie die Entfremdung zwischen Bürgern und ihren gewählten Vertretern. Kein Freihandelsabkommen dieser Welt ist es wert, eine unserer größten zivilisatorischen Errungenschaften, die Demokratie, derart zu beschädigen.

Erst langsam und noch unzureichend beginnt sich diese Erkenntnis auch bei unseren Abgeordneten in den nationalen Parlamenten und im Europäischen Parlament durchzusetzen. Neben denen, die Wirtschaftsinteressen schlichtweg höher bewerten als Risiken für die Demokratie, gibt es noch zu viele Volksvertreter, die sich der tatsächlichen Gefahren durch TTIP und CETA gar nicht bewusst sind. Denn mit allen Mitteln versuchen die Befürworter der Freihandelsverträge, Politiker und Konzern-Lobbyisten, eine intensive Debatte über »TTIP und Demokratie« unter der Decke zu halten. Mit der aktualisierten Ausgabe der »Freihandelslüge« will ich genau diese Absicht bekämpfen und den Lesern entsprechende Argumente an die Hand geben, auch damit sie ihren Abgeordneten klarmachen können, was auf dem Spiel steht.

Der Einsatz lohnt sich. Mehr als zu Beginn unserer Kampagne gegen die Freihandelsverträge bin ich überzeugt: Wir haben die besseren Argumente. Wir können es schaffen, TTIP und CETA zu stoppen.

Ihr Thilo Bode

TEIL I

TTIP und CETA:
Die Politik unterwirft sich
Konzerninteressen

1

Schönredner und Angstmacher

Die Arroganz der Macht, sie zeigt sich an diesem Tag im Mai 2014 gleich mehrfach. In Berlin wollen Aktivisten der Organisation Campact 470 000 Unterschriften gegen das transatlantische Freihandelsabkommen TTIP zwischen der Europäischen Union und den USA an Bundeswirtschaftsminister Sigmar Gabriel übergeben. Sie haben dafür eine öffentliche Veranstaltung Gabriels mit dem damaligen EU-Handelskommissar Karel De Gucht gewählt, auf der die beiden Stellung beziehen wollen zur Kritik an TTIP. Doch der Auftritt der Politiker bleibt vielen als ziemlich arrogant in Erinnerung. Karel De Gucht, Europas Handelsminister und TTIP-Chefverhandler, hält den 470 000 Unterzeichnern des Anti-TTIP-Appells den Satz entgegen: »Ich vertrete 500 Millionen.« Und Sigmar Gabriel hat für die Entgegennahme der Unterschriften keine Zeit. Das darf ein Vizekanzler und SPD-Chef: keine Zeit haben. Was er nicht darf: 470 000 Menschen für dumm verkaufen. Aber Sigmar Gabriel tut es, er sagt: »470 000 Unterschriften zu sammeln gegen etwas, das es noch gar nicht gibt, das muss man erst mal machen.« TTIP ein Phantom – darauf muss man erst mal kommen.

Für »etwas, das es noch gar nicht gibt«, ist TTIP zu diesem Zeitpunkt schon ziemlich weit gediehen, freilich weitgehend im Geheimen. Bereits seit 2011 reden die EU und die USA über ein mögliches Freihandelsabkommen. Ein Sonderteam aus Experten der US-Regierung und der EU-Kommission, die »High Level Working Group on Jobs and Growth«, sondierte zunächst die Möglichkeiten einer tieferen transatlantischen Zusammenarbeit. Mitte 2013 erteilte dann der Rat der europäischen Handelsminister (in Deutschland ist das der Wirtschaftsminister) der EU-Kommission das zunächst geheim gehaltene Mandat, über ein Freihandelsabkommen mit den USA zu verhandeln, Titel: Transatlantic Trade and Investment Partnership, kurz TTIP. Einen förmlichen Beschluss des Bundestags oder des EU-Parlaments gab es dazu allerdings nie – vielleicht ist es diese Tatsache, aus der Sigmar Gabriel den Schluss zieht, TTIP gebe es noch gar nicht.

Nur wenige Wochen nach Gabriels Satz veröffentlicht sein Koalitionspartner CDU eine Broschüre über dieses »Etwas, das es noch gar nicht gibt«. Dem angeblichen Phantom TTIP werden darin nun schon ganz reale Vorteile zugeschrieben: »So kann TTIP der deutschen Wirtschaft nutzen«, lautet der Titel. Daneben prangt ein Logo, es besteht aus einem orangefarbenen Kreis, darin die Silhouette einer Brücke, die an die Golden Gate Bridge in San Francisco erinnert, sowie der Slogan »TTIP – Brücke in die Zukunft«. Möglicherweise hofften die Macher der Broschüre, dass sich der Leser – dank TTIP – über die Golden Gate Bridge in eine in Gold-Orange getauchte Zukunft fahren sieht.

Als wäre sie der oberste Controller der deutschen Exportindustrie, gräbt sich die CDU in ihrer Broschüre tief in technische Details: »Airbags müssen für den EU- und den US-Markt völlig unterschiedlich kalibriert werden, weil die EU-Vorschriften von einem angeschnallten Fahrer ausgehen, die US-Vorschriften von einem nicht angeschnallten«, heißt es in dem

Papier. »Rote Rückblinker (in den USA) und gelbe Rückblinker (in der EU) verteuern die Herstellungsprozesse ebenso wie nicht-einklappbare Seitenspiegel (USA) und einklappbare Seitenspiegel (in der EU) oder unterschiedliche Vorschriften zum Einsatz von Crash-Test-Dummys.«

Auch im Maschinenbau sieht die Partei großes Sparpotenzial: Wegen unterschiedlicher Vorschriften könnten technische Produkte wie Gasarmaturen, Gasrohre, Kabelbäume oder Sicherheitsventile aus Deutschland nur mit zusätzlichen Sonderbauteilen in die USA verkauft werden, trotz eines vergleichbaren Schutzniveaus. »Dies verteuert die Herstellungskosten und damit den Preis für den Endverbraucher unnötigerweise.« So wie man in der Vergangenheit innerhalb der Europäischen Union für einheitliche Standards gesorgt habe, »von der Telefonbuchse bis zur Netzspannung, von der Sicherheit unserer PKW bis zur Qualität unserer Lebensmittel«, so ließe sich in Zukunft durch TTIP auch der Austausch von Waren und Dienstleistungen mit den USA erleichtern. Geringere Zölle, weniger Bürokratie, gleiche Standards jeweils für Autos, Maschinen, Kosmetika, Textilien, Lebensmittel und vieles mehr – das sei die Formel für neue Absatzmärkte und neue Jobs, für eine größere Produktauswahl und niedrigere Preise, letztlich für mehr Geld im Geldbeutel jedes Einzelnen. »Von TTIP haben wir alle etwas: ob als Verbraucher oder Arbeitnehmer, ob als Verkäufer oder Arbeitgeber, ob als Leistungsträger oder Leistungsempfänger.« So steht es neben der Silhouette der Golden Gate Bridge im warmen Abendlicht, der »Brücke in die Zukunft«.

In den Aussagen deutscher Regierungsvertreter und anderer TTIP-Befürworter steckt oft ein irritierendes Pathos, ein krasses Missverhältnis zwischen der Behauptung – geringere

Zölle, Angleichung technischer Standards – und ihrer angeblichen Bedeutung. Die rhetorisch sonst so unambitionierte Bundeskanzlerin mahnte in martialischem Ton, ihre Partei werde TTIP »gegen alle Widerstände durchkämpfen«, die EU müsse das Abkommen »mit Haut und Haaren« verhandeln; Angela Merkel verglich die Debatte um das Freihandelsabkommen sogar mit jener um den Nato-Doppelbeschluss in den 1980er Jahren, die die Gesellschaft in zwei Lager spaltete. Merkels Vize, SPD-Chef Sigmar Gabriel, lud die Debatte im Bundestag moralisch auf: »Wenn wir das hier falsch machen, werden unsere Kinder uns verfluchen.« Scheiterten TTIP und das zwischen der EU und Kanada damals noch nicht restlos ausverhandelte Freihandelsabkommen CETA, könnten »viele hunderttausend Menschen in Deutschland« ihren Job verlieren, der Exportnation Deutschland drohe »eine mittlere Katastrophe«. Daimler-Chef Dieter Zetsche sorgte sich, Deutschland und die EU würden ohne TTIP eine »historische Chance« verpassen, der wirtschaftspolitische Sprecher der CDU-Bundestagsfraktion, Joachim Pfeiffer, sprach von einer »Jahrhundert-Chance«. Kann man das ernst nehmen: dass uns unsere Kinder verfluchen werden, wenn wir die Farben von Rückblinkern nicht vereinheitlichen? TTIP – eine »Jahrhundert-Chance«? Geht es noch größer? Wird als Nächstes von »Sünde« gesprochen, wenn Menschen trotzdem Fragen stellen?

Merkel, Gabriel & Co. appellieren an diffuse Ängste, wenn sie behaupten, ohne das Abkommen würden Deutschland und Europa »den Anschluss an asiatische Länder verlieren«, sich sogar »von den Weltmärkten abkoppeln«. Jenseits von Wachstum und neuen Jobs sprechen für den US-Botschafter bei der Europäischen Union, Anthony Gardner, »geostrategische Gründe« für TTIP: Der Blick auf den Mittleren Osten oder auf Russlands Ukrainepolitik mache deutlich, dass TTIP die transatlantische Allianz wirtschaftlich festigen könne, so wie die Nato das in militärischer Hinsicht leiste: »Wir müssen die Regeln im Welthandel setzen, bevor es andere tun«, so Anthony Gardner, »TTIP ist aus vielerlei Gründen nicht nur wichtig, sondern unverzichtbar.« In solchen Sätzen schwingt Angela Merkels berühmtes Wort von der Alternativlosigkeit mit: TTIP – wir haben keine Wahl. Und sollten wir dennoch die falsche treffen, bezahlen wir dafür bitter.

Berlin, im Juli 2014: Auf der Bühne eines Konferenzsaals der Friedrich-Ebert-Stiftung sitzt George Miller aus San Francisco, er nimmt an einer Podiumsdiskussion über Freihandelsabkommen teil. Miller ist nicht irgendein US-Politiker. Mit vierzig Jahren als Kongressabgeordneter gehört er zu den Dienstältesten in Washington, Miller gilt in den USA als ein politisches Schlachtross. Der Demokrat aus Kalifornien ist kein Gegner des Freihandels. Es käme ihm wohl nie in den Sinn, gegen ein Abkommen wie TTIP zu argumentieren, würde es nur Doppeltests überflüssig machen, technische Standards einander angleichen, sinnlose Zölle aus grauer Vorzeit abschaffen.

Dennoch hat George Miller Ende 2013 einen Brief an seinen Präsidenten und Parteifreund Barack Obama initiiert, den mehr als ein Drittel der 435 Kongressabgeordneten unterschrieben haben. Der Brief richtete sich gegen das inzwischen durchgepaukte sogenannte »Fast-Track«-Gesetz, eine Art Schnellverfahren, das die Befugnisse der US-Regierung beim Aushandeln von Freihandelsverträgen massiv ausdehnt und jene des US-Kongresses entsprechend einschränkt. Die Abgeordneten können bei der Abstimmung über TTIP und andere

Freihandelsabkommen nun nicht mehr einzelne Inhalte des Vertragsentwurfs verändern, sondern nur noch mit »Ja« oder »Nein« über den Vertrag als Gesamtpaket abstimmen. Sie haben nicht mehr die Möglichkeit, die Idee mit den gleichfarbigen Rückblinkern gutzuheißen und gleichzeitig gegen laxere Regeln bei der transatlantischen Bankenregulierung zu stimmen.

Am Ende seiner langen politischen Karriere ist George Miller an diesem Tag im Sommer 2014 noch einmal nach Berlin gekommen, um seine deutschen Zuhörer in ihrem Widerstand gegen TTIP zu bestärken. Hunderttausende, gar Millionen neuer Jobs durch TTIP? »Ein Märchen«, antwortet Miller. Mehr Wachstum und Wohlstand für alle durch die Integration der Wirtschaftsräume USA und EU zur größten Freihandelszone der Welt? »Es muss um die Interessen der Bürger gehen, nicht um die der Konzerne«, entgegnet der Mann aus San Francisco, »bei TTIP wäre es wie bei einer Lotterie: wenige Gewinner, viele Verlierer.« Vor allem aber empfinden George Miller und die übrigen Unterzeichner seines Briefs an Präsident Obama eine »tiefe Besorgnis« angesichts der Reichweite heutiger Freihandelsabkommen – eine Tatsache, die das Lager der Befürworter meist völlig ausblendet. Denn: Heutige Freihandelsabkommen beschränken sich nicht auf die Angleichung technischer Standards für Autos und Maschinen, sie zielen nicht nur darauf ab, Zölle auf Importe zu senken oder abzuschaffen. Verträge wie das geplante TTIP berühren fast sämtliche Politikfelder vom Umweltschutz und der Landwirtschaft über das Arbeitsrecht bis zum Gesundheitswesen; sie greifen ein in den Patent- und Datenschutz, in die Standards für Lebensmittel und Chemikalien, sie betreffen Fragen der Energiegewinnung wie im Fall des Frackings, sie können die Regulierung der Banken verschlechtern und den Schutz ausländischer Investoren verbessern. Was daran am meisten beunruhigt: TTIP greift auch in die Gesetzgebung auf nationaler und europäischer Ebene ein, das Abkommen beschneidet die Rechte nationaler und europäischer Parlamente, ja, TTIP birgt das Risiko, die nationale und europäische Justiz durch eine Paralleljustiz zu schwächen.

Der Franzose Pascal Lamy, bis 2004 jahrelanger Außenhandelskommissar der EU und bis 2013 Generaldirektor der Welthandelsorganisation WTO, also ein intimer Kenner der Materie, hat in einer öffentlichen Vorlesung Anfang 2015 von einer »alten« und einer »neuen Welt« in den internationalen Handelsbeziehungen gesprochen. In der »alten« Handelswelt sei es vor allem darum gegangen, Schutzzölle auf unterschiedliche Produkte gegeneinander zu »verrechnen« und sie auf diese Weise zum Vorteil beider Seiten zu senken, das Ziel war im besten Fall die Null. Doch in der »neuen« Handelswelt, wie TTIP und CETA sie repräsentieren, gehe es nicht mehr um ideologisch wertfreie Zollfragen, sondern um Standards in sensiblen Bereichen wie Verbraucherschutz, Gesundheit, Tierschutz, Datensicherheit oder Umweltverträglichkeit, also um kulturell, historisch oder religiös geprägte Eigenheiten von Ländern. Es gehe demnach um ein »völlig anderes politisches Spiel«, argumentiert Lamy: »Sicherheitsanforderungen für Feuerzeuge lassen sich nicht mit Sicherheitsstandards für Spielzeug verrechnen.«

Diese zutreffende Analyse Pascal Lamys begründet den Anspruch der betroffenen Gesellschaften, über diese »neue« Handelswelt gründlich, ehrlich und in völliger Transparenz zu debattieren, um damit die notwendige demokratische Legitimation der Entscheidungen sicherzustellen. Doch das Pro-

TTIP-Lager bagatellisiert jeden Einwand oder es überhöht TTIP zum »geostrategischen« Instrument, zur »Wirtschafts-Nato«, als herrsche kalter Krieg. Die wahre Bedeutung des Freihandelsabkommens in der »neuen« Handelswelt wird einfach verschwiegen.

Das muss jeden Bürger, der die Konsequenzen von TTIP zu tragen hätte, besorgt und wütend machen. Und noch mehr macht es Parlamentarier wie George Miller wütend, der seinen Standpunkt sonst sehr gelassen darlegt. Das Publikum der Veranstaltung in Berlin kann seine Erregung spüren, als er sagt: »Bei dieser enormen Bedeutung heutiger Handelsabkommen ist es schlicht unwürdig, wie wir Kongressabgeordneten behandelt werden. Man speist uns mit lückenhaften Dokumenten ab, andere Dokumente bekommen wir überhaupt nicht zu sehen. Unter solchen Umständen können wir unseren Verfassungsauftrag nicht ausüben und verantwortliche Politik für unsere Bürger machen. *Wir* sind gewählt worden und nicht diejenigen, die jetzt solche Abkommen in unserem Namen aushandeln. Es ist eine Beleidigung für ein gewähltes Parlament, für die Demokratie.«

Was George Miller über die Missachtung des US-Kongresses sagt, gilt genauso für Europa und Deutschland: Weder das Europaparlament noch der Bundestag waren durch förmliche Beschlüsse beteiligt, als die Regierungen Europas der EU-Kommission die lange Zeit geheim gehaltenen Mandate erteilten, mit Kanada über CETA und mit den USA über TTIP zu verhandeln. Und so wie sich Miller als Parlamentarier missachtet fühlt, so fühlen sich Europa- und Bundestagsabgeordnete in ihren Rechten missachtet und marginalisiert durch die unsägliche Geheimhaltungspolitik bei den laufenden TTIP-Verhandlungen. Anstatt Abgeordnete und Bürger mit belastbaren

Informationen zu versorgen, schüren verantwortliche TTIP-Befürworter Angst oder sie kontern Kritik mit dem Argument, die sei erst legitim, wenn das Abkommen fertig verhandelt sei. Dabei ist Fakt: Ist der Vertrag erst einmal zu Ende verhandelt, wird das Mitwirkungsrecht der Parlamente auf ein einfaches »Ja« oder »Nein« reduziert. Schlimmer noch: Anders als Wirtschaftsminister Sigmar Gabriel suggeriert, ist noch nicht einmal sicher, ob die nationalen Parlamente das Abkommen am Ende überhaupt ratifizieren müssen.

Verfolgt man die zunehmend aggressiver werdenden Äußerungen derer, die das geplante Abkommen begrüßen, könnte man den Eindruck gewinnen, es wären nur ein paar ideologisch verbohrte Umweltschützer, Sozialstaatsträumer und ewige Globalisierungsgegner, die mit ihren Nichtregierungsorganisationen gegen TTIP opponieren, getrieben von einer Mischung aus Antiamerikanismus und Verschwörungstheorien. Aber das ist falsch. Es sind Millionen Menschen, Amerikaner und Europäer, Prominente und Nichtprominente, US-Parlamentarier und deutsche Oberbürgermeister, Gewerkschafter aus Philadelphia und Verbraucherschützer aus Marseille, spanische Unternehmer und österreichische Wissenschaftler, die TTIP für gefährlich halten.

Der Multimilliardär und frühere Bürgermeister von New York Michael Bloomberg ist ein glühender Verfechter des ökonomischen Prinzips; aber er kritisiert scharf, wie »die Tabakindustrie Freihandels- und Investitionsabkommen dazu benutzt, nationale Gesetze anzugreifen, die den Tabakkonsum eindämmen sollen«. Dies sei ein Ausverkauf nationaler Souveränität, der Millionen von Toten zur Folge haben könne. Vehemente Unterstützung erhält Bloomberg von Margaret Chan, der

Generaldirektorin der Weltgesundheitsorganisation WHO: »Internationaler Handel hat gute und schlechte Konsequenzen für die Gesundheit der Menschen. Verstörend ist, wenn Investitionsabkommen dazu missbraucht werden, Regierungen die Handschellen anzulegen, die vor einem Produkt schützen wollen, das tötet. Wenn diese Handelsabkommen auch noch den Zugang zu bezahlbaren Medikamenten einschränken, müssen wir uns fragen: Ist das der Fortschritt, den wir wollen?«

Alain Caparros, Chef der zweitgrößten deutschen Supermarktkette Rewe, irritiert an TTIP nicht nur, dass es »hinter verschlossenen Türen« verhandelt wird. In einem Brief an die deutschen Mitglieder des Europaparlaments äußerte Caparros seine »große Sorge vor einer Kehrtwende in der Verbraucherschutzpolitik zugunsten US-amerikanischer Importprodukte«. Gemeint sind damit zum Beispiel die in den USA erlaubte Hormonbehandlung von Rindern und Schweinen, Chlorbäder für geschlachtete Hühner und die Genmanipulation von Nahrungspflanzen. Alain Caparros forderte die Abgeordneten auf, »als vehemente Hüter« europäischer und deutscher Lebensmittel- und Sozialstandards aufzutreten.

In der *New York Times* argumentierte der Wirtschafts-Nobelpreisträger Joseph Stiglitz, Freihandelsabkommen seien Ausdruck für das »krasse Missmanagement der Globalisierung«: »Die Freihandelstheorie besagt, dass es zwar immer Gewinner und Verlierer gibt, aber auch, dass die Gewinner die Verlierer kompensieren und am Ende alle einen Vorteil haben. Aber leider beruht diese Behauptung auf vielen falschen Annahmen. Es besteht die reale Gefahr, dass allein die Reichsten der amerikanischen und globalen Elite profitieren und dass die Ungleichverteilung weiter zunimmt. Auch das Risiko wachsender Arbeitslosigkeit ist nicht von der Hand zu weisen. Handelsminister auf der ganzen Welt sind gefangen von Wirtschaftsinteressen. Umso gefährlicher ist es, sie im Geheimen verhandeln zu lassen, weil dann keine demokratischen Kontrollmechanismen mehr greifen, um die negativen Folgen solcher Verträge einzuhegen.«

Christoph Scherrer, Leiter des Fachgebietes »Globalisierung und Politik« an der Universität Kassel und Direktor des International Center for Development and Decent Work (ICDD), sagte in einem Interview mit der Deutschen Welle: »Mir scheint, dass TTIP vor allem Konzerninteressen bedient. Der Forderungskatalog ist im Wesentlichen ein Abbild der Forderungen der großen Wirtschaftsverbände. Mir ist kein Abkommen bekannt, bei dem Standards nach oben gingen. Abkommen zielen immer darauf ab, Standards eher zu senken, damit die internationale Konkurrenz Zugang zu Märkten erhält.«

Die vier Hauptgeschäftsführer des Deutschen Städtetages, des Deutschen Landkreistages, des Deutschen Städte- und Gemeindebundes sowie des Verbands kommunaler Unternehmen verwiesen in einem gemeinsamen Positionspapier auf die »erheblichen Risiken« durch TTIP: »Das Freihandelsabkommen darf die … wichtigen Dienstleistungen der Kommunen nicht beeinträchtigen«; durch Marktzugangsverpflichtungen in TTIP »könnte die kommunale Selbstverwaltung ausgehöhlt werden«, kommunale Dienstleistungen wie die Wasserversorgung, der Öffentliche Personennahverkehr, Sozialdienstleistungen oder Krankenhäuser dürften nicht durch das Abkommen tangiert werden.

Nach dem Regierungswechsel in Kanada im Herbst 2015 forderten der Vorsitzende des Kanadischen Gewerkschaftsverbands CLC, Hassan Yussuf, und der Chef des Deutschen Gewerkschaftsbundes DGB, Reiner Hoffmann, in einer gemeinsamen Erklärung, das Freihandelsabkommen CETA zwischen Kanada und der EU in der vorliegenden Form nicht zu ratifizieren und die Verhandlungen wieder aufzunehmen. In seiner jetzigen Fassung erfülle CETA, das auch als Blaupause für TTIP diene, nicht den Anforderungen an ein faires Handelsabkommen. Insbesondere kritisieren die Gewerkschafter, CETA enthalte keine effektiven und einklagbaren Regeln, um die Rechte von Arbeitnehmern zu schützen und auszubauen; ebenso fehlten Regeln, die eine grenzüberschreitende öffentliche Auftragsvergabe an die Einhaltung von Tarifverträgen binde.

Im Magazin *Focus* schrieb mahnend Kardinal Reinhard Marx, Vorsitzender der Deutschen Bischofskonferenz, das Abkommen dürfe nicht allein wirtschaftlichen Interessen dienen: »Während die Vorteile im technischen Bereich auf der Hand liegen, stellt sich dies im Hinblick auf bestehende Standards etwa in der Sozialpolitik oder im Umweltschutz kritisch dar. TTIP kann nur dann ethisch akzeptiert werden, wenn es auch den Armen und Schwachen Perspektiven eröffnet.« Aus Sicht der katholischen Soziallehre frage er sich daher: »Hält das geplante Abkommen dem Anspruch stand, dem Gemeinwohl, ja dem Weltgemeinwohl zu dienen?«

Für derlei sachlich vorgetragene, fundierte Einwände hat EU-Kommissar Günther Oettinger (CDU) nur noch Spott übrig: »Die Aufregung von Bischöfen, Nichtregierungsorganisationen und Ami-Go-Home-Altgruppen ist fatal«, sagte der Deutsche. Er verhöhnt damit Millionen von Menschen, die in ganz Europa auf die Straße gingen, und die mehr als drei Millionen Europäer, die ihre Unterschrift gegen die geplanten Verträge abgegeben haben. Auch der wirtschaftspolitische Sprecher der CDU/CSU-Bundestagsfraktion, Joachim Pfeiffer, entschied sich – offensichtlich mangels guter Argumente – in einer Bundestagsdebatte für die Verbalattacke, indem er TTIP-Kritikern eine »Angstkampagne« unterstellte und foodwatch und anderen Organisationen »dieser Empörungsindustrie« grundsätzlich die demokratische Legitimation absprach, sich überhaupt zu TTIP zu äußern. Die Wochenzeitung *Die Zeit* gab dem US-amerikanischen Autor Eric T. Hansen die Plattform für die Aussage, ohne TTIP schaffe sich Europa, das noch in der Wirtschaftsmentalität des 19. Jahrhunderts stecke, schlichtweg ab. Und *Zeit*-Herausgeber Josef Joffe pöbelte ganz unhanseatisch gegen die »TTIPhoben« Kritiker in der Kulturindustrie, die in TTIP Gefahren für die Buchpreisbindung und für die deutsche Kulturlandschaft sehen: Diese »ebenso gefräßigen wie behäbigen Teile des Kulturkartells« bräuchten »TTIP als Peitsche«, schrieb Joffe, er wünsche ihnen »die gnadenlose Auslese auf einem globalen Markt« und schrieb in verächtlichem Ton über die »bescheidenen Talente in den Kleinkunst-Ensembles am Tropf des Staates«. Sein entlarvendes Statement: »Die wahren Feinde des Freihandels sind die Verfügungen und Gesetze, die im Namen von Gesundheit, Umwelt oder heiligen nationalen Bräuchen den Nahrungsmittel- oder Buchhandel vor der globalen Konkurrenz schützen.«

Solche Ausbrüche können kaum überzeugen und nähren den Verdacht, dass vielen TTIP-Befürwortern angesichts des stetig wachsenden Unbehagens in der Bevölkerung schlicht die Argumente ausgehen. Denn der Widerstand wächst: Nach der Großdemonstration gegen TTIP im Oktober 2015 in Berlin sank die Zustimmung in der Bevölkerung zu TTIP auf einen Tiefststand. 46 Prozent der Befragten hielten TTIP für »eine schlechte Sache«, wie eine repräsentative Befragung von TNS Emnid im Auftrag von foodwatch und Campact ergab; nur noch 34 Prozent hielten TTIP für »eine gute Sache« – das war bis zu diesem Zeitpunkt der niedrigste Wert in einer Serie von Umfragen, bei der seit Anfang 2014 sechs Mal mit identischer Fragestellung die Haltung der Bevölkerung in Deutschland gegenüber dem Abkommen abgefragt wurde. Noch weiter bergab ging es mit der öffentlichen Unterstützung für TTIP im Frühjahr 2016 nach einer Großdemonstration in Hannover und der Veröffentlichung vertraulicher Verhandlungsdokumente durch Greenpeace. Nur noch 17 Prozent der Deutschen sehen seitdem durch TTIP »eher Vorteile«.

Die Erklärung für solche Umfrageergebnisse liegt auf der Hand: Die Menschen sind misstrauisch geworden angesichts des hohen Maßes an Intransparenz und einer Geheimnistuerei, die eher an Abrüstungsverhandlungen erinnert – dabei soll TTIP angeblich doch allen nur Vorteile bringen. Sie sind empört darüber, dass die TTIP-Verhandler einseitigen Kontakt zu Wirtschaftslobbyisten pflegen, während sie die Zivilgesellschaft mit Info-Häppchen abspeisen oder sie sogar bewusst täuschen. Es ist schlicht unredlich, dass Regierungschefs und EU-Politiker immer nur über das angebliche Wirtschaftswachstum und mögliche neue Jobs durch TTIP reden, aber nie über die Risiken. Auch ist der Aussage zu widersprechen, dass die bestehenden Umwelt-, Verbraucher- und Sozialstandards bereits einem unübertreffbaren »Goldstandard« entsprechen. Man muss sich fragen, was mit diesen angeblichen »Goldstandards« passieren wird, wenn sie durch TTIP unter den Druck eines weiter verschärften Wettbewerbs geraten. US- und EU-Bürger wollen nicht akzeptieren, dass das Handelsabkommen etwa französischen Investoren in den USA und US-Investoren in Dänemark durch eine Paralleljustiz einen höheren Rechtsschutz einräumen soll als den Unternehmen im eigenen Land. Sie ahnen, dass das Abkommen zwar freien, aber nicht fairen Handel fördert, dass es die Armen ärmer und die Reichen reicher machen wird. Und es steht zu befürchten, dass die Parlamentarier in den betroffenen Ländern – wenn sie denn überhaupt gefragt werden – unter höchstem Druck einem Vertragsabschluss zustimmen, dessen tatsächlichen Preis sie noch gar nicht kennen können, weil sich der erst im Lauf der Jahre Stück für Stück zeigen wird.

Je mehr über TTIP und CETA an die Öffentlichkeit dringt, umso weniger glauben die Bürger der Bundesregierung die Märchen über Wachstum, Wohlstand und den Schutz ihrer Rechte. Und umso mehr begreifen sie, dass es bei diesen Freihandelsabkommen nur ganz am Rande um normierte Kabelbäume geht. Es geht um die Verrechtlichung von Konzerninteressen, um die reale Gefahr, dass gesellschaftspolitische Errungenschaften Stück für Stück ausgehöhlt, Umwelt-, Verbraucherschutz- und Arbeitnehmerstandards eingefroren werden. TTIP würde das Recht der Europäischen Union und ihrer Mitgliedsstaaten einschränken, weiterhin autonom Gesetze zu beschließen, die mehr am Gemeinwohl orientiert sind als an Konzerninteressen. Die notwendige, demokratisch legitimierte Weiterentwicklung von Schutzrechten in den USA und in Europa wäre in Zukunft abhängig von der Zustimmung des Handelspartners. TTIP und CETA in der geplanten Form sind eine Bedrohung für unsere Demokratie.

Auch von Gegnern eines Freihandelsabkommens, das ist einzuräumen, werden manche übertriebenen Befürchtungen und unzulässigen Vereinfachungen in die Debatte geworfen. Das gibt den TTIP-Befürwortern jedoch nicht die Lizenz, Einwände, Fragen und Kritik zu ignorieren, zu bagatellisieren und selbst Angst zu schüren vor einer Zukunft ohne TTIP. Beispielhaft zeigt das der Blog-Beitrag des Bundestagsabgeordneten und CDU-Präsidiumsmitglieds Jens Spahn, der sich – inzwischen zum Staatssekretär im Finanzministerium aufgestiegen – am Symbol der TTIP-Debatte, dem Chlorhuhn, abarbeitet. »Chlorhuhnangstsuppe« – so betitelt er sein »Plädoyer für TTIP«, in dem er Warner und Kritiker quasi zu Angsthasen, Nörglern und Antiamerikanern stempelt: »Chlorhuhn, Intransparenz, scheinbar niedrige Standards in den USA – ein wildes Zusammenspiel aus Ängsten und Befürchtungen bestimmt die Auseinandersetzung mit den TTIP-Verhandlungen. Gewürzt wird diese neue Dagegen-Suppe mit einer kräftigen Prise Amerika-Skepsis.« Auch Jens Spahn kommt in seiner Argumentation für TTIP nicht ohne den unsinnigen Vergleich mit der Nato aus (»Gemeinsam bleiben wir stark«), so als stünden Europa und Amerika im Wirtschaftskrieg mit feindlichen Ländern, und er trifft die für einen Parlamentarier bemerkenswerte Aussage, die Forderung nach transparenten Verhandlungen sei »absurd«. Absurd ist eher, dass ein Volksvertreter offenbar ungerührt hinnimmt, wie EU-Beamte und Lobbyisten einen völkerrechtlichen Vertrag mit weitreichenden Konsequenzen aushandeln, ohne dass Abgeordnete wie er irgendein Mitspracherecht haben.

Spahn, dessen politischer Gestaltungswille komplett erlahmt scheint, fragt seine Leser: »Was würdet ihr lieber essen? Ein ›Antibiotika-Huhn‹ oder ein Chlorhuhn?« Er spielt damit an auf Hühnerfleisch, das in US-amerikanischen Schlachthöfen zur Desinfektion mit Chlordioxid gereinigt wird, während Hühner in Europa oft vorsorglich mit Antibiotika gefüttert werden, damit sich Krankheiten in der Intensivtierhaltung erst gar nicht ausbreiten. »Was würdet ihr lieber essen? Ein ›Antibiotika-Huhn‹ oder ein Chlorhuhn?« Abgesehen davon, dass nicht nur in Europa, sondern auch in den USA Antibiotika in der

Tiermast exzessiv eingesetzt werden (vgl. Kapitel 8), ist Spahns Antwort entlarvend: »Eine Kennzeichnungspflicht wäre das Einfachste und Beste. Der mündige Verbraucher könnte selbst entscheiden, welches Fleisch er kaufen möchte. Das würde auch dem Transparenzbedürfnis aller sehr viel näher kommen als ein plumpes Verbot, das aus Angst vor Neuem und Unbekanntem erlassen wird. Dabei wird bei einem Schwimmbadbesuch weitaus mehr Chlor aufgenommen als beim Verzehr von US-Hühnchen. Übrigens: Fleisch und andere Produkte aus Rumänien oder Bulgarien können in der EU frei zirkulieren.« Nicht nur, dass Spahn mit seinem raunenden Hinweis auf die »hygienischen Bedingungen« in Osteuropa selbst Ressentiments schürt, gibt er hier eine politische Bankrotterklärung ab, denn übersetzt bedeutet das: Pech, liebe Verbraucher, ihr habt nur die Wahl zwischen Antibiotikahühnchen und Chlorhühnchen, und mit einer Kennzeichnungspflicht wisst ihr zumindest, welches von den zwei schlechten Hühnchen ihr esst. Seid nicht so anspruchsvoll, aus Rumänien und Bulgarien kommt Fleisch, das vielleicht noch viel bedenklicher ist.

Jens Spahns TTIP-Blogeintrag ist 1200 Wörter lang, aber kein einziges verwendet der frühere Gesundheitspolitiker auf die Frage, ob die Menschen nicht Anspruch hätten auf mehr als die Wahl zwischen zwei schlechten Alternativen. Das ist ein Plädoyer für klassischen Unterbietungswettbewerb und gibt eine Vorahnung davon, was uns mit TTIP blüht. Sein Kommentar markiert das Ende von gestaltender Politik für die Bürger. Es ist Zeit für die Zivilgesellschaft, in Europa wie in den USA, sich zu wehren und Besseres einzufordern.

2

Der geheime Deal

Unsere erste Anfrage bei der EU-Kommission in Brüssel, den Leseraum für Europaabgeordnete zu besichtigen, wird abgelehnt – wegen »besonderer Sicherheitsbestimmungen für Außenstehende«; immerhin, so die Antwort, könne man über den Leseraum reden. Drei Wochen später, bei einem Besuch in Brüssel Ende 2014, legt der Sprecher der Generaldirektion Handel dar, wer in dem ominösen Raum Einsicht in welche TTIP-Dokumente bekommt und wer nicht, bis er am Ende des Gesprächs unvermittelt sagt: »Ich denke, wir können Ihnen den Raum doch noch zeigen.« Er liegt in einem dunklen Gang im sechsten Stock der Generaldirektion, an der Tür klebt ein Papier mit der Aufschrift »Reading Room«, durch das Fenster sieht man einen Mann, der sich über einen Ordner beugt, ums Eck am Tisch sitzt eine Frau. »Sehen Sie, da liegt sogar ein Handy«, sagt der Sprecher, was so viel heißen soll wie: So dramatisch, wie es in der Presse oft dargestellt wird, ist es doch gar nicht mit dem Leseraum.

Eine Woche nach der überraschenden Erlaubnis, den Raum trotz der »besonderen Sicherheitsbestimmungen« zumindest von außen besichtigen zu dürfen, versammeln sich ein Dutzend EU-Abgeordnete vor einem anderen Leseraum in Brüssel zu einer kleinen Demonstration: Sie filmen die Überwachungskamera an der Decke und die Zahlentastatur neben der

Tür – an die kleben sie ein Papier, das einem Verkehrszeichen nachempfunden ist: roter Kreis mit rotem Querbalken, darauf steht »ACCESS DENIED«; sie halten Schilder in die Kamera: »Transparency for Democracy«.

Um die Transparenz ist es bei TTIP denkbar schlecht bestellt. Denn wenn Abgeordnete des europäischen Parlaments in einem der drei Leseräume in Brüssel TTIP-Dokumente einsehen wollen, dürfen sie kein Handy und keinen Laptop mitnehmen, für ihre Notizen erhalten sie besonderes Papier mit Wasserzeichen, das gegen missbräuchliches Kopieren schützen soll, und sie bekommen eine Aufsichtsperson zur Seite gestellt, die darauf achtet, dass ein Abgeordneter nicht doch noch sein Handy aus der Tasche zieht und Dokumente fotografiert. Erst seit September 2014, mehr als ein Jahr nach Beginn der TTIP-Verhandlungen, ist es den Abgeordneten erlaubt, sich beim Aktenstudium Notizen zu machen; öffentlich darüber reden sollen sie aber nicht. »Jedenfalls darf ich die Informationen nicht eins zu eins weitergeben«, sagt der Europaabgeordnete Bernd Lange (SPD). Bernd Lange ist kein x-beliebiger Abgeordneter, er ist TTIP-Berichterstatter und Vorsitzender des EU-Parlamentsausschusses für Internationalen Handel, der nicht weniger leisten soll als »die Festlegung, Durchführung und *Überwachung* der gemeinsamen Handelspolitik der Union«. Kann man einem Parlament seine Katzentisch-Rolle deutlicher vor Augen führen als dadurch, dass selbst ein Ausschussvorsitzender, der Unterlagen zu seinem originären Aufgabengebiet einsehen will, sein Handy abgeben muss wie ein Drittklässler vor der Mathearbeit?

Für einen wie Bernd Lange, der sogar seine Einkünfte auf seiner Website offenlegt, ist das verständlicherweise völlig inakzeptabel. Umso mehr, als TTIP in seiner Bedeutung andere

Handelsabkommen bei Weitem in den Schatten stellt – es wäre das größte bilaterale Freihandelsabkommen der Geschichte. Und dennoch durften lange Zeit nur einige wenige Dutzend der 751 EU-Abgeordneten Einblick in die Positionspapiere der EU nehmen, mit denen die Kommission in die Verhandlungen mit den Amerikanern gehen, sowie in die sogenannten konsolidierten Texte – das sind Dokumente, die den aktuellen Verhandlungsstand wiedergeben. Aber selbst die Einsicht in diese Dokumente ermöglicht kaum eine parlamentarische Kontrolle, weil die Unterlagen unvollständig und nicht aktuell sind. Ende 2014, mehr als ein Jahr nach Beginn der Verhandlungen, klagte Bernd Lange: »Das Material ist sehr dünn, es liegen etwa zwanzig Seiten vor – wenn's hochkommt.«

»Es ist mir unbegreiflich, dass führende Wirtschaftsvertreter, die von diesem Vertrag erheblich profitieren können, direkt eingebunden sind in das Verfassen des Vertragstextes, während die gewählten Vertreter der Bürger wenig oder gar nichts darüber wissen.« Dieser Satz könnte vom EU-Abgeordneten Bernd Lange stammen, geschrieben hat ihn aber der US-Senator Bernard Sanders, der ebenso empört ist über die Geringschätzung, die US-Parlamentarier beim Aushandeln von Freihandelsabkommen erfahren. Anfang 2015 schrieb Sanders, der inzwischen gegen Hillary Clinton um die Präsidentschaftskandidatur der Demokratischen Partei kämpft, an den US-Handelsbeauftragten Michael Froman, Anlass dafür war das Freihandelsabkommen TPP, das die USA damals parallel zu TTIP mit zwölf Ländern im pazifischen Raum verhandelten; es ist inzwischen abgeschlossen und muss noch vom US-Kongress ratifiziert werden. Was der US-Senator in jenem Brief beklagte, gilt für TPP und im gleichen Maß für TTIP, es rührt an die grundsätzliche Frage, wer in einer Demokratie das Sagen hat:

»Wie Sie selbst am besten wissen, gibt die Verfassung der Vereinigten Staaten dem Kongress die ›Autorität, den Handel mit anderen Ländern zu regeln‹. Das sind nicht meine Worte, das sind die Worte der Verfassung der Vereinigten Staaten von Amerika«, schrieb der Senator. Was er über das geplante Abkommen wisse, habe er jedoch ausschließlich aus geleakten Dokumenten erfahren. Senator Sanders nannte es »schlicht inakzeptabel«, dass Vertreter von Öl- und Pharmaunternehmen, von Medienverbünden und Finanzinstitutionen Zugang zu Dokumenten bekämen und sogar an deren Entwicklung mitwirkten, »während die Menschen, die die Folgen zu tragen haben, ausgeschlossen bleiben«.

Der US-Senator stellte damit die Kardinalfrage: Wie können Regierungsbeamte im Namen ihrer Bürger verhandeln, wenn sie gleichzeitig Informationen vor den Bürgern und deren gewählten Vertretern geheim halten? Öffentlichkeit über wichtige Belange herzustellen ist schließlich genuiner Bestandteil einer modernen Demokratie und keine Frage von Formalitäten. Die Gestaltung der Globalisierung durch Handelsverträge kann nicht mehr nach den vordemokratischen Regeln der Kabinettsaußenpolitik geschehen.

Diese Frage trieb auch den deutschen Bundestagspräsidenten Norbert Lammert (CDU) um. Ihn störte schon länger, dass zwar rund 140 deutsche Ministerialbeamte – also die Exekutive – in einem Leseraum der Berliner US-Botschaft Einblick in die TTIP-Verhandlungstexte nehmen dürfen, freilich auch nur an zwei Tagen in der Woche jeweils von 10 bis 12 Uhr – jedoch kein einziger Abgeordneter des Deutschen Bundestags, die am Ende aber über TTIP abstimmen sollen. Man versteht, dass ein Parlamentspräsident, der den Parlamentarismus ernst nimmt, so etwas nicht hinnehmen kann. Lammert drängte deshalb den EU-Kommissionschef Jean-Claude Juncker, endlich auch deutschen Abgeordneten Zugang zu den Verhandlungspapieren zu gewähren, und glaubte sich im September 2015 am Ziel. Doch wenig später stellte sich heraus, dass er sich zu früh gefreut hatte: Die Abgeordneten blieben weiterhin außen vor. Verantwortlich für die Verweigerung war vor allem die EU-Handelskommissarin Cecilia Malmström. Seit die Bundestagsabgeordneten im Frühjahr 2015 wenigstens einen Teil der Dokumente auf einem internen Server des Bundestags einsehen konnten, hatte es Leaks gegeben. Darüber war Malmström derart empört, dass sie den nationalen Volksvertretern den partiellen Zugang zu den TTIP-Dokumenten wieder verwehrte. Norbert Lammert drohte daraufhin in einem Aufsehen erregenden Interview, TTIP die Zustimmung zu verweigern: Angesichts der unsäglichen Geheimhaltungspraxis der Verhandler selbst gegenüber Abgeordneten des Deutschen Bundestags halte er es für »ausgeschlossen, dass der Bundestag einen Handelsvertrag zwischen der EU und den USA ratifizieren wird, dessen Zustandekommen er weder begleiten noch in alternativen Optionen beeinflussen konnte«.

Die massive Kritik an der Geheimhaltungspraxis bei den TTIP-Verhandlungen hat zwar einige Verbesserung gebracht, immerhin. So bekam das EU-Parlament Ende 2015 endlich in Aussicht gestellt, dass sämtliche 751 EU-Abgeordneten – und nicht nur eine exklusive Gruppe – Zugang zu den konsolidierten TTIP-Texten bekommen sollen, mehr als zwei Jahre nach Beginn der ersten TTIP-Verhandlungsrunde im Sommer 2013. Und Anfang 2016 brüstete sich das deutsche Wirtschaftsministerium damit, dass von Februar an alle Bundestagsabgeordneten bislang geheime TTIP-Dokumente einsehen können und nicht nur einige wenige Mitarbeiter von Ministerien. Doch letztlich bleibt auch dieser »Zugang« eine ziemlich lächerliche, unwürdige Veranstaltung: Die deutschen Volksvertreter werden, wenn sie vor einem der acht Computer in dem eigens geschaffenen Leseraum im Wirtschaftsministerium Platz nehmen, permanent von einem Sicherheitsbeamten beaufsichtigt, der erfasst, welcher Abgeordnete welche Dokumente einsieht; die Abgeordneten können sich keine Ausdrucke der nur in englischer Sprache vorliegenden Dokumente machen, sie dürfen keine Handys und anderen elektronischen Geräte bei sich haben und müssen sich zur Geheimhaltung verpflichten. Und über allem steht die Drohung, dass die Räume gleich wieder geschlossen werden, falls Inhalte in die Öffentlichkeit gelangen: Für die USA sind die Leseräume nur ein Akt »auf Probe«, und auch EU-Kommissarin Cecilia Malmström sieht in den Leserechten einen »Bonus« für den Bundestag.

Zu kritisieren ist deshalb unverändert, dass die bloße Einsichtnahme in TTIP-Dokumente keineswegs jene Rückkopplung mit den nationalen Parlamenten und mit der Öffentlichkeit darstellt, die in einer Demokratie im 21. Jahrhundert bei einer derart weitreichenden Entscheidung selbstverständlich sein müsste. Hier degenerieren demokratische Selbstverständlichkeiten zur Erlaubnis »auf Probe«, zu einem von oben gewährten »Bonus«. Ausgerechnet beim Freihandel sollen Abgeordnete ihr freies Mandat mit einer Schweigepflicht einschränken – das passt nicht zusammen. Demokratischen Anforderungen genügt eine solche Praxis in keiner Weise. Welchen Unterschied wirkliche Transparenz macht und wie wichtig diese ist, zeigte die Veröffentlichung von vertraulichen TTIP-Verhandlungsdokumenten und Verhandlungszwischenständen Anfang Mai 2016 durch Greenpeace. Schlagartig wurde der Öffentlichkeit die Brisanz dieser Verträge klar wie nie zuvor. Klar wurde auch einmal mehr, warum die Verhandler das Licht der Öffentlichkeit scheuen. Denn dieses stärkt ganz eindeutig den Widerstand gegen die Freihandelsverträge.

Niemand hat bis heute überzeugend erklären können, warum über einen Freihandelsvertrag überhaupt geheim verhandelt werden muss. Bei einem Vertrag zwischen zwei befreundeten Wirtschaftsblöcken, der zum Vorteil aller beteiligten Länder sein soll, gibt es nichts zu verbergen. Allgemeingültige Vorschriften für Autorückblinker und Airbags sind keine Geschäftsgeheimnisse, und wo es um gesellschaftspolitische Übereinkünfte geht wie bei der Frage, ob Fracking erlaubt werden oder wie streng Kennzeichnungsregeln für Lebensmittel ausfallen sollen, ist Öffentlichkeit zwingend geboten. Wird sie verweigert, leidet die Demokratie. Sie hat gelitten, als die Verhandlungsmandate für TTIP und für CETA ohne Beschlüsse des EU-Parlaments und der nationalen Parlamente erteilt wurden. Sie hat gelitten unter dem unwürdigen Streit um Leseräume und Dokumenteneinsicht. Und sie wird weiter leiden, wenn nach Abschluss der Verhandlungen die Rolle der Volksvertreter auf ein simples Ja oder Nein reduziert werden wird, ohne dass sie den Verhandlungsprozess maßgeblich beeinflussen konnten. TTIP und CETA fehlt damit die demokratische Legitimation.

Das Chlorhühnchen ist das Symbol für die Sorge vieler Europäer vor einem Dammbruch bei der Zulassung strittiger Lebensmittel aus den USA. Die unterschiedlichen Farben der Autorückblinker auf beiden Kontinenten sind das Symbol für die Täuschung der Menschen – weil das Entscheidende an TTIP nicht die Angleichung technischer Vorschriften ist, sondern die reale Gefahr, dass Umwelt-, Sozial- und andere Standards in Zukunft eingefroren werden. Die gesicherten Leseräume in Brüssel und in den US-Botschaften sind das Symbol für die Absage an Transparenz und Bürgerbeteiligung, für die Arroganz der TTIP-Verhandlungsführer und nationalen Regierungen, die das Abkommen lieber ohne die Öffentlichkeit verhandeln. Die Leseräume waren der erste schlechte »Kompromiss«, der erste fast unbemerkt gesenkte Standard, dem noch viele folgen werden, falls TTIP unterzeichnet werden sollte. Immer offensichtlicher wird: Der eigentliche Deal soll nicht bekannt werden, es soll verborgen bleiben, dass es um eine weitreichende Neuordnung der Machtverhältnisse geht, darum, dass Wirtschaftsinteressen in einem völkerrechtlich bindenden Vertrag Vorrang bekommen vor dem Gemeinwohl.

Europa hat bei vielen Europäern ohnehin keinen guten Ruf. Das zeigt sich an der dürftigen Wahlbeteiligung bei Europawahlen und am wachsenden Erfolg von Parteien, die sich ausdrücklich als Gegner Europas verstehen. Einer der Gründe dafür ist, dass die EU-Kommission in fast allen Aufgabenbereichen das alleinige Initiativrecht bei der Gesetzgebung hat, das EU-Parlament gilt deshalb als relativ schwach im Vergleich etwa zum Bundestag, der selbst Gesetzentwürfe zur Abstimmung vorlegen kann. Dem Vertrauen in die Brüsseler Politik hat auch geschadet, dass der Präsident der Europäischen Kommission, der Luxemburger Jean-Claude Juncker, jahrelang Finanz- und Premierminister eines Landes war, dessen Abgründe als weltweite Steueroase sich kurz nach seiner Wahl zum Kommissionspräsidenten Ende 2014 auftaten. Am Ansehen der EU nagte zudem die EU-Krisenpolitik, die tief in die Wirtschafts- und Sozialpolitik einiger Mitgliedsstaaten eingreift, ohne dafür ausreichend demokratisch legitimiert zu sein. Auch der Umgang mit der Flüchtlingskrise seitens eines völlig zerstrittenen

Europas lässt Bürger an der EU zweifeln. Gleichzeitig bearbeiten nach vorsichtigen Schätzungen mehr als 30 000 Lobbyisten die politische Landschaft in Brüssel. »Das öffentliche Interesse an einer höheren demokratischen Legitimierung der EU ist stärker denn je«, schrieb Deutsche Bank Research 2014 in einer Studie, »das Reformpotenzial der Mitbestimmung nationaler Parlamente auf europäischer Ebene ist groß.«

Und was tut die EU? Sie verweigerte einem Anti-TTIP-Bündnis, zu dem sich fast 300 Organisationen (darunter foodwatch) aus 21 Ländern zusammengeschlossen hatten, im Herbst 2014 die Zulassung als Europäische Bürgerinitiative. Das Instrument der Europäischen Bürgerinitiative war erst 2011 geschaffen worden und soll Bürgern Europas das Recht geben, sich »am demokratischen Leben der Union zu beteiligen«. Dafür muss die Initiative mindestens eine Million Unterschriften aus mindestens sieben der 28 Mitgliedsstaaten vorweisen und sich bei der Kommission anmelden – die das Anti-TTIP-Bündnis jedoch brüsk abgewiesen hat, obwohl die Kriterien erfüllt wurden. Nachdem die Initiative Rechtsmittel dagegen eingelegt hat, wird darüber am Ende der Europäische Gerichtshof entscheiden, politisch ist die Ablehnung aber schon jetzt eine Bankrotterklärung: Denn die EU-Kommission bestätigt damit sämtliche Vorurteile vom bürgerfernen, bürgerfeindlichen, antidemokratischen Europa, von abgehobenen Politikern, die ihre Geschäfte lieber unter sich in Hinterzimmern abwickeln. »Geheimverhandlungen hinter verschlossenen Türen passten vielleicht zum Wiener Kongress, aber sicher nicht ins 21. Jahrhundert«, hat der Europaabgeordnete Sven Giegold von den Grünen die TTIP-Gespräche zu Recht sarkastisch kommentiert. Das Motto lautet ganz offensichtlich: Weniger Demokratie wagen.

Seit Mitte 2013 treffen sich mehrere Dutzend Mitarbeiter der EU und des US-Handelsbeauftragten Michael Froman in mehr als zwanzig Arbeitsgruppen; die Verhandlungsrunden finden abwechselnd in den USA und in Brüssel statt. Als Frankreich wenige Monate nach der ersten Runde die Veröffentlichung des Mandats forderte, gehörte das mächtige EU-Mitglied Deutschland zu jenen Ländern, die den Antrag blockierten, Begründung: Das könne die Gespräche gefährden. Als das Mandat unter dem Druck der Öffentlichkeit nach mehr als einjähriger Verzögerung dann doch veröffentlicht wurde, begrüßte Bundeswirtschaftsminister Sigmar Gabriel diesen Schritt vollmundig: »Deutschland setzt sich seit langem für mehr Transparenz in den TTIP-Verhandlungen ein … Auch in den weiteren Verhandlungen wird es darum gehen, ein hohes Maß an Transparenz zu verfolgen. Nur so kann den in der Öffentlichkeit geäußerten Bedenken umfassend und sachgerecht begegnet werden.«

Doch mit diesem hohen Maß an Transparenz ist es auch seitens der Bundesregierung nicht weit her. In einem Brief an foodwatch schrieb Minister Gabriel im Juli 2014, dass es nur ein Abkommen geben könne, dessen Ergebnis »tatsächlich im Interesse der Bürgerinnen und Bürger Europas« sei. »Sollten die Verhandlungsergebnisse diesem Anspruch nicht gerecht werden«, so Gabriel, »ist ein gemeinsames Abkommen aus unserer Sicht nicht möglich, denn am Ende entscheiden Europäisches Parlament, der EU-Handelsministerrat und die nationalen Parlamente über die Annahme eines sogenannten gemischten Abkommens.« Der entscheidende Begriff in dieser irreführenden Aussage ist das »gemischte Abkommen«. Damit ist ein Abkommen gemeint, dessen Vereinbarungen sowohl in die Zuständigkeit der EU als auch in die der einzelnen

Mitgliedsstaaten fallen – dann müssten dem Abkommen nicht nur das EU-Parlament zustimmen, sondern auch die Parlamente der Mitgliedsstaaten. Ob TTIP und auch CETA aber als »gemischte Abkommen« gewertet werden, ist noch nicht endgültig entschieden. Sollten sie als »EU-only-Abkommen« eingestuft werden, das nur Vereinbarungen zwischen der EU und den USA enthält, würden der Bundestag und die anderen nationalen Parlamente gar nicht mehr gefragt. Dann könnten das EU-Parlament und der Ministerrat der 28 EU-Regierungen allein über die Annahme oder Ablehnung entscheiden. Damit ist – anders als Sigmar Gabriel es darstellte – der Fall möglich, dass TTIP und CETA in Kraft treten, obwohl der Bundestag nicht darüber abgestimmt hat (weil er gar nicht gefragt wird). Allein das ist ein skandalöses Szenario: TTIP / CETA könnten tief in die Lebensverhältnisse von 800 Millionen Europäern und Amerikanern eingreifen, obwohl einzelne Regierungen und Parlamente der Mitgliedsländer das Abkommen ablehnen. Und trotzdem behauptet die Bundesregierung, sie könne das Abkommen verhindern, wenn TTIP den Interessen der Bürger oder der Regierung zuwiderlaufe.

Hinzu kommt: Selbst ein »gemischtes Abkommen« kann umgesetzt werden, bevor auch nur ein Abgeordneter in Europa seine Hand dafür gehoben hat. Politiker verweisen immer wieder darauf, dass TTIP erst nach einer Parlamentsentscheidung »in Kraft treten« könne – aber das ist nur formaljuristisch korrekt. Denn die Europäische Kommission kann auf der Basis eines einstimmigen Votums der EU-Handelsminister die meisten Regelungen des Vertrags schon vor Abschluss des Ratifizierungsverfahrens »vorläufig anwenden«. Und das ist gängige Praxis: Nach Angaben des Bundeswirtschaftsministeriums wurden mit Stand Ende 2014 beispielsweise die Freihandelsabkommen zwischen der EU und Ländern wie Costa Rica, El Salvador, Guatemala, Honduras, Nicaragua, Panama, Kolumbien und Peru vorläufig angewandt, obwohl die Ratifizierung noch aussteht. Auch das CETA-Abkommen soll laut vorliegendem Vertragstext vorläufig angewendet werden. Zwar heißt es beschwichtigend seitens der Kommission und auch des deutschen Wirtschaftsministeriums, diese »vorläufige Anwendung« betreffe nur die Teile, für die die EU zuständig sei. Aber genau das ist das Problem. Denn bei den Handelsverträgen der neueren Generation wie CETA und TTIP ist es eben die Handelspolitik (für die die EU zuständig ist), die sogar die Rolle der nationalen Parlamente (siehe Kapitel 4) beeinflusst und auch massiv in das tägliche Leben beziehungsweise in den Verbraucher-, Gesundheits- und Umweltschutz eingreift. Und ein so massiver Eingriff darf »vorläufig«, ohne Zustimmung unserer Parlamente erlaubt werden? Wie ist das mit unserem Demokratieverständnis vereinbar?

Vertrauen, das durch manipulative Aussagen wie die Sigmar Gabriels verloren geht, ist kaum noch zurückzugewinnen, auch nicht durch den TTIP-Beirat des Bundeswirtschaftsministeriums. Nicht nur, weil sich das beratende Gremium erst im Mai 2014 konstituierte – fast ein Jahr nach der ersten TTIP-Verhandlungsrunde. Auch weil das Wirtschaftsministerium selbst bei diesem verspäteten Zugeständnis erneut irreführend informierte: »Dem neuen Beirat gehören 22 Vertreter von Gewerkschaften, Sozial-, Umwelt- und Verbraucherschutzverbänden sowie des Kulturbereichs an«, teilte das Ministerium auf seiner Website mit und erweckte damit den Eindruck, hier würde ein gewisser Ausgleich hergestellt zum massiven Einfluss der Wirtschaftsverbände in Brüssel. Doch wer sich weiterklickt zur Liste der inzwischen auf 24 erhöhten Zahl der

Beiratsmitglieder, erfährt, dass dort auch Vertreter des Groß- und Außenhandelsverbands sitzen, des Bundesverbands der Deutschen Industrie, des Bauernverbands, des Industrie- und Handelskammertags und natürlich des unvermeidlichen Verbands der Automobilindustrie. Interessenvertreter also, die längst in vielen anderen offiziellen und inoffiziellen Kanälen ihren Einfluss geltend machen. Einige Mitglieder im TTIP-Beirat fühlten sich denn auch ziemlich überflüssig. Als Sigmar Gabriel Ende 2014 im Bundestag verkündete, »wenn der Rest Europas dieses Abkommen will, dann wird Deutschland dem auch zustimmen. Das geht gar nicht anders«, verstanden einige Beiräte zu Recht nicht mehr, welchen Sinn ihre Treffen überhaupt noch haben sollen.

Der Eindruck der TTIP-Beiräte, sie seien zu Komparsen degradiert, deren Beiträge nichts mehr bewegen können, trügt nicht. Denn in den Arbeitsgruppen der TTIP-Verhandler werden längst Fakten geschaffen, weitgehend geheime Fakten. Wie ein Blick auf die Themenbereiche zeigt, geht es kaum noch wie früher bei klassischen Freihandelsabkommen um Zölle auf eingeführte Waren – diese »tarifären Barrieren« sind auf beiden Seiten des Atlantiks weitgehend beseitigt und betragen im Durchschnitt nur noch wenige Prozent. Viel stärker geht es bei TTIP um das, was Freihändler »nichttarifäre Handelshemmnisse« (non-tariff barriers) nennen: um Kennzeichnungsvorschriften für Lebensmittel, um Daten- und Arbeitnehmerschutzgesetze, um Regeln für ausländische Investoren und für Banken im Umgang mit Verbrauchern, um Städte, Krankenhäuser und Schulen, die sich bisher verpflichten, ihre Waren und Dienstleistungen – Putzdienste, Telefone, Papier, Schulessen – vorzugsweise im eigenen Umkreis zu kaufen; es geht um Sicherheitsvorschriften für medizinische Geräte, Medika-

mente und Kosmetikprodukte, um Vorschriften in der Tierhaltung und beim Bodenschutz, um Gesetze im Klima- und
im Umweltschutz und vieles mehr.

Die bestehenden Regeln sind keinesfalls sakrosankt, längst
nicht alle sind sinnvoll, manche haben sich überlebt, andere
sollten nach Meinung der meisten Bürger schleunigst verschärft
werden wie zum Beispiel Vorschriften für die Finanzmärkte.
Aber all diese Regeln sind legitimiert: Weil sie das Resultat oft
langwieriger gesellschaftlicher Debatten, parlamentarischer
Anhörungen und Verhandlungen auf allen Ebenen der Gesellschaft in ihren jeweiligen Ländern sind, insofern bilden sie den
aktuellen Kompromiss widerstreitender Interessen ab.

Für den ausländischen Anbieter sind diese Regeln »hinter der Zollgrenze« einfach nur nichttarifäre Handelshemmnisse, die seinen potenziellen Export verteuern oder unmöglich machen. Werden diese Regeln abgeschafft oder zumindest
gelockert, erweitert sich für den Anbieter der Markt. Viele
TTIP-Protagonisten folgen deshalb der Freihandelsdoktrin,
Regeln seien grundsätzlich schlecht und jede weggeräumte
Regel eine Wohltat. Und dabei machen sie keinen Unterschied
zwischen technischen Normen und administrativen Vorschriften einerseits und sozial- und gesellschaftspolitischen Standards andererseits. Ihr oberstes Ziel ist es, unterschiedslos
sämtliche Differenzen zwischen Vorschriften in den USA und
der EU aufzuheben. Sie sprechen über die »gegenseitige Anerkennung« abweichender Vorschriften, über »Äquivalenz« und
über die »Harmonisierung« von Vorschriften; oft sind es nur
sprachliche Nuancen, über die sie verhandeln, aber im Kern
führt nichts daran vorbei, dass diese Regeln – hier wie dort –
in Zukunft in irgendeiner Weise verändert, neu ausgelegt oder
verworfen werden müssen, damit sie besser zueinanderpassen

und den Warenfluss fördern. Und weil all das unter der Prämisse verhandelt wird, dass Kosten gesenkt werden sollen, ist es nur logisch, dass die Regeln aufgeweicht werden, selbst wenn sie gesellschaftspolitische Standards beschreiben.

Das Lager der TTIP-Befürworter bestreitet gerade das vehement, aber manchmal ist allein die Sprache verräterisch. Wie im Fall eines Gutachtens, das die Bertelsmann Stiftung beauftragt hat und das zu einem positiven Ergebnis über TTIP kommt: »Zu diesen Handelshemmnissen gehören ... Maßnahmen wie Qualitätsstandards, Verpackungs- und Bezeichnungsvorschriften oder Herkunftsangaben sowie technische oder rechtliche Anforderungen an importierte Produkte.« Qualitätsstandards als Handelshemmnisse – das ist TTIP in drei Worten. Aber Qualitätsstandards sind unter anderem: Tarifverträge, Vorschriften für tiergerechte Nutztierhaltung, Herkunftsbezeichnungen bei Lebensmitteln, die Wasserversorgung in den Händen von Kommunen.

Wenn sich die Zölle ohnehin schon in Richtung null bewegen und wenn durch die Angleichung technischer Standards in einer ohnehin stark standardisierten Warenwelt keine allzu großen Einsparungen mehr zu erwarten sind – dann muss man Qualitätsstandards angreifen, indem man sie als Handelshemmnisse denunziert – das ist die TTIP-Logik. Es geht ans Eingemachte. Und das erklärt, warum in Brüssel und Washington die Lobbyisten jetzt noch aktiver sind als sonst. TTIP ist für sie *die* Gelegenheit, Qualitätsstandards zu Kostentreibern umzudefinieren.

Das Management Centre Europe in der Rue de l'Aqueduc 118 in Brüssel. An einem Vormittag im Sommer 2014 ist das Kongresszentrum in der belgischen Hauptstadt Schauplatz einer bizarren Veranstaltung. In vier Sälen sitzen jeweils fünfzig, sechzig, siebzig Menschen, vorne steht ein Rednerpult und daneben ein Tisch, an dem ein Mann oder eine Frau mit strengem Blick eine Uhr beobachtet. Die Türen stehen offen, damit die Menschen ständig zwischen den Sälen hin und her laufen können. Auch der Spanier Ignacio Garcia Bercero, TTIP-Chefunterhändler der EU, und sein US-Kollege Dan Mullaney mäandern zwischen den Räumen; wenn sie in einem der Säle in der ersten Reihe die Füße übereinandergeschlagen haben, machen sie sich Notizen in ihre Blöcke. Mit ihren Teams haben sie sich für vier Tage zur sechsten TTIP-Verhandlungsrunde in Brüssel getroffen, dieser Tag ist reserviert für das »TTIP Stakeholder Presentation Event«.

Im ersten Saal geht es um »horizontale regulatorische Kohärenz« bei der Herstellung von Waren, im zweiten um landwirtschaftliche Produkte und Herkunftsbezeichnungen, im dritten Saal steht an der Tür »Dienstleistungen, Investitionen und öffentliches Beschaffungswesen«, im vierten Saal werden die Themen »nachhaltige Entwicklung, digitale Dienstleistungen, Energie und Rohstoffe« verhandelt. Aber was heißt verhandelt? Für jeden Saal gibt es eine Rednerliste, die den Minutentakt vorgibt. 11.00 Bundesverband der deutschen Verbraucherzentralen VZBV, 11.09 Transatlantic Business Council, 11.18 Industriegewerkschaft Bauen-Agrar-Umwelt, 12.03 Alliance for Healthcare Competitiveness, 12.21 Netherlands Maritime Technology, 12.30 European Shippers' Council, 12.48 Federation of Small Businesses, 13.15 Humane Society International, 13.24 Client Earth. Jeder Redner hat fünf Minuten Zeit, wenn er sie einhält, bleiben noch vier Minuten für Fragen, dann mahnt der Mensch mit dem strengen Blick auf die Uhr, doch bitte zum Ende zu kommen.

Die *Süddeutsche Zeitung* hat diese Veranstaltung zu Recht mit einem Speed-Dating verglichen: Jeder Interessenvertreter kann sich äußern – aber bitte nur ganz kurz. Der amerikanische Gewerkschafter darf über den »Investitionsschutz für Großkonzerne« schimpfen, der Herr vom französischen Käseverband für die Bedeutung seiner Produkte werben, die deutsche Verbraucherschützerin über »rote Linien« bei Lebensmitteln sprechen. Der Schnelldurchlauf soll zeigen, dass es transparent zugeht bei TTIP, dass die mächtigen Verhandlungsführer jedem zuhören. Und doch wissen alle, dass die wichtigen Treffen woanders stattfinden, in viel kleineren Kreisen, die mehr Zeit und Nähe bieten, um Bedenken, Erwartungen, Drohungen auszusprechen, in denen man ganz offen darüber reden kann, dass Qualitätsstandards vor allem eines sind: lästige, teure Handelshemmnisse. In Parlamenten und Talkshows verlautet davon nichts, da verkündet man dann das glatte Gegenteil.

Die Organisation Corporate Europe Observatory (CEO), eine der bestinformierten Nichtregierungsorganisationen in Brüssel, hat 2014 eine unvollständige Liste der Lobbyisten veröffentlicht, die während der Vorbereitungsphase zu TTIP von 2012 bis Anfang 2013 in Kontakt mit der Generaldirektion Handel standen, zu jener Zeit also, als es galt, die Ziele der EU für die bevorstehenden Verhandlungen festzulegen. CEO zählte 560 Treffen, davon 520 (92 Prozent) unter Beteiligung von Wirtschaftsvertretern, darunter Namen wie British Telecom, Morgan Stanley, Nokia, DHL, der Bundesverband der Deutschen Industrie (BDI), die Verbände der deutschen Chemischen Industrie (VCI) und der Europäischen Automobilzulieferer (CLEPA) sowie der Verband Digital Europe, zu dessen Mitgliedern Firmen wie Apple, Microsoft, IBM, Intel oder

Philips zählen. Nur 26 Treffen (vier Prozent) fanden laut CEO mit Gewerkschaftern und Verbraucherverbänden statt, sechs Begegnungen gab es mit Vertretern öffentlicher Verwaltungen, drei mit Behörden wie zum Beispiel Patentämtern. Unter den 25 Topkontakten findet sich keine einzige Umwelt-, Verbraucher- oder Arbeitnehmerorganisation, unter den Top 50 nur drei. Am häufigsten trafen sich die EU-Beamten mit Lobbyisten der Lebensmittelindustrie und der Agrarwirtschaft (113 Kontakte), die für Nestlé, Coca-Cola, den Kraft-Nachfolger Mondelez oder Unilever sprechen, ebenso für die Milchwirtschaft, für Fleischverarbeiter, Futtermittelhersteller und Pestizidproduzenten wie Monsanto und BASF. An zweiter Stelle der CEO-Liste stehen branchenübergreifende Organisationen wie der europäische Arbeitgeberverband Businesseurope und die amerikanische Handelskammer, an dritter Stelle Telekommunikations- und IT-Firmen, gefolgt von Automobilherstellern und ihren Zulieferern, von Maschinenbauern, Chemieverbänden und der Finanzwirtschaft. Mehr als 30 Prozent der Interessenvertreter aus der Privatwirtschaft, die auf TTIP Einfluss ausüben wollen, sind laut CEO nicht im offiziellen Transparenzregister der EU gelistet, darunter Firmen wie Walmart, General Motors und France Telecom – weil die Registrierung freiwillig ist. Gewerkschafter erhielten auf Fragen und Vorschläge oft nur standardisierte Antworten, berichtet CEO, Industrievertreter seien dagegen zu Gesprächen eingeladen und aufgefordert worden, sich mit Vorschlägen einzubringen.

Solche Zahlen und Details hat CEO aus zugespielten Papieren und aus offiziellen Anfragen zusammengetragen, die sich auf die EU-»Freedom of Information«-Rechte berufen. Sie sollen den Zugang der interessierten Öffentlichkeit zu EU-Dokumenten gewährleisten. Doch die CEO-Mitarbeiter machten denkbar schlechte Erfahrungen: Anfragen wurden monate-lang nicht beantwortet, und wenn, dann waren die schließ-lich ausgehändigten Dokumente oftmals geschwärzt oder Teile daraus ganz entfernt, Begründung: Diese Stellen seien »nicht relevant« oder »nicht zur Veröffentlichung bestimmt«, ihre Freigabe könne die Verhandlungen negativ beeinflussen, zu Fehlinterpretationen führen oder gar die internationalen Beziehungen der EU untergraben; zu vielen Treffen zwischen EU-Offiziellen und Wirtschaftsvertretern erhielt CEO über-haupt keine Dokumente. Auf fast identische Zahlen über den Einfluss von Lobbyisten auf TTIP stieß die *Washington Post* bei Recherchen in der US-Hauptstadt Anfang 2014: Von 566 offi-ziellen Handelsberatern der Regierung, die in 28 Komitees zu verschiedenen Themen arbeiten, vertreten 480 Personen (85 Prozent) Unternehmen oder deren Verbände, der kleine Rest verteilt sich auf Wissenschaftler, Regierungs- und Ver-waltungsmitarbeiter, Gewerkschafter und Nichtregierungs-organisationen.

Und auf beiden Seiten des Atlantiks sorgt der berühmt-berüchtigte Drehtüreffekt für den reibungslosen Wechsel zwischen der Wirtschaft und der Politik, die der Wirtschaft – eigentlich – ihre Grenzen setzen soll. Melissa Agustin zum Beispiel, die ehemalige Direktorin für Landwirtschaft beim US-Handelsbeauftragten und TTIP-Chefverhandler Michael Froman, ist heute Handelsdirektorin beim Gentech-Konzern Monsanto. Die umgekehrte Richtung nahm Islam Siddiqui: Jahrelang war er registrierter Lobbyist für den Biotech-Ver-band CropLife (unter anderem BASF, Bayer, DuPont, Mon-santo), bevor er Chefunterhändler für Landwirtschaft bei Michael Froman wurde. Froman selbst war einst im Finanz-ministerium, verdiente dann bei der US-Bank Citigroup

Millionen und kehrte als oberster US-Freihändler im Kabinettsrang zurück auf die Seite der Regierung, wo er nun TTIP und andere Freihandelsabkommen aushandelt.

Aus der EU-Handelsdirektion sind ähnliche Fälle (noch) nicht bekannt geworden, aber abseits der TTIP-Verhandlungen dreht sich die Tür auch in Brüssel. Im August 2014 wechselte die britische EU-Abgeordnete Sharon Bowles, die als Vorsitzende des Ausschusses für Wirtschaft und Währung eine der mächtigsten Figuren bei der Finanzregulierung war, in den Vorstand der Londoner Börse. Dafür wurde der britische Ex-Lobbyist Jonathan Hill Ende 2014 neuer EU-Kommissar für Finanzstabilität, Finanzdienstleistungen und den Kapitalmarkt. Und Hills neuer Kommissionskollege für Energie und Klimaschutz, der Spanier Miguel Arias Cañete, war Ölmanager und kündigte vor seiner Ernennung noch schnell an, seine Anteile an zwei Erdölunternehmen verkaufen zu wollen. Von EU-Chef Jean-Claude Juncker als früherem Regierungschef einer europäischen Steueroase war schon die Rede.

Bei einem Abschiedstreffen der scheidenden EU-Kommission im Straßburger Winston-Churchill-Gebäude im Herbst 2014 erzählte EU-Handelskommissar Karel De Gucht seinen Kollegen von Äpfeln und Birnen. Deren Exportchancen in die USA könnten sich verbessern, wenn die EU den Amerikanern entgegenkomme, indem sie die Zulassung von acht genmodifizierten Mais-, Soja-, Raps- und Baumwollpflanzen beschleunige, die bei europäischen Behörden in der Warteschleife stecken. Auf der einen Seite stehen US-Konzerne wie Monsanto, Dow oder DuPont, die sich über die langen Zulassungsverfahren der Europäer für Genpflanzen beschweren, auf der anderen Seite beklagen sich europäische Gemüse- und Obstproduzenten über mangelnde Exportlizenzen für die USA. Er habe darüber mit dem US-Handelsbeauftragten Froman gesprochen, erzählte Karel De Gucht seinen Kommissionskollegen, er sehe Chancen für einen Deal, der vielleicht auch TTIP neuen Schwung geben könne.

Die EU-Kommission vergleicht die TTIP-Verhandlungen gern mit dem Feilschen beim Autokauf oder mit einem Spiel. Karel De Gucht und vor allem die amerikanischen Verhandler sprachen und sprechen auch gerne vom »großen Endspiel«, wenn bei TTIP zuletzt quer über die Verhandlungsthemen hinweg gefeilscht wird. Es geht um große Deals, um ganz große Deals, und die Herren und wenigen Damen, von denen manche mal für die beteiligten Regierungen arbeiten, mal für die Wirtschaft, verstehen sich als harte Dealmaker, die nichts weniger brauchen als Öffentlichkeit. Heute sind es Äpfel und Birnen gegen Genmais und Genraps. Und morgen? Was müssten die Amerikaner »bezahlen«, damit das Chlorhuhn entgegen der Zusage von Angela Merkel doch noch kommen darf, vielleicht zunächst unauffällig versteckt in Suppen? Welche »überschüssigen« Qualitätsstandards in der Landwirtschaft oder in der Chemikalienregulierung könnte Europa anbieten, damit die USA ihre strikteren Finanzmarktregeln wieder abschwächen? Oder damit die »Chicken Tax« fällt – jener 1963 von den USA verhängte hohe Einfuhrzoll auf leichte Nutzfahrzeuge, der den Export zum Beispiel bestimmter VW-Modelle unwirtschaftlich macht und eine »Antwort« auf westdeutsche Zölle auf amerikanische Hühner war? Irgendetwas muss jede Seite opfern, damit sie etwas anderes bekommt. TTIP ist ein großer transatlantischer Mixer, der alles mit allem verrührt. Freihandel, wie er in TTIP angelegt ist, ist ein Haufen schlechter Deals, ein Kuhhandel, bei dem

diejenigen, die es betrifft, nicht mitreden sollen. Ein Kuhhandel, bei dem die Demokratie auf der Strecke bleibt. Denn
anders als EU- und US-Zölle können demokratisch beschlossene Schutzstandards auf beiden Seiten des Atlantiks nicht
miteinander »verrechnet« werden.

3

Das Märchen vom Wachstum

»Der Wohlstands-Hüther« steht über dem Artikel in der *Bild*-Zeitung vom Oktober 2014. Das ist ein feines Wortspiel, weil der Autor des Kommentars, der Direktor des Instituts der deutschen Wirtschaft in Köln, Michael Hüther heißt. Ansonsten ist der Pro-TTIP-Text eher grob gewirkt: Freihandel, behauptet Hüther apodiktisch, sei gut, er bringe Wohlstand und sinkende Preise, er schaffe Arbeitsplätze und mehr Wahlmöglichkeiten; TTIP verschärfe den Wettbewerb, das mache »fit für die Globalisierung«; TTIP-Kritiker attackiert Hüther, als hätten sie ihn um Haus und Barschaft gebracht: »Demagogen, die andere mit falschen, US-feindlichen Parolen in Geiselhaft nehmen wollen«. Bemerkenswert ist auch seine Forderung, beim Streit um TTIP doch endlich den »Fakten« zu folgen und nicht »unbestimmten Gefühlen«. Welche Fakten meint er?

Ein paar Tage später sagt der damalige Porsche-Chef Matthias Müller in einem Zeitungsinterview über seinen Arbeitgeber: »Wir leben von den Emotionen.« Firmenchefs und Werber verkünden so etwas jeden Tag, und jeder weiß, dass der Kauf von Autos, Duschgels, Häusern und Versicherungen zu einem guten Teil von Emotionen gesteuert wird, vom Wunsch, sich schön, sexy, sicher oder sehr wichtig zu fühlen. Je hemmungsloser Konsumenten diesen »unbestimmten Gefühlen« folgen, umso mehr wächst die Wirtschaft, steigt der »Wohlstand«, den

Hüther meint. Umso erstaunlicher deshalb, wie er als »Wohlstands-Hüther« Emotionen abkanzelt. Oder will er sagen, dass Gefühle beim Konsumbürger zwar höchst erwünscht – weil wachstumstreibend – sind, aber deplatziert, wenn Bürger kritisch über TTIP nachdenken? Der Aufruf zur faktenbasierten Vernunft klingt nicht nur ein bisschen nach Adenauer-Zeit, er zeigt auch, wie sehr Michael Hüther offenbar den Anschluss ans eigene Fach verloren hat. Denn schon längst sind einige von Hüthers Kollegen in den Wirtschaftswissenschaften dabei, den alten »Homo oeconomicus«, also das rational handelnde, an Fakten und nur am eigenen Zugewinn orientierte Wirtschaftssubjekt, zu Grabe zu tragen.

Einer der Nachdenklicheren ist Hüthers amerikanischer Kollege Dennis J. Snower, Präsident des Kieler Instituts für Weltwirtschaft. Nur wenige Tage nach Hüthers Kommentar in *Bild* schreibt der Wirtschaftswissenschaftler einen Essay in der *Süddeutschen Zeitung*, der sich wie eine Replik auf Hüther liest, Titel: »Adieu, Homo Oeconomicus.« Unterzeile: »Strebt der Mensch bloß nach Geld und Reichtum? Ach was. Emotionen, Erfahrungen und soziale Beziehungen bestimmen viel stärker sein Handeln. Die Wirtschaftswissenschaften müssen neu gedacht werden.« Snower fragt sich und seine Zunft, »ob Ökonomen noch relevante Ergebnisse für Bürger oder Politiker liefern können«. Die meisten Wirtschaftswissenschaftler hätten das Ziel ökonomischer Aktivitäten aus dem Blick verloren: »Es geht nicht darum, so materiell reich wie möglich zu werden, sondern unser Wohlergehen muss im Blickpunkt stehen … Systematisch überschätzen wir, wie viel mehr Zufriedenheit uns das nächste Auto, Handy oder die nächste Designer-Handtasche bringt.« Und: »Wenn wir im Glauben an den Homo oeconomicus immer mehr Entscheidungen durch

Marktprozesse steuern lassen, könnten wir andere Motivationen wie Verantwortungsbewusstsein, Mitgefühl und Vertrauen verdrängen, die uns womöglich mehr Lebenserfüllung bringen könnten.« Schließlich: »Wenn unser Ziel umfassendes Wohlergehen ist, darf ökonomischer Erfolg nicht nur am Zuwachs des Bruttoinlandsprodukts gemessen werden.« Das klingt völlig anders als Hüthers Mehr-Wettbewerb-bringt-mehr-Wohlstand-Rhetorik.

Nun zu den Fakten. Was Wachstums- und Beschäftigungseffekte durch TTIP anbelangt, gibt es keine »Fakten«. Ebenfalls wenige Tage nach Michael Hüthers *Bild*-Kommentar korrigieren die führenden Konjunkturforscher in ihrem Herbstgutachten ihre Wachstumsprognosen für Deutschland: Im Frühjahr 2014 waren sie noch von 1,9 Prozent ausgegangen, ein halbes Jahr später rechnen sie mit 1,3 Prozent; und für 2015 halbieren sie fast ihre ursprünglichen Erwartungen von 2,0 auf 1,2 Prozent. Wenn vier deutsche Wirtschaftsinstitute das deutsche Bruttoinlandsprodukt für das nächste Jahr nicht verlässlich vorhersagen können, wie können dann Ökonomen berechnen, welche Wirkung ein Freihandelsabkommen in den nächsten eineinhalb Jahrzehnten haben wird, dessen Geltungsbereich sich von Kalifornien über New York bis nach Zypern, ins finnische Vaasa und ins slowenische Ljubljana erstreckt?

Wolfgang Münchau, Kolumnist der *Financial Times* und ehemaliger Co-Chefredakteur der *Financial Times Deutschland*, hat sich einmal den Spaß gemacht, die mittelfristigen Prognosen des Internationalen Währungsfonds (IWF) für das Wirtschaftswachstum in Griechenland und Italien mit den tatsächlichen Ergebnissen zu vergleichen – und zwar für einen vergleichsweise kurzen Zeithorizont von 15 bis 27 Monaten. Ergebnis: Bei Griechenland war die Prognose für 2011 plus

0,45 Prozent – das Ergebnis minus 7,1 Prozent; für 2012 lautete die Vorhersage plus 1,1 Prozent, am Ende landete Griechenland bei minus 6,9 Prozent; für 2013 erwarteten die Wissenschaftler plus 1,5 Prozent, erreicht wurden minus 3,9 Prozent. Nicht viel besser fielen die Vergleiche für Italien aus. »Die Modelle, welche den Prognosen zugrunde liegen, funktionieren nicht mehr. Aber die Ökonomen wollen das nicht wahrhaben«, schreibt Münchau. »Sie liegen fast immer daneben und sind fast immer zu optimistisch. Ökonomen sind so hilflos wie noch nie. Schlimmer noch. Jedes Jahr wiederholen sie die alten Fehler.« Dabei sei der Internationale Währungsfonds kein Sonderfall, Ähnliches könne man auch bei der Europäischen Zentralbank und der Europäischen Kommission feststellen. »Wenn man die Prognosen durch eine Lotterie ersetzen oder einen Affen bitten würde, sich eine Zahl von minus fünf bis plus fünf auszusuchen, hätte man bessere Ergebnisse, weil man sich dann zumindest nicht immer in dieselbe Richtung irren würde.«

Auch die »Fakten« zu TTIP sind nur Prognosen, die auf hochkomplexen Simulationsmodellen mit vielen Variablen beruhen; daneben arbeiten diese Simulationsmodelle mit mehr oder weniger plausiblen Annahmen darüber, welche Zusammenhänge zwischen den Variablen und den zu ermittelnden Zielgrößen wie dem Wirtschaftswachstum bestehen könnten. Ergänzt werden sie gegebenenfalls um historische Erfahrungswerte, die aus der Analyse bestehender Freihandelsabkommen gewonnen wurden. »Es ist natürlich unmöglich, alle Zusammenhänge zwischen den verschiedenen Variablen und Zielgrößen in einem Modell zu erfassen. Die Wirklichkeit ist komplex, und sie wird in den Modellen nur vereinfacht dargestellt. Und selbst wenn bestimmte Zusammenhänge eindeutig erfasst werden können, so ist doch oft nicht klar, wie stark sie wirken«, schreibt Matthias Fifka, Professor am Institut für Wirtschaftswissenschaft der Universität Erlangen-Nürnberg, in der *Zeit*. Hinzu komme, so Fifka, dass »Ökonomen sich nicht einig darüber sind, welche Zielgrößen sich überhaupt prognostizieren lassen – das Wirtschaftswachstum, die Lohnentwicklung, die Auswirkungen des Freihandels auf den Arbeitsmarkt?« Der an der Columbia University in New York lehrende Wirtschaftswissenschaftler Jagdish Bhagwati, der früher bei der Welthandelsorganisation WTO selbst große Freihandelsabkommen ausgehandelt hat, urteilt über derlei Studien: »Die sind alle hochproblematisch, denn bei der Frage, welche Annahmen Sie zugrunde legen, kommt man schon in die Nähe von reinen Meinungsäußerungen. Viele Leute mit Erfahrung werden Ihnen sagen, mit Studien bekommen Sie das Problem nicht in den Griff.«

Die Physikerin Angela Merkel, der ein feines Gespür für Ironie und Doppeldeutigkeit nachgesagt wird, hat vom »unschätzbaren Wert« des Handelsabkommens für die EU und die USA gesprochen. War das ihr Hintertürchen, durch das sie die Flucht ergreifen kann, wenn am Ende alles doch ganz anders kommt?

Vor allem drei Studien spielen in der Öffentlichkeit eine Rolle, darunter die von der EU-Kommission beauftragte Analyse des Centre for Economic Policy Research (CEPR) in London. Die Wissenschaftler nennen ihr Szenario selbst ehrgeizig und sehen das reale Bruttoinlandsprodukt (BIP) im Jahr 2027 um 0,48 Prozent (EU) beziehungsweise 0,39 Prozent (USA) höher, als es ohne TTIP wäre, wobei sich dieser Gesamteffekt nach dem angenommenen Inkrafttreten von TTIP in 2017 erst allmählich bis zum Jahr 2027 aufbauen würde. Das zusätzliche durchschnittliche Wachstum *pro Jahr* dank TTIP betrüge in der EU demnach nur mickrige 0,048 Prozentpunkte, und das bedeutet: Ein Wachstum in der EU *ohne* TTIP von beispielsweise 1,0 Prozent würde *mit* TTIP auf 1,048 steigen. In der »weniger ambitionierten« Variante, die darauf basiert, dass weniger Handelshemmnisse abgeräumt werden, stiege das Bruttoinlandsprodukt in der EU innerhalb von zehn Jahren bis 2027 gerade um 0,27 Prozent, *pro Jahr* also um 0,027 Prozentpunkte. Für die USA wären die Werte noch geringer. »Das lässt sich nicht von einem statistischen Messfehler unterscheiden«, kommentiert trocken die österreichische Bundesarbeitskammer, ein Thinktank für Arbeitnehmer und Konsumenten. Sollten wir uns also von einem möglichen Wirtschaftswachstum in der Größenordnung eines statistischen Messfehlers in einen völkerrechtlichen Vertrag mit weitreichenden Folgen locken lassen?

Legendär ist in diesem Zusammenhang inzwischen der Auftritt des damaligen EU-Handelskommissars Karel De Gucht im Sommer 2014 in einer ARD-Dokumentation mit dem Titel »Der große Deal«. Auf die sehr bescheidenen Wachstumsprognosen angesprochen, die aus der von ihm selbst beauftragten Studie stammen, macht der TTIP-Chefunterhändler eine lange Pause und sagt dann: »Lassen Sie uns das Interview unterbrechen.« Als die Kamera wieder läuft, sieht man den EU-Handelskommissar mit seinen Assistenten über einen Ordner gebeugt, sein Finger gleitet über die Tabellen, er fragt: »Ist das die Studie, die wir bestellt haben?« Als das Interview fortgesetzt wird, verteidigt sich der Mann, der sonst mit Wachstumszahlen und Jobgewinnen nicht geizte, gereizt: »Wir sollten lieber nicht mit Zahlen argumentieren.« Man muss sich das auf der Zunge zergehen lassen: Ein Handelskommissar, der ein Megawirtschaftsprojekt vorantreibt, stolpert über die selbst bestellte Studie und verweigert die Diskussion über Zahlen! Worüber, wenn nicht über Zahlen und deren Bedeutung, muss ein Handelskommissar Auskunft geben können?

Zu völlig anderen Ergebnissen – jedenfalls auf den ersten Blick – kommt das Münchner ifo Institut, eines der »führenden Wirtschaftsforschungsinstitute in Europa und zugleich das in den deutschen Medien am häufigsten zitierte« (Selbstbeschreibung). Die Forscher haben TTIP gleich zwei Mal begutachtet, für das Bundeswirtschaftsministerium und für die Bertelsmann Stiftung: Demnach könnte Deutschland durch das Abkommen nach 10 bis 15 Jahren mit einem um 4,7 Prozent höheren realen Pro-Kopf-Einkommen rechnen, das wäre etwa das Zehnfache (!) des von CEPR errechneten Werts von 0,48 Prozent.

Solche Zahlen kursierten lange Zeit in der Öffentlichkeit und machten mächtig Eindruck, doch bei genauerem Hinsehen schrumpfen auch sie auf bescheidenste Größenordnungen. Denn die Effekte treten nach Ansicht der ifo-Forscher nur dann ein, wenn praktisch alle Handelshemmnisse verschwinden, zum Beispiel indem bisher unterschiedliche Umweltschutzstandards oder Verbraucherkennzeichnungen in den USA und der EU vereinheitlicht werden. Es handelt sich also um ein nahezu ausgeschlossenes Szenario. Erheblich wahrscheinlicher ist ein weniger weitreichendes Abkommen. Die schlankeste Variante – der alleinige Abbau von Zöllen – würde die Pro-Kopf-Einkommen in Deutschland nach den Annahmen des ifo Instituts lediglich um 0,24 Prozent anheben.

Man steht einigermaßen fassungslos davor, dass allerorten solche Zahlen ignoriert werden und selbst die offizielle

EU-Studie des CEPR schlicht falsch kommuniziert wird: Aus dem um *bestenfalls* 0,48 Prozent höheren Bruttoinlandsprodukt der EU, das sich im Jahr 2027 (!) einstellen *könnte*, machten viele prominente Multiplikatoren einfach einen *jährlichen* Anstieg. So sprach der Bundesverband der Deutschen Industrie von zu erwartenden »signifikanten Wohlstandsgewinnen« und behauptete unter anderem in seinem Außenwirtschaftsreport, der Studie zufolge könne »das jährliche Wirtschaftswachstum in der EU … langfristig um 0,5 Prozent steigen«. Die EU-Handelskommission selbst äußerte sich fast wortgleich, sie fantasierte von »riesigen Gewinnen« und verbreitete die falsche Zahl, TTIP bringe ein »jährliches Wirtschaftswachstum um 0,5 Prozent«. Ähnlich manipulativ pries sie die Effekte von CETA an. CETA könne zu Wachstumsgewinnen für die EU von 11,6 Milliarden Euro pro Jahr (!) führen. Auf Nachfrage von foodwatch bestätigte die Kommission jedoch, dass es sich lediglich um einen Niveau-Effekt handele. Also um eine einmalige Erhöhung des Einkommens pro EU-Bürger von 24 Euro im Jahr – nach 10 Jahren!

Die *Frankfurter Allgemeine* betete das Märchen vom *jährlichen* Zuwachs einfach nach: »Europa darf [bei TTIP] auf wirtschaftliche Zugewinne von 119 Milliarden Euro im Jahr hoffen, Amerika auf 95 Milliarden Euro«, schrieb das Blatt und verwies auf ein mögliches Ende der Verhandlungen 2015 – der Leser musste also annehmen, bald danach werde dieser Betrag *jährlich* erzielt, was die Studie aber gar nicht sagt. Auch in der *Frankfurter Allgemeinen* wurde die Kernaussage der Studie damit einfach zehn Mal größer dargestellt als in den Berechnungen der Studienautoren.

Als foodwatch nach der Veröffentlichung der ersten Auflage dieses Buches im Frühjahr 2015 auf die vielfach falsch wiedergegeben Zahlen öffentlich hinwies, sahen sich mehrere Organisationen und Institutionen genötigt, ihre Angaben nach unten zu korrigieren oder ganz zurückzunehmen. Die EU-Kommission selbst und der Bundesverband der Deutschen Industrie (BDI), der Verband der Deutschen Automobilindustrie (VDA) sowie die arbeitgebernahe Neue Soziale Marktwirtschaft (INSM) berichtigten Falschangaben oder löschten ganze Beiträge auf ihren Internetseiten, auf denen die Effekte durch TTIP maßlos übertrieben dargestellt worden waren. Der VDA musste außerdem eine Zeitung informieren, der VDA-Chef Matthias Wissmann ein Interview mit ebenfalls falschen Zahlen gegeben hatte. Auch Bundestagspräsident Norbert Lammert (CDU) entfernte nach einem Brief von foodwatch falsche Aussagen zu den möglichen wirtschaftlichen Wirkungen durch TTIP auf seiner Internetseite. Diese Korrekturen zeigen: Die beispiellose Desinformationskampagne hat die Diskussion über TTIP bereits so weit manipuliert, dass Medien und der Bundestagspräsident den Falschinformationen Glauben schenken oder sie ungeprüft übernehmen; eine klare und aufrichtige Debatte, in der Chancen und Risiken offen abgewogen werden, ist in einer solchen Situation kaum mehr möglich – und von vielen TTIP-Befürwortern auch gar nicht erwünscht.

Das zeigt auch der Umgang mit Zahlen über angebliche Zuwächse durch TTIP bei den Arbeitsplätzen. Überraschenderweise trifft die von der EU beauftragte Studie dazu überhaupt keine Aussagen, weil das verwendete ökonomische Rechenmodell das nicht hergibt: Es unterstellt einfach ein festes Arbeitsangebot und Vollbeschäftigung. Trotzdem hieß es auf der Website der EU-Generaldirektion Handel, dass ein ambitioniertes Abkommen einem »unabhängigen Bericht« zufolge (gemeint ist damit die selbst beauftragte Studie!)

»Hunderttausende neue Arbeitsplätze kreieren« könne. In einem anderen Bericht erklärte die Generaldirektion, dass die Zahl der vom Export abhängigen Arbeitsplätze durch TTIP sogar »um mehrere Millionen« steigen könne; hergeleitet wird diese Zahl durch eine Art Daumenregel: Nach ihren »eigenen Schätzungen« unterstütze jede Milliarde Handelsumsatz rund 15 000 Arbeitsplätze; dies sei, räumte die Handelskommission ein, »eine relativ grobe Hochrechnung auf der Grundlage mehrerer Annahmen«.

Wie kann es sein, dass eine EU-Institution eine Studie zu einem der weltweit größten wirtschaftspolitischen Vorhaben der vergangenen Jahrzehnte in Auftrag gibt, die keine Aussagen über Arbeitsplätze macht und die sie deshalb mit »groben Hochrechnungen« und »eigenen Schätzungen« auffüttern muss? Und selbst wenn TTIP Millionen neuer Jobs brächte, wie der bis Oktober 2014 amtierende EU-Handelskommissar De Gucht immer wieder verkündete, wäre das kein außergewöhnlicher Effekt. »Bei 600 bis 700 Millionen Arbeitnehmern in den USA und Europa sind zwei Millionen über mehrere Jahre ein geradezu lächerlicher Zuwachs«, schrieb Heiner Flassbeck, ehemaliger Staatssekretär im Bundesfinanzministerium und langjähriger Chefvolkswirt bei der Konferenz der Vereinten Nationen für Handel und Entwicklung (UNCTAD) in Genf. »Jedes Jahr einer normalen wirtschaftlichen Entwicklung mit im Zuge des Produktivitätsfortschritts steigenden Reallöhnen in diesem riesigen Wirtschaftsraum müsste mit der Schaffung von mindestens drei Millionen Arbeitsplätzen (0,5 Prozent Zuwachs) enden.«

Die beiden TTIP-Gutachten des ifo Instituts kommen für Deutschland langfristig und je nach Szenario auf 45 000 bis 181 000 neue Jobs beziehungsweise auf 25 000 bis 110 000.

Allein diese Spanne zwischen 25 000 und 181 000 neuen Arbeitsplätzen in zwei Studien ein und desselben Instituts zeigt, dass hier nicht Fakten gehandelt werden, sondern unterschiedlich modellierte Szenarien, die im politischen Geschäft dazu benutzt werden, ein Projekt schönzureden. Aber selbst im besten Fall entsprächen die Jobzuwächse einem zusätzlichen Anstieg der Beschäftigung von 0,03 Prozentpunkten pro Jahr. Sabine Stephan von der Hans-Böckler-Stiftung schrieb dazu: »Ein Vergleich der drei Studien zeigt, dass selbst für den Fall, dass ein umfassendes Freihandelsabkommen abgeschlossen werden sollte, die erwarteten Effekte winzig sind. TTIP, das ist das Märchen vom Wachstums- und Beschäftigungsmotor.« Selbst ifo-Forscher Gabriel Felbermayr räumt ein: »Das ist kein Jobwunder.«

Doch die ifo-Studie ist geradezu darauf ausgerichtet, dass ihre Ergebnisse für viel aussagekräftiger gehalten werden, als sie sind. Denn die »bis zu 110 000 neuen Arbeitsplätze in Deutschland«, die von den Medien so oft verbreitet werden, basieren auf dem »sehr optimistischen Binnenmarktszenario« der Studie. Der langjährige *Handelsblatt*-Kolumnist Norbert Häring kommentierte empört: »Es ist das Szenario, in dem die USA faktisch ein Mitglied der EU werden und alle sprachlichen, rechtlichen und kulturellen Handelshindernisse beseitigt sind und die gleiche Währung benutzt wird. Obwohl die Autoren in der Studie explizit schrieben, ein anderes Szenario mit weitaus geringeren Arbeitsplatzeffekten sei das ›präferierte‹, wurde für die Zusammenfassung und die Pressemitteilung das Ergebnis aus dem völlig unrealistischen Szenario verwendet. Die Öffentlichkeit darf sich getäuscht fühlen.«

Sogar der fünfköpfige deutsche Sachverständigenrat zur Begutachtung der gesamtwirtschaftlichen Entwicklung (»Wirtschaftsweise«) spielte mit bei der flächendeckenden Manipulation. In seinem Jahresgutachten 2014/2015 (Titel: »Mehr Vertrauen in Marktprozesse«) schrieb er, die ifo-Studie zitierend: »Hingegen führt ein umfassendes Abkommen zu weltweiten Beschäftigungszuwächsen: In Deutschland lägen sie bei 110 000 Personen.« Dieser Satz klang, als wären die 110 000 neuen Jobs eine ausgemachte Sache. Dabei spricht die zitierte Studie von »*bis* zu 110 000« neuen Arbeitsplätzen, also einer im besten Fall zu erreichenden Marke. Der Leser erfuhr auch nicht, dass dieser Wert nur unter der irrigen Annahme errechnet wurde, dass EU und USA quasi einem Binnenmarkt mit gemeinsamer Währung angehören. Der zugrunde gelegte beste Fall ist einer, den wohl niemand auch nur annähernd für realistisch hält. In seinem folgenden Jahresgutachten 2015/2016 ruderte der Sachverständigenrat dann auf verqucre Weise zurück, während er gleichzeitig auf seinen früheren Aussagen beharrte: Obwohl Schätzungen über die zu erwartenden Wohlfahrtseffekte »mit großer Unsicherheit behaftet« seien, »dürfte TTIP aus wirtschaftlicher Sicht gerade für die Exportnation Deutschland von großer Bedeutung sein«. Der ehemalige Chef des Sachverständigenrats, Bert Rürup, ein prinzipieller Freund des Freihandels, redete dagegen Klartext: Die Geheimverhandlungen hätten unnötig Misstrauen erzeugt, die geplanten Schiedsgerichte für ausländische Investoren seien schlicht überflüssig und würden die Handlungsmöglichkeiten der Politik stark einschränken – TTIP sei deshalb abzulehnen.

Immerhin räumt die von der EU beauftragte Studie des CEPR ein, dass durch TTIP »Arbeitsplatzverlagerungen« (»labour displacement«) zu erwarten sind. Sie ergeben sich zwingend, wenn verschärfter Wettbewerb, wie ihn TTIP propagiert, die weniger produktiven und weniger exportorientierten Unternehmen aussortiert, ein Effekt, der gemeinhin Strukturwandel genannt wird. Der zwingt Arbeitnehmer dazu, zu den hochproduktiven, exportlastigen Unternehmen zu wechseln. Die EU-Studie spricht in diesem Zusammenhang von »neuen Job-Möglichkeiten sowohl für Hochqualifizierte als auch weniger Qualifizierte«. Diese »Arbeitsplatzverlagerungen« würden sich vermutlich im normalen Rahmen bewegen, man erwarte eine Quote von nicht mehr als 0,7 Prozent der Beschäftigten, das bedeutet, dass sieben von tausend Arbeitnehmern den Arbeitsplatz wechseln müssen. Die weniger Qualifizierten würde das wie bei jedem Strukturwandel natürlich härter treffen als Höherqualifizierte, konzediert die Studie. Ansonsten geht sie davon aus, dass Menschen, die durch TTIP ihren Arbeitsplatz verlieren, umgehend einen neuen finden, und zwar ohne nennenswerte Auswirkungen auf ihr Einkommen oder Folgekosten für die öffentlichen Kassen in Form von Umschulungsmaßnahmen oder Arbeitslosengeld. Was die Studie verschweigt: dass diese »Arbeitsplatzverlagerungen« nur funktionieren, wenn die Produkte der entsprechenden Unternehmen stärker nachgefragt werden und wenn diese bei steigender Nachfrage ihre Kapazitäten nicht in Billiglohnländer verlagern.

Steigende Arbeitslosigkeit *als Folge von* TTIP ist deshalb keineswegs ausgeschlossen. Viele Wissenschaftler, darunter der amerikanische Ökonom Joseph Stiglitz, halten sie sogar für wahrscheinlich. Die Österreichische Forschungsstiftung für Internationale Entwicklung (ÖFSE) schreibt: »Laut CEPR-Studie werden zwischen 430 000 und 1,1 Millionen Arbeitende vorübergehend freigesetzt. Die einschlägige ökonomische Literatur verweist jedoch darauf, dass die meisten vorübergehend freigesetzten Arbeitskräfte an ihrem neuen Arbeitsplatz weniger verdienen, die Umschulungskosten insbesondere für niedrig qualifizierte Arbeitskräfte beträchtlich ausfallen können und dass ein Teil der freigesetzten Arbeitskräfte, vor allem ältere und weniger qualifizierte, mit aller Wahrscheinlichkeit lange Zeit arbeitslos bleiben werden, was wiederum erhebliche Kosten für staatliche Arbeitslosenversicherungen und Sozialbudgets bedeuten würde.« Bei einem Implementierungszeitraum für TTIP von zehn Jahren kommt ÖFSE nach groben Berechnungen auf Ausgaben für arbeitsmarktpolitische Unterstützungsmaßnahmen von 5 bis 14 Milliarden Euro, zuzüglich weiterer Kosten für Umschulung und Qualifizierungen; hinzuzurechnen wären außerdem Verluste aus entgangenen Steuereinnahmen und Sozialversicherungsbeiträgen in Höhe von 4 bis 10 Milliarden Euro.

Forscher der Tufts Universität in der Nähe von Boston haben errechnet, dass durch TTIP in Europa bis zum Jahr 2025 600 000 Arbeitsplätze verloren gehen könnten, davon jeweils rund 130 000 in Deutschland und in Frankreich. In Frankreich müsse jeder Arbeitnehmer mit einem Einkommensverlust von 5500 Euro rechnen, in England läge der Wert bei 4200 Euro, in Deutschland bei 3400 Euro pro Arbeitnehmer. »In der derzeit schwierigen Phase der europäischen Wirtschaft kommt mir TTIP wie ein Missverständnis vor«, schreibt Jeronim Capaldo, der Leiter der Studie, denn TTIP werde Europas wirtschaftliche Probleme nicht verbessern, sondern verschlimmern – durch eine höhere Arbeitslosigkeit und Ungleichheit der Einkommensverteilung, durch eine geringere Kaufkraft der Arbeitnehmer und durch eine Schwächung des innereuropäischen Handels.

Als die USA, Kanada und Mexiko 1994 das Freihandelsabkommen NAFTA vereinbarten, waren Berechnungen im

Umlauf, die für alle drei beteiligten Länder enorme Vorteile vorhersagten: Mexiko und Kanada, so hieß es, könnten ihr Bruttoinlandsprodukt (BIP) und ihre Beschäftigung um bis zu elf Prozent steigern, die Realeinkommen könnten sogar um 16 Prozent wachsen; viele Jahre nach der Vertragsunterzeichnung kamen Studien zum Schluss, dass NAFTA sich für Mexiko nachteilig auswirkte, sowohl beim BIP als auch bei den Realeinkommen und der Einkommensverteilung. Für die USA liegen die *nachträglichen* Berechnungen für den Arbeitsmarkt bei verlorenen Arbeitsplätzen in der Größenordnung von 600 000 bis 1,2 Millionen – trotz des Versprechens des damaligen Präsidenten Bill Clinton: »NAFTA bedeutet Jobs, gut bezahlte Jobs in Amerika. Wenn ich davon nicht überzeugt wäre, hätte ich das Abkommen nicht unterstützt.«

Selbstverständlich kann man das nordamerikanische Abkommen von damals nicht einfach mit dem geplanten transatlantischen von heute gleichsetzen. Und selbstverständlich sind auch die TTIP-Studien, die heute zu negativen Ergebnissen kommen, so kritikwürdig wie jene, die TTIP ausschließlich positive Wirkungen zuschreiben. Auch die kritischen Forscher arbeiten mit hochkomplexen angreifbaren Rechenmodellen, die keine unumstößlichen Fakten liefern, sondern Prognosen darüber, was in zehn, zwanzig Jahren eintreten *könnte*. Weder die Studien der Kritiker noch die von der EU oder vom Bundeswirtschaftsministerium beauftragten Gutachten sind per se unseriös. Unseriös ist jedoch, dass führende Politiker in Deutschland, der EU und in den USA zur Rechtfertigung von TTIP über zusätzliche Jobs, steigende Einkommen und Wirtschaftswachstum reden, als handle es sich um faktische Gewissheiten und nicht um höchst ungewisse Erwartungen.

Berücksichtigt man allein die von den Befürwortern selbst beauftragten Studien, kommt man zwingend zu der Feststellung: Dieser Deal lohnt sich nicht. Die erwarteten Vorteile sind mickrig. Aus dem »könnte« in den eigenen Modellrechnungen wird in der politischen Rede ein »kann«, das sich in vielen Medien in ein »ist« übersetzt. Ein Bereichsleiter, der seinem Konzernvorstand ein Großprojekt mit derart vagen, widersprüchlichen und dürftigen Zahlen vorschlagen würde, wäre die längste Zeit Projektmanager gewesen. Legt man ihre eigenen Maßstäbe an, so müssten Politiker und Wirtschaftsvertreter das Projekt abbrechen oder völlig neu aufsetzen. Stattdessen deuten sie die Ergebnisse im Zehntelbereich willkürlich in »signifikante« und »riesige« Gewinne um und begegnen der Diskussion über Risiken mit Polit-PR. Man erlebt ein kollektives Schönreden, wo Aufklärung und Abwägung nötig wären. Dann würde man zum Beispiel darüber diskutieren, warum ausgerechnet die Region mit der geringsten Anzahl an regionalen Abkommen, Ost-und Südostasien, das höchste Wachstum hat, ebenso China und früher jahrzehntelang Japan. Man würde debattieren, warum Europa das geringste Wachstum aufweist, obwohl es die Region mit der höchsten Anzahl an »tiefen« Abkommen ist, bis hin zur Wirtschafts- und Währungsunion mit freiem Kapitalverkehr und gemeinsamen Politiken. Man würde außerdem darüber reden, in welchen Bereichen Wachstum überhaupt erwünscht ist und wo es nur Schäden für die Allgemeinheit anrichtet.

Die tonangebenden Politiker haben sich jedoch auf die antiquierte Position zurückgezogen: Freihandel bringt Wachstum, und Wachstum bringt allen etwas. Tatsachen, die diesen Glaubenssätzen widersprechen, werden vom Tisch gewischt. Besonders versiert darin war der Ende 2014 abgelöste EU-

Kommissionspräsident José Manuel Barroso. Schon beim Start der TTIP-Verhandlungen Mitte 2013 wusste Barroso, wie alles kommen wird: »Wir sind bereits jetzt wechselseitig der größte Handels- und Investitionspartner. Aber indem wir unsere Beziehungen verstärken, werden wir mehr Jobs und mehr Wachstum in der EU und in den USA erleben. TTIP ist das billigste Konjunkturprogramm, das man sich vorstellen kann.« Damit hatte Barroso die Katze aus dem Sack gelassen: TTIP ist ein Konjunkturprogramm ohne Investitionen! Und das heißt, es ist nichts anderes als ein Sparprogramm: Die EU-Regierungen helfen den Konzernen, Geld zu sparen.

Schön, wenn die Unternehmen sparen, weil Uraltzölle abgeschafft werden, deren Sinn heute keiner mehr erklären kann. Nichts dagegen, wenn sie sparen, weil Maschinen kein zweites Mal zertifiziert werden müssen, bevor sie exportiert werden. Doch bei TTIP geht es vor allem darum, dass Amerikaner und Europäer sich jetzt auch Stück für Stück ihre bestehenden, vor allem aber künftige Umwelt-, Sozial-, Verbraucher- oder Tierschutzstandards »sparen« sollen, weil diese den Handel behindern. Würde man in den USA und Europa sämtliche Mindestlöhne und Tarifverträge schleifen, könnten die Unternehmen noch viel mehr Dollars und Euros sparen. Würde man auch noch die Emissionswerte für Kraftwerke und Autos auf null senken und jegliche Kennzeichnungspflicht für Lebensmittel streichen (es stünde dann nur noch »Geflügelfleisch« auf der Verpackung), würde man Landwirten erlauben, beliebig viel Gülle auf ihre Felder zu kippen und so viele Legehennen wie möglich in einen Käfig zu zwängen, dann würden die Unternehmen noch mehr sparen. Die Produkte würden dann möglicherweise billiger. Aber wem ginge es dann besser? »Wenn die europäischen Autobauer den letzten Standorten der amerikanischen Autoindustrie den Rest geben, ist das für die Amerikaner ein Handelsgewinn, denn sie haben dann ja billigere Autos«, schreibt Heiner Flassbeck mit dem angebrachten Sarkasmus.

Vermutlich damit die Menschen dennoch glauben, es ginge ihnen mit TTIP besser, nannte José Manuel Barroso bei seinem Auftritt zum TTIP-Start auch eine Zahl: »Die eigentliche Schönheit dieses Deals liegt darin, dass es jedem durchschnittlichen Haushalt in Europa 545 Euro bringen wird, und das fast umsonst«, schwärmte Barroso. 545 Euro zusätzliches verfügbares Einkommen für einen vierköpfigen Haushalt in Europa (655 Euro für eine vierköpfige Familie in den USA) – so steht es in der von der EU beauftragten Studie. Mit dieser Zahl gehen TTIP-Befürworter gern hausieren, auf der Website der EU-Handelskommission stand diese Zahl (bevor sie geloscht wurde) ganz oben, so lockend wie eine Wurst auf dem Teller. Wenn man sie genauer ansieht, schrumpft sie aber zu einem Würstchen und kann sogar ganz verschwinden.

Zunächst: Teilt man die 545 Euro durch die vier Personen des Haushalts und verteilt sie übers Jahr, bleiben elf Euro pro Kopf und Monat; es lohnt sich außerdem zu wissen, dass die 545 Euro der Wert des anspruchsvollsten TTIP-Szenarios sind, bei dem am meisten »Handelshemmnisse« fallen; in den anderen Szenarien errechnen die Forscher jährliche Werte von 306 oder 99 Euro, dann würden beim einzelnen EU-Bürger dank TTIP monatlich sechs beziehungsweise nur noch zwei Euro zusätzlich hängen bleiben. Schließlich sollte man noch erwähnen, dass alle Beträge – 545, 306 oder 99 – ab dem Jahr 2027 gelten. Soll man sich für TTIP begeistern wegen zwei oder sechs oder elf Euro mehr im Monat vom Jahr 2027 an?

Im *Deutschlandfunk* erzählte Wade Newton, der Sprecher des Branchenverbandes »Alliance of Automobile Manufacturers«, dem auch deutsche Autokonzerne angehören, von den unterschiedlichen Vorschriften für Scheibenwischer, die in den USA und einigen europäischen Ländern unterschiedlich große Flächen abdecken müssen, und von unterschiedlichen Abknickwinkeln für Seitenspiegel. »Unsere Studie hat ergeben, dass die sogenannten nichttarifären Handelshemmnisse, also unterschiedliche Vorschriften und Regulierungen, den Preis eines Fahrzeuges um 26 Prozent erhöhen«, so Newton, »da sind also noch viele Vorteile für den Verbraucher drin.«

Damit lag Wade Newton ganz auf der Linie der Freihandelstheorie, die Folgendes besagt: Je weniger (unterschiedliche) Vorschriften es gibt, desto mehr blüht der Handel, desto schärfer wird der Wettbewerb, desto schneller fallen die Preise, desto zufriedener sind die Konsumenten. Wenn die Studie des Automobilverbands stimmt, könnte der Preis für einen Chrysler oder BMW durch TTIP im Idealfall um 26 Prozent sinken. Aber jeder weiß, dass Autos aufgrund der TTIP-Vereinbarungen nicht um 26 Prozent billiger werden. Von den eingesparten Milliarden werden die Hersteller einen großen Teil an ihre Aktionäre und Manager weiterreichen, sie werden vielleicht investieren, aber nicht unbedingt in den USA oder in Europa, dafür vielleicht in Mexiko, Brasilien oder China, wo die Löhne niedriger sind, die dann den Stammbelegschaften im eigenen Land zum Vergleich vorgehalten werden. Ganz »unten«, bei den Leiharbeitern, Werkverträglern und Ungelernten, wird am wenigsten von den Einsparungen der Konzerne ankommen, mit großer Wahrscheinlichkeit sehr wenig oder gar nichts. Und vielleicht zahlen sie sogar drauf. Die 545 (EU) beziehungsweise 655 Euro (USA) zusätzliches Jahreseinkommen pro Haushalt sind keine automatische Gehaltserhöhung, wie es bei Manuel Barroso anklang. Die 545 (655) Euro sind nur eine Zahl am Ende einer sehr, sehr langen Rechnung mit sehr vielen Unbekannten. Ihr wichtigster Zweck ist es, dass möglichst viele glauben, sie könnten von TTIP profitieren.

Wirtschaftsnobelpreisträger Joseph Stiglitz beklagt, dass die durch Handelsabkommen erwirtschafteten Profite vor allem bei den Reichen landen und so die Umverteilung der vergangenen Jahrzehnte zu Lasten der großen Mehrheit fortschreiben: »Der Wohlstand der normalen Leute wird wohl Schaden nehmen.« Diese Möglichkeit räumte auch ifo-Ökonom Gabriel Felbermayr ein, dessen Studie oft als Beleg dafür zitiert wird, dass TTIP allen etwas bringt: Dass sich Einkommensunterschiede vergrößern könnten, sei »eine durchaus berechtigte Sorge«, so Felbermayr in einem Interview, »die Geschichte zeigt, dass die Liberalisierung des Handels zu größerer ökonomischer Ungleichheit führt. Wer heute schon ein hohes Einkommen hat, profitiert mehr als jemand, der ein niedriges Einkommen hat. Trotzdem können auch Menschen mit niedrigen Einkommen profitieren – nur eben in einem geringeren Ausmaß.« Die Menschen haben dafür übrigens durchaus das richtige Gespür. Wie eine von foodwatch beauftragte Emnid-Umfrage im Herbst 2014 ergab, hängt die Zustimmung zu TTIP stark vom Einkommen ab: Wohlhabendere Menschen finden das Abkommen tendenziell positiver als ärmere; unter denen, die im Monat netto mehr als 3500 Euro verdienen, waren 61 Prozent für das Abkommen, unter denen, die weniger als 1000 Euro erhalten, waren es nur noch 37 Prozent.

Die Frage, wie die TTIP-Wurst verteilt werden wird – wenn es sie denn überhaupt gibt –, ist aber nicht nur für Arbeitnehmer entscheidend. TTIP-Befürworter wie Wirtschaftsminister

Sigmar Gabriel werden nicht müde, die Chancen gerade für kleine und mittlere Firmen zu betonen. Doch die sehen das überwiegend kritisch. Laut einer repräsentativen Umfrage der Commerzbank vom Mai 2014 glaubt nicht mal jeder Sechste der gut 4000 befragten Mittelständler, dass TTIP ihm nützen könnte. Einer von ihnen ist Mario Ohoven, Präsident des Bundesverbands mittelständische Wirtschaft (BVMW), nach eigenen Angaben der größte freiwillig organisierte Mittelstandsverband Deutschlands mit rund 270 000 Unternehmen und mehr als neun Millionen Beschäftigten. Die Deutlichkeit, mit der Mario Ohoven das geplante Freihandelsabkommen kritisierte, platziert ihn ganz oben auf der Liste der »Angsthasen« und »Antiamerikaner« der TTIP-Befürworter. Vom Investorenschutz mit privaten Schiedsgerichten würden »nur die mächtigen Konzerne profitieren, die ja auch TTIP im Hinterzimmer verhandeln«, schimpfte Ohoven und fragte: »Warum aber sollten gerade die Multis die Interessen des deutschen Mittelstandes im Blick haben?« Die Mitglieder seien zu Recht überaus skeptisch gegenüber TTIP, 94 Prozent fühlten sich nur unzureichend über die Verhandlungen informiert, und jeder Zweite sehe die Interessen des Mittelstands nicht genügend berücksichtigt. »Die gute Nachricht«, fand Ohoven, »TTIP ist noch längst nicht beschlossene Sache.«

Zwei andere Mittelstandsvertreter, der Vorstandsvorsitzende und der Geschäftsführer des Verbands für Sensorik und Messtechnik (AMA), schrieben Mitte 2014 sogar einen offenen Brief an Bundeskanzlerin Angela Merkel, in dem sie den Abbruch der TTIP-Verhandlungen fordern. Der Verband sei nicht grundsätzlich gegen Freihandel und Freihandelsabkommen. Aber man befürchte, dass der Mittelstand bei TTIP auf der Verliererseite stehe, Begründung: Rund 600 offizielle

Berater von Großkonzernen hätten privilegierten Zugang zu den Dokumenten und zu den Entscheidungsträgern, der Mittelstand dagegen habe weder ein Informations-, geschweige denn ein Mitspracherecht. »Es ist nicht akzeptabel, dass die Verhandlungen unter Ausschluss der Öffentlichkeit und des EU-Parlamentes geführt werden und nur einige wenige Interessensgruppen aus der Wirtschaft mit einbezogen werden.« Auch die prognostizierten Wachstumszahlen in den einschlägigen Studien hält der Verband für ziemlich bescheiden und stellt einen interessanten Vergleich dagegen – nämlich die Folgen der Streichung eines Feiertags: »Der Effekt eines einzigen Arbeitstages mehr pro Jahr steigert das Bruttoinlandsprodukt um circa 0,4 Prozent.«

Zur Erinnerung: Die EU rechnet mit einem TTIP-Effekt von 0,5 Prozent ab 2027 oder rechnerisch 0,05 Prozent pro Jahr. Auch wenn sicherlich einige Mittelständler von TTIP profitieren werden, etwa in der Autozuliefererindustrie, ist es dreist zu behaupten, TTIP sei »im Kern ein Förderprogramm für den Mittelstand«, wie es der ehemalige Finanzminister und SPD-Kanzlerkandidat Peer Steinbrück in einem Zeitungsbeitrag getan hat.

Und warum sollte, was für Arbeitnehmer und Unternehmen gilt – dass nämlich der durch TTIP angeheizte Wettbewerb Gewinner und Verlierer hinterlässt – nicht auch für Staaten gelten? In der von der EU beauftragten CEPR-Studie heißt es zwar, die »riesigen Gewinne« der Handelspartner USA und EU würden nicht zu Lasten der übrigen Länder gehen, im Gegenteil, dort würden die Bruttoinlandsprodukte durch die dynamischere Wirtschaft im Norden sogar um 100 Milliarden Euro wachsen. Doch kommt man bei dieser Aussage schwer um den Verdacht herum, es handle sich um eine politische

Zahl – als wolle man dem Rest der Welt irgendwie das Gefühl geben, TTIP sei auch in seinem Interesse. Dieser Verdacht schien auch Bundesentwicklungsminister Gerd Müller (CSU) beschlichen zu haben, als er Mitte 2014 vor den Folgen von TTIP warnte: »Es kann nicht sein, dass wir unseren Handel stärken zu Lasten Afrikas, indem wir die dortigen Märkte schwächen, um dann wiederum Aufbau- und Entwicklungshilfe zu leisten«. Also gab Gerd Müller eine Studie in Auftrag, um zu prüfen, welche Auswirkungen TTIP auf Schwellen- und Entwicklungsländer haben würde.

Anfang 2015 lag die Studie vor, sie stammte wieder vom Münchner ifo Institut und gab erwartungsgemäß »Entwarnung«, wie Studienautor Gabriel Felbermayr vermeldete: Die Auswirkungen auf Entwicklungs- und Schwellenländer seien »relativ harmlos«, bei den »Verlierer-Staaten« lägen die Wohlfahrtsverluste kumulativ über zehn bis zwölf Jahre bei weniger als einem Prozent, nach anderen Studien müssten einzelne »TTIP-Outsider« einen langfristigen Realeinkommensverlust von bis zu circa zwei Prozent erwarten; es gebe aber auch Gewinner. Nach diesem eher durchwachsen-ernüchternden Befund wiederholte sich das bekannte Polit-PR-Theater: Marc Vanheukelen, Direktor der Brüsseler Generaldirektion Handel, trat vor die Presse und behauptete unter Hinweis auf die Studie allen Ernstes: »Die Effekte von TTIP auf den Rest der Welt sind gering. Das sagen wir schon lange«, um kurz darauf die Aussage zu treffen: »Mit TTIP wird es für Exporteure aus Entwicklungsländern in vielen Fällen nur noch eine zu produzierende Norm geben. Das vereinfacht ihr Leben und ist eine große Goldgrube.« Das Wort »Goldgrube«, das durch die Studie in keiner Weise gedeckt ist, stand dann später so auch in der Presse.

Noch surrealistischer wird das Polit-PR-Theater, wenn man weiß, dass dasselbe ifo Institut mit demselben Autor, Gabriel Felbermayr, ein Jahr zuvor in einer Studie für die Bertelsmann Stiftung zu deutlich negativeren Ergebnissen gekommen war. Sie spiegelte die simple Wettbewerbslogik wider, dass, wenn die Wirtschaftsgiganten USA und EU durch TTIP wettbewerbsfähiger werden, notwendigerweise andere Länder und Weltregionen an Wettbewerbsfähigkeit einbüßen. Freihändler bezeichnen das als Handelsumlenkung: Bauen zwei so mächtige Handelspartner untereinander Handelsschranken ab, verlieren dadurch Drittstaaten; der durch TTIP erhöhte Warenverkehr zwischen den Blöcken würde Exporte verdrängen, die bislang aus anderen Ländern in die EU oder in die USA flossen. Der Globalisierungsexperte der Bertelsmann Stiftung, die die Studie in Auftrag gegeben hatte, fasste die Ergebnisse damals so zusammen: »Der Rest der Welt hat Nachteile.«

In einem TTIP-light-Szenario, bei dem nur die Zölle zwischen den USA und Europa fallen, sind die Entwicklungsländer laut dieser ifo-Studie »die großen Verlierer«. »Es trifft also gerade die ärmeren Länder, und diese teilweise in deutlichem Ausmaß«, räumen die ifo-Autoren ein. Die realen Pro-Kopf-Einkommen würden diesem Szenario zufolge nur in den USA, in den europäischen Ländern, in Brasilien und in Kasachstan steigen. In allen anderen Ländern würden sie unverändert bleiben oder sinken, in vielen afrikanischen Ländern um zwei, drei oder vier Prozent, in zwei Ländern sogar um mehr als sechs und sieben Prozent.

Bringt TTIP jedoch eine tiefer greifende Liberalisierung des Handels mit niedrigeren Zöllen *und* zur Seite geräumten nichttarifären Handelshürden mit sich, so wie es sich TTIP-Befürworter erhoffen, sind der ifo-Studie zufolge traditionelle

Handelspartner die großen Verlierer. In Japan sänke das langfristige Pro-Kopf-Einkommen um fast sechs Prozent, auch Mexiko (minus 7,2 Prozent) und Australien (minus 7,4 Prozent) gehörten dann zu den Verlierern. Der größte aller TTIP-Verlierer aber wäre Kanada (minus 9,5 Prozent) – ausgerechnet jenes Land, mit dem die EU gerade ein anderes Handelsabkommen namens CETA zum Abschluss bringen will, das noch vor TTIP durch das EU-Parlament bestätigt werden soll. Für die Welt insgesamt bedeute die tiefe Liberalisierung zwischen der EU und den USA einen Anstieg des durchschnittlichen realen Einkommens um 3,27 Prozent, damit liege »genug Geld auf dem Tisch, um die Verlierer zu kompensieren«, schrieben die ifo-Autoren. Sollten also die EU, als Kanadas neuer Partner bei CETA, und die USA, die mit Kanada bereits vor zwei Jahrzehnten das Freihandelsabkommen NAFTA abgeschlossen haben, das Land für den Nachteil durch TTIP entschädigen? So geht es zu in der irren Welt der Dealmaker.

Dennoch, die Entlarvung der Wachstumsversprechen als ein großes Märchen hat seine Wirkung nicht verfehlt. Wachstum und Jobs durch TTIP und CETA, damit lässt sich in der Debatte um die Freihandelsabkommen kein Blumentopf mehr gewinnen. Deshalb tischen die TTIP-Befürworter gerne ein weiteres Märchen auf, das Märchen von den Standards. Bei TTIP und CETA geht es bekanntlich weniger darum, Zölle zu senken, als um »regulatorische Konvergenz«: Technische Standards, Normen und Zertifizierungsvorschriften für Industriegüter, aber auch Schutzvorschriften wie zum Beispiel Grenzwerte für giftige Chemikalien, sollen einander angeglichen werden, was handelsfördernd wirke. Soweit die Idee – nun das Märchen: Wenn Europa nicht gemeinsam mit den USA derartige harmonisierte Standards festlege, sei dies eine »mittlere Katastrophe« (Wirtschaftsminister Sigmar Gabriel), denn dann würden andere – notabene die Chinesen – die Regeln für den Welthandel bestimmen, Europa würde vom »Welthandel abgekoppelt«. Und dann, so Gabriel weiter, würden uns »unsere Kinder verfluchen«.

Allerdings ist dieses Märchen mindestens so unglaubwürdig wie jenes vom Wachstum. Konzerne agieren global über territoriale Grenzen hinweg. Sie fertigen dort, wo die Nachfrage besteht, nach den jeweils dort geltenden Standards. Und wenn es in ihrem Interesse ist, betreiben sie die Annäherung technischer Vorschriften ganz ohne TTIP. Für Telekommunikationsgeräte zum Beispiel hat die EU mit mehreren außereuropäischen Ländern Abkommen über die gegenseitige Anerkennung von Zulassungsvorschriften geschlossen. Außerdem sind die TTIP-Verhandlungen über die Angleichung von technischen Standards, etwa im Maschinenbau, völlig festgefahren. Eine Mehrheit der deutschen Industrieunternehmen spricht sich nämlich gegen die wechselseitige Anerkennung von EU- und US-Standards aus, wie eine repräsentative Untersuchung des Deutschen Instituts für Normung (DIN) ergeben hat. Die Firmen befürchten Wettbewerbsnachteile beim Export in die USA, weil sie dort keine flächendeckend harmonisierten Standards vorfinden – ganz im Gegensatz zu ihren US-Konkurrenten, die als Exporteure von den einheitlichen Normen in der EU profitieren. Während die europäischen Unternehmen deshalb eine Übernahme der internationalen ISO-Standards anstreben, lehnen dies die USA ab. DIN-Vorstandsmitglied Rüdiger Marquardt ließ auf der Hannover Messe im Mai 2016 seinem Frust freien Lauf: »Die wollen ihre eigenen Standards haben«, mokierte er sich über die amerikanischen Unterhändler. Damit entpuppt sich ein weiteres Versprechen als pure

Illusion: dass nämlich TTIP »im Kern ein Förderprogramm für den Mittelstand« sei, so Ex-Finanzminister Peer Steinbrück.

Richtig bizarr wird es, wenn es um soziale und ökologische Standards geht. Es ist erneut Wirtschaftsminister Sigmar Gabriel, der das Schreckgespenst an die Wand malt, ohne TTIP wäre Europa »gezwungen«, die Standards eines – noch in den Sternen stehenden – Freihandelsabkommens zwischen den USA und China zu übernehmen. Wieso eigentlich? Wer zwingt uns denn, schlechtere Standards einzuführen – sei es bei Qualitätsbabynahrung, bei gefährlichen Chemikalien oder bei den Rechten von Arbeitnehmern in der EU? Außerdem muss es eine rote Linie geben: Wollen wir im EU-Binnenmarkt mit einer halbe Milliarde Menschen wirklich unsere Errungenschaften im Verbraucher-, Gesundheits- oder Umweltschutz aufgeben, weil uns das angeblich der internationale Handel diktiert?

Auch ohne das Mega-Abkommen TTIP können wir dort, wo es uns nicht schadet, Verbraucherschutzstandards international anpassen, um den Austausch von Gütern zu fördern. Wie bei den technischen gibt es auch bei den sozial-ökologischen Standards hierfür bereits erprobte Mechanismen und Beispiele.

4

Wie Konzerninteressen zu Gesetzen werden oder Der Angriff auf die Demokratie

Eingefrorene Standards

Karel De Gucht, der bis Ende 2014 EU-Handelskommissar war und damit der oberste TTIP-Verhandler mit den USA, erzählte in seinen Reden gerne davon, wie erfolgreich die Aufsichtsbehörden diesseits und jenseits des Atlantiks bereits zusammenarbeiten. »In der Medizin zum Beispiel haben wir in den vergangenen zwanzig Jahren gemeinsam die Sicherheit erhöht und die Kosten dramatisch gesenkt. Für Pharmafirmen auf beiden Seiten gelten schon seit Jahren dieselben Produktionsstandards«, erklärte De Gucht seinen Zuhörern. »Doch trotz dieser Harmonisierung auf hohem Niveau müssen immer noch Inspektoren von Behörden beider Seiten in die Fabriken kommen.«

Auch die CDU listet in ihrem Pro-TTIP-Argumentationspapier »bestehende Erfolge« der regulatorischen Zusammenarbeit in der Vergangenheit auf. Da ist zu lesen von einem Abkommen vom Frühjahr 2011 in der zivilen Luftfahrt, ein hochsensibler Bereich, der geprägt ist von großer Rivalität zwischen den Herstellern Airbus (EU) und Boeing (USA). Mit dem Abkommen sei es gelungen, »den technischen und bürokratischen Aufwand und somit die Kosten für die Luftfahrtbranche zu verringern«. Die Parteien hätten sich »auf die gegenseitige Anerkennung von Zertifizierungsfeststellungen im Bereich Konstruktion, Herstellung und Instandhaltung geeinigt«. In einem weiteren Abkommen hätten die transatlantischen Partner 2012 »die gegenseitige Anerkennung ihrer ›Air Cargo Security Regimes‹« beschlossen, also der Sicherheitsregeln zur Abwicklung von Frachtgut. Als weitere Beispiele erfolgreicher Partnerschaft nennt die CDU die gegenseitige Anerkennung der Zertifizierungen von Bioprodukten, die »den Markt für europäische und für US-amerikanische Bioprodukte deutlich erweitert«. Und schließlich gebe es – bereits seit 2011 – eine gute regulatorische Kooperation bei der Elektromobilität und bei intelligenten Stromnetzen (»smart grids«). Damit nicht genug: Nach Angaben der Bundesnetzagentur gibt es derzeit für Telekommunikationsgeräte Abkommen der EU mit mehreren außereuropäischen Ländern – darunter auch die USA – über die gegenseitige Anerkennung von Konformitätsbewertungsverfahren (Mutual Recognition Agreement, MRA), ihr Ziel: Handelshemmnisse abbauen. Ein MRA hat zur Folge, dass zum Beispiel eine in Deutschland anerkannte Konformitätsbewertungsstelle Zulassungen für Telekommunikationsgeräte aussprechen kann, wie sie bisher nur US-Behörden vergeben konnten. Dieser Liste über die funktionierende gegenseitige Anerkennung technischer Standards könnte man auch noch den Transatlantischen Wirtschaftsrat (Transatlantic Economic Council, TEC) hinzufügen, in dem die USA und die Europäische Union bereits seit Anfang 2007 – also lange vor TTIP – exakt jene Themen behandeln, die jetzt auch TTIP bestimmen: Handelsbarrieren abbauen, Vorschriften harmonisieren, Integration vertiefen, Märkte öffnen.

Der Boden wird demnach seit Jahren beackert und ist ganz offensichtlich fruchtbar. Wäre es anders, könnten nicht schon heute *täglich* Waren im Wert von rund zwei Milliarden Euro über den Atlantik transportiert werden: Autos, Kleider, Maschinen, Medikamente, Bücher, Nahrungsmittel, Software, Chemikalien – und alles in Hülle und Fülle. Warum also noch ein hochkomplexer, politisch riskanter völkerrechtlicher Vertrag? Warum dieser enorme Aufwand? Nur um die letzten widerstreitenden Vorschriften für Rückblinker und Kabelbäume aus dem Weg zu räumen? Um endlich auch noch die überflüssigen Doppelinspektionen in den Pharmafirmen abzuschaffen?

Warum also TTIP? Worum geht es wirklich? Wo doch die ökonomischen Vorteile – wie gezeigt – höchst fragwürdig und im besten Fall marginal sind.

Um dieser Frage auf den Grund zu gehen, hatte foodwatch im Sommer 2014 an Kanzleramtsminister Peter Altmaier, an Vizekanzler Sigmar Gabriel und an Justiz- und Verbraucherminister Heiko Maas geschrieben, deren Antworten – bis auf einen entlarvenden Satz – der bekannten, verharmlosenden Linie folgen. »Die in der EU und ihren Mitgliedsstaaten geltenden Schutzstandards in den Bereichen Umwelt-, Verbraucher-, Daten- und Arbeitnehmerschutz sowie ihr jeweiliger gesetzgeberischer Spielraum sollen auch in Zukunft uneingeschränkt aufrechterhalten bleiben«, schrieb Wirtschaftsminister Gabriel an foodwatch, und fast gleichlautend versicherte Minister Maas: »Die Bundesregierung wird sich für ein … Abkommen einsetzen, das die hohen in der EU und in Deutschland geltenden Schutzstandards unter anderem in den Bereichen des Umwelt-, Verbraucher- und Sozialschutzes nicht nur sichert, sondern auch den politischen Gestaltungsspielraum in diesen Bereichen wahrt.« Auch die Antwort aus dem Kanzleramt, verfasst von der Abteilung für Internationale Wirtschaftspolitik, wiederholte zunächst, was Regierungsvertreter wie ein Mantra hersagen: »Das TTIP-Verhandlungsmandat stellt klar, dass TTIP das Recht der EU und der Mitgliedsstaaten unberührt lassen soll, legitime Gemeinwohlziele wie den Umwelt- oder Gesundheitsschutz in nicht diskriminierender Weise zu verfolgen.«

Doch dann folgt ein entscheidender Satz: »Allerdings trifft es zu, dass der Regelungsspielraum der EU und der EU-Mitgliedsstaaten durch konkrete Vereinbarungen über eine engere transatlantische Regulierungszusammenarbeit, etwa im Rahmen einer gegenseitigen Anerkennung von Standards, in Teilen eingeschränkt werden kann.« Das ist ein offenes Eingeständnis der Preisgabe politischer Souveränität.

TTIP (und dasselbe gilt für CETA) ist, falls es in Kraft tritt, ein völkerrechtlicher Vertrag, der in der EU Vorrang sowohl vor europäischen als auch vor nationalstaatlichen Gesetzen und rechtsverbindlichen Vorschriften genießt. Im Klartext heißt das für die Zukunft unter TTIP: Europäisches und nationales Recht dürfen nicht gegen die völkerrechtlichen TTIP-Bestimmungen verstoßen; die Verpflichtungen, die sich aus TTIP ergeben, sind in jedem Fall rechtlich verbindlich. Sowohl bestehendes als auch zukünftiges EU-Recht oder deutsches Recht, das gegen diese Pflichten verstößt, ist völkerrechtswidrig. Die nationalen Parlamente und das EU-Parlament müssen deshalb in Zukunft bereits vor neuen Gesetzesinitiativen die Vereinbarkeit mit TTIP prüfen, ihr Handlungsspielraum reicht nur so weit, wie es TTIP erlaubt.

Das lässt sich am Beispiel der Nährwertkennzeichnung von Lebensmitteln illustrieren. Wollte die EU etwa die sogenannte Nährwertampel einführen (2010 war ein entsprechender Vorschlag vom EU-Parlament abgelehnt worden), während TTIP möglicherweise nur Standards gegenseitig anerkennt, die die Nährwertampel ausschließen, stünde die EU vor einem Dilemma: Stimmten die USA der Gesetzesinitiative nicht zu, müsste die EU entweder auf ihr Gesetzesvorhaben verzichten und damit darauf, den Verbraucherschutz weiterzuentwickeln; oder sie würde die Ampelkennzeichnung gegen den Willen des Vertragspartners beschließen. Damit riskierte sie jedoch Streit vor der TTIP-Schlichtungsstelle, im schlimmsten Fall würden Strafen und Handelssanktionen drohen, da das Ampelgesetz nicht TTIP-kompatibel und somit rechtswidrig wäre.

Damit der Vorrang des Völkerrechts vor nationalen Gesetzen auch durchgesetzt werden kann, gibt es in Freihandelsabkommen in aller Regel zwischenstaatliche Streitbeilegungsmechanismen. Sie greifen, wenn eine der Parteien den Vertrag durch die andere verletzt sieht. Europa und die USA müssten sich vor einer solchen Streitbeilegungsstelle darüber einigen, ob ein deutsches oder amerikanisches Gesetz, eine EU-Verordnung oder eine EU-Richtlinie den freien Warenverkehr, so wie ihn TTIP einfordert, unnötig behindert. Und wie ein vertrauliches Gutachten des Wissenschaftlichen Dienstes des Deutschen Bundestags vom August 2014 nahelegt, entfaltet TTIP diese Wirkung sogar schon, bevor es überhaupt zu Ende verhandelt und ratifiziert ist: Denn die Europäische Kommission ist durch das Verhandlungsmandat verpflichtet, auf einen erfolgreichen Verhandlungsabschluss hinzuarbeiten und diesen nicht durch neue Gesetzesinitiativen im Voraus zu desavouieren.

»Alle Freihandelsabkommen, die sich mit nichttarifären Handelshemmnissen befassen, enthalten Vorgaben darüber, wie staatliche Regulierungen auszugestalten sind. Hieraus ergibt sich zwingend, dass Regulierungen, die diesen Vorgaben nicht entsprechen, rechtswidrig sind«, schreibt Markus Krajewski, Professor am Lehrstuhl für Öffentliches Recht und Völkerrecht der Universität Erlangen-Nürnberg, in einem Brief an foodwatch. »Es wäre auch merkwürdig, wenn in einem Freihandelsabkommen Disziplinen für staatliche Regulierungen festgelegt würden, die den Handlungsspielraum der Mitgliedsstaaten nicht beschränken. Die Raison d'Être von Regeln über staatliche Regulierungen in Freihandelsabkommen besteht ja gerade darin, den Staaten bestimmte Schranken aufzuerlegen.« Davor schützen im Übrigen auch nicht etwaige anderslautende Beteuerungen über das fortbestehende Regulierungsrecht in der Präambel eines Freihandelsabkommens, wie Markus Krajewski betont: »Die Präambel eines Abkommens enthält keine Rechte oder Pflichten, sondern umschreibt Ziel und Zweck des Abkommens. Eine Präambel kann zur Interpretation einzelner Vorschriften herangezogen werden, sie kann den Inhalt dieser Vorschriften jedoch nicht ändern.«

Die Raison d'Être von Freihandelsabkommen ist es also, Staaten Schranken aufzuerlegen – das ist die Quintessenz von TTIP, wie sie auch der Brief aus dem Kanzleramt unmissverständlich zum Ausdruck bringt: »… trifft es zu, dass der Regelungsspielraum der EU und der EU-Mitgliedsstaaten durch konkrete Vereinbarungen über eine engere transatlantische Regulierungszusammenarbeit … in Teilen eingeschränkt werden kann«.

Was TTIP-Befürworter sagen, stimmt ja: Das »right to regulate«, also das Recht des Deutschen Bundestags oder des EU-Parlaments, Gesetze zu erlassen, bleibt erhalten – die Hülle *formaler* Gesetzgebungskompetenzen wird nicht angetastet. Doch *mate-*

riell sieht es anders aus, weil TTIP als völkerrechtlicher Vertrag vorgibt, was im europäischen Sekundärrecht und im nationalen Recht überhaupt noch geregelt werden darf. Das heißt, Regeln und Verordnungen der EU und ihrer Mitgliedsstaaten, die den TTIP-Vereinbarungen widersprechen, sind automatisch völkerrechtlich vertragswidrig. Das hat zwangsläufig zur Konsequenz, dass die Gesetzgeber dieses Risiko vermeiden wollen und übervorsichtig werden. Juristen bezeichnen das als »chilling effect«, der Freihandels- und Investitionsabkommen wie ein Schatten begleitet: Um dem Risiko internationaler Handelsstreitigkeiten und all ihrer politischen Begleiterscheinungen aus dem Weg zu gehen, frieren Regierungen und ihre Behörden Gesetzesvorhaben zum Schutz der Menschen und der Umwelt ein oder gehen sie erst gar nicht an, selbst wenn deren Verschärfung dringend geboten ist. Bei TTIP, das weite Lebensbereiche von Bürgern, Verbrauchern, Arbeitnehmern und Unternehmen unmittelbar betrifft, wären die Auswirkungen besonders gravierend: Die Verbesserung wichtiger gesellschaftspolitischer Regelungen würde, soweit sie den Außenhandel betreffen, von der Zustimmung des jeweils anderen Vertragspartners abhängen, existierenden gesellschaftspolitischen Regelungen würde ein Bestandsschutz zugebilligt, der gesellschaftspolitische Fortschritt jedoch behindert. Das transatlantische Freihandelsabkommen schwächt damit die Parlamente und somit auch das Wahlrecht der EU-Bürger in einem bisher nicht existierenden Ausmaß. Sie können, indem sie zur Wahl gehen, nur noch eingeschränkt die Entscheidungen über die Verfassung und über Gesetze beeinflussen, die sie unmittelbar betreffen.

Umso dreister ist, wie Politiker und Wirtschaftslobbyisten leugnen, dass TTIP das »right to regulate« der Parlamente massiv einschränken würde. So behauptete Wirtschaftsminister Sigmar Gabriel in einem *Spiegel*-Interview Ende 2014: »Kein Freihandelsabkommen der Welt kann deutsche oder europäische Gesetze aushebeln. Und es kann auch nicht kommende Gesetze durch Drohung von Entschädigungszahlungen verhindern«. Und der Automobilverbands-Chef Matthias Wissmann verstieg sich zu der Aussage, wer das Verhandlungsmandat zu TTIP lese, werde feststellen, dass die Vertragspartner nicht eingeschränkt würden in ihrem Recht, Vorschriften in den Bereichen Gesundheit, Sicherheit, Arbeit, Verbraucherschutz oder Umwelt »nach ihren eigenen Vorstellungen auszugestalten«. Alles andere sei schlicht »Unfug«, so der Jurist und ehemalige Bundesverkehrsminister, der es offenbar nicht besser weiß.

Warum dann aber unbedingt TTIP? Tatsächlich hat für TTIP-Unterstützer die Angleichung bestehender Standards gar nicht die oberste Priorität. Vielmehr sehen Konzerne in TTIP und CETA die große Chance, noch mehr Einfluss – sprich: Bremskraft – bei der Weiterentwicklung *zukünftiger* Standards entfalten zu können. Der in den Abkommen hierfür vereinbarte Mechanismus ist die sogenannte »regulatorische Kooperation«, die nach Inkrafttreten der Verträge weiterbesteht (siehe das folgende Kapitel). Audi-Chef Rupert Stadler bestätigte das: Entscheidend sei, dass sich die EU und die USA darauf verständigten, künftige Vorschriften im Automobilsektor in gegenseitigem Einvernehmen zu verabschieden und anzuwenden. Überträgt man diese Aussage vom eher technisch geprägten Automobilsektor auf Lebensmittel, auf den Gesundheitsschutz oder auf Arbeitnehmerrechte, wird die Brisanz deutlich: Autobauer denken bei einheitlichen Standards in erster Linie an Kosteneinsparungen; Abgeordnete sollten sich bei gesetzlichen Standards aber vom Gemeinwohl leiten lassen, also etwa vom Datenschutz für Internetnutzer, vom Gesundheitsschutz für Bewohner verkehrsreicher Städte oder vom Schutz der Steuerzahler vor unregulierten Finanzmärkten.

Die maßgeblich von den Konzernen gewollte geplante regulatorische Kooperation, der es an demokratischer Legitimation mangelt, wird gesellschaftspolitische Fortschritte noch weiter erschweren; sie wird Konzerninteressen noch mehr als bisher zum Maß der Dinge machen. Somit erscheint die Zusicherung, TTIP und CETA würden bestehende Standards im Verbraucher- und Umweltschutz nicht absenken, in einem ganz anderen Licht: Sie ist in Wirklichkeit eine Bedrohung unserer Demokratie.

Zu den beschriebenen Einschränkungen des gesetzgeberischen Gestaltungsraumes kommt noch eine weitere fundamentale Restriktion hinzu. TTIP bezieht sich ausdrücklich auf die Regeln der Welthandelsorganisation (WTO) und wird diese laut Verhandlungsmandat als bindend respektieren. Dennoch wären auch EU-Gesetze, die WTO-Recht entsprechen, rechtswidrig, wenn sie Vereinbarungen des TTIP-Vertrages verletzen. Mit der Ratifizierung von TTIP verzichtet die EU damit auf ein Stück Gestaltungsmacht bei der Globalisierung, die sich auch über die Fortentwicklung des WTO-Rechts vollzieht. Das kann dann passieren, wenn einzelne Staaten Gesetze beschließen, die von anderen WTO-Mitgliedsstaaten wegen vermuteter Behinderung des Handels vor einer WTO-Schiedsstelle juristisch angegriffen werden. Das Importverbot der EU für Felle von Robbenbabys war so ein Beispiel: Nach jahrelangen Kampagnen von Tierschutzorganisationen gegen das hunderttausendfache Abschlachten von Robbenbabys mit Knüppeln und Spitzhacken hatte die EU 2010 ein Importverbot für die Felle erlassen, dem später auch andere Länder folgten. Kanada und Norwegen hatten dagegen vor der WTO geklagt, und die entschied 2013 überraschend: Tierschutz kann wichtiger sein als Wirtschaftsinteressen, das Wohlergehen der Tiere kann ein ausreichender Grund für ein Handelsverbot sein.

Der Schiedsspruch galt als Sensation, nicht nur, weil er der erste WTO-Schiedsspruch zum Thema Tierschutz war und danach die kommerzielle Robbenjagd drastisch zurückging. Seine Bedeutung liegt auch darin, dass er noch größere Wirkung entfalten könnte, etwa wenn es um die Regulierung landwirtschaftlicher Produkte geht wie zum Beispiel von Eiern aus Hühnerbatterien. Das Verbot, solche Eier in die EU zu importieren, könnte nun ähnlich wie bei den Robbenfellen WTO-konform sein. Unter TTIP wäre ein EU-Verbot dennoch vertragswidrig, wenn im TTIP-Abkommen eine derartige Fortentwicklung des Tierschutzes in der Nutztierhaltung nicht vorgesehen ist. Angesichts der bekannten Schwierigkeiten, effektive globale Abkommen zum Schutz von Kollektivgütern (Klima, Tierwohl, Tropenwälder und anderes) im Rahmen der internationalen Staatengemeinschaft zu beschließen, kommt der Weiterentwicklung des WTO-Rechts in solchen Fragen eine wachsende Bedeutung zu. TTIP würde der EU diese Chance verbauen.

Die offizielle Inthronisierung der Lobbyisten

Bei einer Rede vor dem Aspen Institute in Prag im Oktober 2013 – die zweite TTIP-Verhandlungsrunde war gerade beendet – skizzierte der damalige TTIP-Chefverhandler Karel De Gucht wohl zum ersten Mal öffentlich ein Gremium, das

Anlass zu großer Sorge gibt. »Ich schlage vor, dass durch TTIP ein neuer Regulierungsrat (Regulatory Cooperation Council) geschaffen wird, in dem die Spitzen der wichtigsten Regulierungsbehörden der EU und der USA zusammenarbeiten«, referierte De Gucht und führte aus, dass dieser Regulierungsrat die Umsetzung von Regulierungsvorschlägen überwachen und die Entwicklung neuer gemeinsamer Regeln anregen würde. »Der Rat wäre eine starke Institution, um TTIP zu einem ›living agreement‹ zu machen, das unsere unterschiedlichen Regulierungsansätze noch stärker einander angleicht …«

An dieser Stelle lohnt ein genauer Blick auf den Begriff »living agreement«. TTIP ist als solches »lebendes Abkommen« konzipiert, das bedeutet: Wenn das Abkommen ratifiziert worden ist, kommt es auch in der Folge zu einer permanenten Zusammenarbeit der Vertragsparteien in regulatorischen Fragen. Diese Zusammenarbeit bezieht sich auf nahezu alle Regelungen, die den Handel zwischen den Vertragsparteien betreffen, und zielt darauf ab, die handelshemmende Wirkung bestehender und zukünftiger Regelungen durch Harmonisierung, gegenseitige Anerkennung oder auch Vereinfachung zu beseitigen. Wesentliches Kriterium für die Beurteilung regulatorischer Initiativen und die Beseitigung noch bestehender nichttarifärer Handelshemmnisse ist die Förderung des transatlantischen Handels. Gesellschaftspolitische Zielsetzungen, wie eine Stärkung von Arbeitnehmerrechten, verbesserter Umwelt- oder Verbraucherschutz sind weitgehend bedeutungslos.

Der von Karel de Gucht ins Spiel gebrachte »Regulierungsrat« ist mittlerweile aus den TTIP-Verhandlungsdokumenten verschwunden. Doch die sowohl im CETA-Vertrag als auch im Rahmen von TTIP vorgesehenen Ausschüsse und Gremien, auf die weitgehende Hoheitsrechte übertragen werden und die die Handelsverträge auch nach deren Inkrafttreten weiterentwickeln sollen, sind Sprengstoff für die Demokratie. Exekutivorgane, vor allem die Regulierungsbehörden der Vertragspartner, sollen die Fortentwicklung der Handelsabkommen in diesen Ausschüssen und Gremien vorab besprechen. Der Einfluss von Wirtschaftsinteressen – und damit die Vorprägung von Gesetzesinitiativen – ist in dieser Phase besonders wirksam. Die Legislative, also die für die Rechtssetzung zuständigen Parlamente, wird dadurch geschwächt. Die Hauptausschüsse, bei TTIP der »Joint Ministerial Body« JMB, bei CETA das »Joint Committee«, können dabei sogar unter bestimmten Umständen völkerrechtlich verbindliche Entscheidungen treffen. In gewissem Maße soll ihnen auch erlaubt sein, neue, bisher noch nicht behandelte Bereiche in das Vertragswerk aufzunehmen. Bisher ist zwar noch offen, welche verbindlichen Vereinbarungen die Hauptausschüsse treffen können. Es besteht jedoch die Gefahr, dass das Europäische Parlament, aber auch die nationalen Parlamente bei diesen Beschlüssen dann kein Mitspracherecht mehr haben. Damit würde ein erhebliches demokratisches Defizit geschaffen bei der Weiterentwicklung gesellschaftspolitischer Normen, die den Handel zwischen den USA und Europa betreffen, und eine neuartige zwischenstaatliche Struktur mit eigenen Regelungsbefugnissen entstehen. Die unbestimmte Reichweite und Entscheidungsbefugnis dieser Vertragsgremien, so warnt der Völkerrechtler Wolfgang Weiß aus Speyer, stünden damit im Widerspruch zur verfassungsrechtlichen Ordnung der EU und ihrer Mitgliedsstaaten.

Wie das vertrauliche Protokoll eines deutschen Regierungsmitarbeiters für das Bundeswirtschaftsministerium zeigt, befürchtet die Bundesregierung selbst – trotz anders lautender öffentlicher Beteuerungen –, dass durch TTIP weitreichende Entscheidungen in Zukunft ohne parlamentarische Zustimmung beschlossen werden könnten. In dem geleakten Papier, öffentlich gemacht durch das Recherchebüro Correctiv, wiesen deutsche Regierungsvertreter bei einem Treffen von EU-Mitgliedsstaaten und Kommissionsvertretern Anfang 2015 auf die Gefahr hin, dass die Abgeordneten bei wichtigen Fragen zukünftig außen vor bleiben könnten.

Dem Protokoll zufolge warnte die Bundesregierung deshalb explizit davor, dass Ausschüsse »Annexe ändern und hinzufügen und sonstige Entscheidungen treffen« könnten. Weiter heißt es in dem Papier, Deutschland »äußerte sich zudem kritisch zur gesamten Struktur«, wonach »Unterarbeitsgruppen gebildet werden können und insgesamt der Eindruck einer transatlantischen Behörde geschaffen werde«. Mit anderen Worten: Technokraten und Beamte könnten in Zukunft ohne nennenswerte parlamentarische Mitwirkung und Kontrolle über weitreichende Regulierungsvorhaben entscheiden – etwa über Vorgaben zur Lebensmittelkennzeichnung oder zur Zulassung von Chemikalien.

Zu diesem Ergebnis kommen auch Völker- und Europarechtler der Universität Göttingen, die sowohl Kapitelentwürfe des geplanten TTIP als auch das bereits ausgehandelte, aber noch nicht ratifizierte europäisch-kanadische Freihandelsabkommen CETA analysierten. Darin sei, so der Völkerrechtler Till Holterhus, nicht klar benannt, welche Befugnisse die Regulierungsausschüsse, die aller Voraussicht nach »allein mit Vertretern der Exekutiven beider Vertragsparteien« besetzt sein sollen, im Detail erhalten. Es sei zwar nicht prinzipiell unzulässig, gewisse Tätigkeiten auf übereuropäische

Stellen zu übertragen, die nicht direkt demokratisch gewählt sind. »Gleichwohl müssen aber zumindest in wesentlichen Fragen die demokratisch direkt legitimierten Organe (zuvorderst die Parlamente) die rechtliche und tatsächliche Möglichkeit zur Letztentscheidung behalten.« Entsprechend dem demokratischen Grundverständnis der EU solle das EU-Parlament deshalb nicht nur durch eine einmalige Ratifikation von CETA und TTIP mitbestimmen, sondern auch in der *künftigen* Anwendung beider Abkommen, vor allem bei wesentlichen Maßnahmen im Rahmen der regulatorischen Kooperation. Berücksichtige man, dass die EU das Demokratieprinzip auch in der Außenhandelspolitik als einen ihrer elementarsten Werte begreift, erscheine es nur folgerichtig, eine besonders hohe demokratische Legitimation im Bereich der regulatorischen Kooperation zu fordern. Doch leider kommen die Autoren zum Ergebnis, dass eine solche Mitbestimmung durch das EU-Parlament »bisher jedoch nicht vorgesehen ist«.

»Eine Mitbestimmung ist bisher nicht vorgesehen« – diese Aussage müsste jeden EU-Abgeordneten und jeden europäischen Wahlbürger zutiefst beunruhigen. Denn dieses Vakuum droht dann ausgefüllt zu werden von den Interessen und Mitbestimmungsansprüchen der Konzerne und ihrer Lobbyisten: Die regulatorische Kooperation in TTIP und CETA würde ihnen die einmalige Chance bieten, zukünftige staatliche Regulierung weitgehend in ihrem Sinne zu gestalten oder – wenn dies nicht möglich ist – zumindest zu erschweren, zu verzögern, einzufrieren, zu verhindern. Damit droht nicht weniger als die Verrechtlichung von Konzerninteressen. Hier ist sie wieder, die drohende Gefahr der schleichenden Entmachtung der Parlamente zugunsten der Exekutive und ihrer Einflüsterer, wie sie Bundestagspräsident Norbert Lammert (CDU) auch im

verwehrten Zugang zu TTIP-Dokumenten für Bundestagsabgeordnete sieht.

Die Ausschüsse unter TTIP und CETA sollte man sich also
nicht als harmlose, TÜV-ähnliche Gremien vorstellen, die nur
über unterschiedliche Rückblinkerfarben und Sicherheitsanforderungen für Druckluftschläuche diskutieren. Vielmehr
muss man sich klarmachen, dass dort unter der Überschrift
»Unterschiede einebnen« und »Kosten sparen« auch darüber verhandelt und vorentschieden werden könnte, welche
Chemikalien verboten werden könnten, ob auf Nudelverpa-
ckungen »aus Genweizen hergestellt« stehen soll oder ob Tierschutzstandards verschärft werden müssen.

Die Wochenzeitung *Die Zeit* hat den geplanten Hauptaus-
schuss bei TTIP denn auch als ein »Supergremium« bezeichnet,
»das Industrievertretern exklusiven Zugang zu Gesetzesvorhaben einräumen soll – ein Freifahrtschein für Lobbyisten«.
Die lobbykritische Brüsseler Organisation Corporate Europe
Observatory (CEO) urteilte: »Es würden Wirtschaftsverbände
am Tisch mit den Regulierern sitzen und Gesetze förmlich
mitschreiben. Die Wirtschaft wäre von Anfang an in die Vorgänge mit einbezogen, lange vor jeder öffentlichen und demokratischen Debatte. Die Wirtschaft hätte beste Möglichkeiten,
wichtige Vorschläge zur Verbesserung bei Lebensmittelstandards und im Verbraucherschutz abzuwürgen.« Nach Pres-
seberichten soll der TTIP-Hauptausschuss exklusive gegenseitige Informationspflichten für die Regulierer vorsehen, so
dass zum Beispiel Pläne für EU-Verordnungen in den USA landen, noch bevor sie das EU-Parlament oder die europäischen
Regierungen erreichen. Die USA wären somit klammheimlich
zu einer Art Sondermitglied der Europäischen Union geworden, TTIP wäre eine zusätzliche Ebene der Gesetzgebung

für die amerikanisch-europäischen Wirtschaftsbeziehungen – obwohl es keine politische Union zwischen den Blöcken gibt, keine gemeinsame Wirtschafts-, Finanz-, Industrie- oder Geldpolitik.

Für die Regelfindung im europäischen Binnenmarkt wurden in den vergangenen Jahrzehnten Strukturen und Institutionen aufgebaut. Man schuf eine politische Union europäischer Staaten mit einer Kommission als Regierung, mit einem Ministerrat, einem Parlament, mit neuen europäischen Behörden, neuen Verfahren der Regelfindung und des Ausgleichs. Auch bei der Entscheidungsfindung in diesen Strukturen besteht ein unverhältnismäßiger, demokratiefeindlicher Einfluss von Wirtschaftsinteressen. Bei TTIP und CETA jedoch würde dieser Zustand auf die Spitze getrieben. Es gäbe nur einen Vertrag, dessen allgemein gehaltene Paragrafen fortan von undurchsichtigen Regulierungsgremien interpretiert würden. Damit würde ein Schritt vollzogen hin zur Zentralisierung von Entscheidungsmacht in minimal legitimierten und von Parlamenten und der Öffentlichkeit kaum zu kontrollierenden Gremien, in denen Bürokraten und Lobbyisten den Ton angeben.

Man muss heute deshalb davon ausgehen, dass eine Verbesserung von Standards noch schwieriger werden wird, als sie ohnehin schon ist – sei es beim Tierschutz, bei Arbeitnehmerrechten, bei der öffentlichen Daseinsvorsorge oder bei Kennzeichnungspflichten für Lebens- oder Futtermittel; beiderseits des Atlantiks leistet die Autoindustrie schon jetzt erfolgreich Widerstand gegen die aus klimapolitischen Gründen erforderliche Reduktion des Ausstoßes von Klimagasen – unter dem gestärkten Einfluss von Wirtschaftsvertretern dürften Verschärfungen noch schwieriger durchzusetzen sein als bisher;

abschreiben muss man wohl auch ehrgeizige Schritte in Richtung Transformation zu einer nachhaltigen Wirtschaft und zur Unterstützung von Biodiversitäts- oder Energiesparzielen.

Wie ein geleaktes Dokument belegt, soll im TTIP-Hauptausschuss auch das US Office for Information and Regulatory Affairs, kurz OIRA sitzen – eine Tatsache, die sämtlichen Befürchtungen über bedrohte Verbraucher- und Umweltstandards neue Nahrung gibt. Denn OIRA ist nicht *irgendeine* Stimme von vielen im Regulierungsgeschehen der USA, sondern *die* entscheidende Instanz auf amerikanischer Seite. OIRA ist ein exklusives Team von Mitarbeitern, das dem Weißen Haus untersteht, aber selbst der amerikanischen Öffentlichkeit so gut wie unbekannt ist. Auf Anfragen erhielten US-Medien in der Vergangenheit nicht einmal die Auskunft, wie viele Mitarbeiter OIRA zählt, wer sie sind und welchen beruflichen Hintergrund sie haben. Namentlich bekannt sind nur der OIRA-Chef und dessen Stellvertreter, wegen seiner enormen Machtfülle wird der OIRA-Direktor von amerikanischen Medien regelmäßig als »Regulierungs-Zar« tituliert. Sein rund 40-köpfiges Team besteht zu großen Teilen aus Wirtschaftswissenschaftlern und Juristen. Über ihre Tische gehen die Regulierungsvorhaben der großen Bundesbehörden wie der Umweltschutzbehörde, der Lebensmittelüberwachungs- und Arzneimittelzulassungsbehörde oder der Arbeitssicherheitsbehörde. Dabei sieht OIRA nicht nur die offiziellen Regulierungsentwürfe der Behörden ein, sondern bereits deren informelle Vorüberlegungen. Von Regulierungen bei der Ölgewinnung, im Kohlebergbau und in der petrochemischen Industrie, von Vorschriften für die Salmonellenbelastung in Eiern und zur Kennzeichnung benzinsparender Autoreifen bis zu Arbeitsschutzregeln gibt es praktisch keine Vorschriften, die nicht von

OIRA zuvor überprüft und bestätigt werden. Die Aufgabe des Amts besteht dabei vor allem darin, die Kosten von Regulierungen zu senken und die Regulierungsbehörden »zu zügeln« – so steht es sogar in einer von der EU beauftragten Vergleichsstudie der beiden Regulierungssysteme: »[E]s ist deshalb keine Überraschung, dass die meisten (wenn auch nicht alle) Eingriffe von OIRA darauf abzielen, Regulierungen abzuschwächen, nicht sie strenger zu machen oder ihre Schutzwirkung zu verstärken.«

Amerikanische Kritiker – und nicht etwa antiamerikanisch gesinnte Europäer – gehen scharf ins Gericht mit dieser zentralisierten Überwachung durch das Weiße Haus. »Wenn es Lobbyisten in Washington nicht gelingt, die von den Bundesbehörden vorgeschlagenen Vorschriften zu Fall zu bringen, finden sie ein offenes Ohr bei OIRA, das große Teile seiner Arbeit im Geheimen verrichtet«, schreibt die New Yorker Organisation ProPublica, eine Plattform investigativer Journalisten. Die Organisation Transatlantic Consumer Dialogue (TACD), ein Forum von US- und EU-Verbraucherverbänden, urteilt, die wachsende Macht des Weißen Hauses über die Regulierungsbehörden habe zu einer »Lähmung durch Prüfung« (»paralysis by analysis«) geführt, zu einer einseitig industriefreundlichen Haltung und zu einer Politisierung der Wissenschaft. Lisa Heinzerling, Juraprofessorin an der Georgetown University in Washington, D. C., und ehemalige Mitarbeiterin der Umweltbehörde EPA, bezeichnete in einer Studie von 2006 manche der OIRA-Praktiken schlicht als »illegal«. Ihre Kollegin Rena Steinzor, Juraprofessorin an der University of Maryland und Präsidentin des Thinktanks Center for Progressive Reform (CPR), fordert unumwunden, OIRA müsse die Macht im gesetzgeberischen Prozess genommen werden.

OIRA wurde 1980 vom US-Kongress als eine Art Entbürokratisierungsamt geschaffen. Kaum gewählt, erweiterte Präsident Ronald Reagan 1981 per Anordnung die Macht von OIRA dadurch, dass das Amt auch Regulierungsvorschläge von Bundesbehörden überprüfen sollte. Über diese Ermächtigung wird in den USA bis heute gestritten, schließlich sind nicht der Präsident und seine Berater beauftragt, Gesetze des US-Kongresses in Regeln umzusetzen, sondern die Regulierungsbehörden selbst. Seit der präsidialen Anordnung hat OIRA seinen Einfluss exzessiv geltend gemacht: Eine Studie des Center for Progressive Reform, welches das Gebaren von OIRA zwischen 2001 und 2011 untersuchte, kam zu dem Ergebnis, dass 65 Prozent aller Regulierungsentwürfe durch OIRA verändert wurden, bei der Umweltbehörde EPA waren es sogar 84 Prozent. Offiziell sind diese »Anpassungen« durch OIRA nur Vorschläge, »doch sie kommen mit dem Gewicht des Weißen Hauses und werden normalerweise umgesetzt«, schreibt ProPublica.

Eine andere Wirkungsweise besteht darin, dass die Regulierungsentwürfe um Monate oder Jahre hinausgezögert werden, andere werden von den Behörden erst gar nicht zur Überprüfung vorgelegt in der begründeten Annahme, dass sie ohnehin kassiert oder zerpflückt würden. »OIRA bearbeitet die Regulierungsentwürfe Zeile für Zeile, und manchmal verändert das Amt dabei die ursprüngliche Zielsetzung des Entwurfs«, sagt Lisa Heinzerling. Dabei schrecke das Amt auch nicht davor zurück, selbst Zahlen in Tabellen von Behörden zu »überarbeiten«.

Der wissenschaftliche Anspruch verkommt dabei mitunter zur Fassade: Denn was Biologen, Ingenieure, Physiker, Juristen und andere Fachwissenschaftler in den Bundesbehörden oft in jahrelangen Feldstudien, bei öffentlichen Anhörungen und durch Gegenprüfungen anderer Wissenschaftler in eine Entwurfsform gebracht haben, kann dann in kürzester Zeit von den politisch motivierten OIRA-Mitarbeitern wieder über den Haufen geworfen werden. »Das Veto-Recht von OIRA zu Regulierungsentwürfen besagt doch nichts anderes, als dass der OIRA-Chef in Wahrheit der Chef der Umweltbehörde ist«, resümiert die Juristin Heinzerling.

Wie ProPublica schreibt, nutzt OIRA mehrere Methoden, um geplante Vorschriften und Regeln auszubremsen, zu verwässern oder zu blockieren. Dazu gehört die Taktik, den vorgelegten Entwurf einer Behörde zu ignorieren, bis diese von sich aus aufgibt, oder sie aufzufordern, ihren Vorschlag zurückzuziehen. Im letzteren Fall entstehen keine »Fingerabdrücke«, weil es darüber keine offiziellen Dokumente oder Erklärungen gibt. Der Vorschlag der Umweltbehörde EPA zum Beispiel, eine Liste potenziell gefährlicher Chemikalien zu erstellen, für die möglicherweise neue Regulierungen notwendig seien, lag länger als drei Jahre bei OIRA, bis die Umweltexperten ihren Vorstoß 2013 wieder zurückzogen.

Eine andere Methode, Regulierungen im Sinne der Industrie abzuschwächen, sind Kosten-Nutzen-Berechnungen, die OIRA regelmäßig einfordert. Kritiker wie das Center for Progressive Reform halten diese Berechnungen für äußerst angreifbar, weil die Kosten von Schutzvorschriften systematisch überschätzt würden (oft gestützt auf Angaben der Industrie), während der Nutzen gern unterschätzt werde. In der CPR-Studie aus dem Jahr 2006 schildert Lisa Heinzerling, wie OIRA die Umweltbehörde EPA dazu drängte, bei der umweltrelevanten Bewertung von Kühltürmen für Kraftwerke eine Kosten-Nutzen-Rechnung anzuwenden, obwohl der Clean Water Act die

»beste verfügbare Technologie« verlangte – und eben nicht die Technologie mit der günstigsten Kosten-Nutzen-Rechnung. Zwar konnten die Umweltfachleute noch den »Nutzen« der Fische in Dollar berechnen, die beim Einsaugen des Kühlwassers *nicht* getötet würden, wenn die beste verfügbare Technologie zum Einsatz käme. Bei der Berechnung des »Nutzens« der übrigen verschonten Flussfauna stieß die Behörde allerdings an ihre Grenzen und verwarf schließlich das Ziel, die umweltschonendere Technologie zu favorisieren. »OIRA verwandelte den technologiebasierten Ansatz des Wasserschutzgesetzes in einen Kosten-Nutzen-Ansatz, und das war illegal«, bilanziert Lisa Heinzerling.

Ein aktueller Fall dieser fragwürdigen Kosten-Nutzen-Analysen ist der von Präsident Obama forcierte Clean Power Plan (CPP), der die Emissionen im US-Kraftwerkssektor bis 2030 gegenüber 2005 um dreißig Prozent reduzieren soll. Gegen den Plan hat sich bereits eine Opposition formiert aus US-Bundesstaaten mit starkem Kohlebergbau sowie aus diversen Wirtschaftsverbänden und anderen Gegnern der Obama'schen Klimapolitik. Die US-Handelskammer kritisierte vor allem die Kosten der vorgesehenen Maßnahmen, die sie auf mehr als 50 Milliarden Dollar pro Jahr bezifferte. Die Umweltbehörde EPA schätzte die jährlichen Kosten dagegen auf nur 7,3 bis 8,8 Milliarden Dollar; zudem veranschlagte sie den finanziellen Nutzen ihres Plans um ein Vielfaches höher, da neben der CO_2-Reduktion und positiven Klimaeffekten auch eine Verminderung gesundheitsschädlicher Luftpartikel sowie Vorteile aus einer gesteigerten Energieeffizienz zu erwarten seien.

Ein weiterer Fall: Im Sommer 2014 warfen Wirtschaftswissenschaftler und die US-Organisation Tobacco-Free Kids der Lebensmittelüberwachungs- und Arzneimittelzulassungsbehörde FDA schwere Fehler vor bei deren Berechnungen von Kosten und Nutzen schärferer Tabakvorschriften wie zum Beispiel Warnhinweisen auf Zigarettenschachteln. Für »absurd« halten es die Wissenschaftler, dass die Behörde den errechneten Nutzen verschiedener Maßnahmen um fünfzig beziehungsweise siebzig Prozent gesenkt habe mit dem Argument, die Raucher würden auch an Vergnügen einbüßen, wenn sie durch Warnhinweise und ähnliche Maßnahmen vom Rauchen abgehalten würden.

Weitere alarmierende Beispiele, die zeigen, welchem Regime sich europäische Regulierer in TTIP- und CETA-Regulierungsausschüssen unterwerfen würden, listen die investigativen Journalisten von ProPublica auf:

• Nach vielen Jahren der Datenerhebung inklusive zahlreicher öffentlicher Anhörungen legte die Arbeitssicherheitsbehörde OSHA Anfang 2011 einen Plan vor, den zulässigen Grenzwert für Siliciumdioxid- oder Quarzstaub beim Fracking, im Bergbau oder in Zementfabriken zu senken. OSHA berechnete, so könnten jährlich 700 Menschenleben gerettet und weitere 1600 lebensbedrohliche Neuerkrankungen an der Staublunge verhindert werden. Die betroffenen Branchen hielten dagegen, dass die Kosten für die vorgeschlagene Reduzierung den möglichen Nutzen bei weitem überstiegen. OIRA bearbeitete das Thema dann zweieinhalb Jahre lang. Während dieser Zeit trafen sich OIRA-Mitarbeiter neunmal mit Lobbyisten und Anwälten der betroffenen Branchen, aber nur je einmal mit Gewerkschaftern und Gesundheitsexperten. Im August 2013 schließlich schickte OIRA eine überarbeitete Version zurück zur Arbeitssicherheitsbehörde, die nun ihrerseits am Zug ist. »Während dieser Verzögerung wurden weiterhin Tausende von Arbeitern dem krank machenden Staub ausgesetzt, viele werden kränker werden, und manche werden daran sterben«, kommentierte ein Vertreter der Gewerkschaft AFL-CIO. Neuesten Meldungen zufolge sollen die Vorschriften nun 2016 verschärft werden – das erste Mal seit 45 Jahren.

• Nachdem sich Hinweise verdichtet hatten, dass Formaldehyddämpfe aus Pressholzmaterialien in Wohnwagen Menschen krank machen können, verabschiedete der US-Kongress 2010 ein Gesetz mit schärferen Grenzwerten für die Chemikalie. Der Stoff steht allein in den USA für einen milliardenschweren Markt. Die Umweltbehörde EPA legte OIRA im Mai 2012 neue Vorschriften vor und prognostizierte einen Nutzen zwischen 91 und 278 Millionen Dollar, der sich vor allem aus geringeren Medikamenten- und Krankenhauskosten für asthmakranke Kinder errechnete. In der Folge trafen sich Industrievertreter fünf Mal mit OIRA-Mitarbeitern. Danach war Asthma als quantifizierbare Größe gestrichen, wodurch der Nutzen einer Regulierung von Formaldehyd um mehr als achtzig Prozent sank.

• Zu den Regulierungen, die OIRA zugunsten der Wirtschaft veränderte, gehört eine Vorschrift für die Ruhezeiten von Piloten. Vertreter von Luftfrachtunternehmen wie FedEx und UPS argumentierten gegenüber OIRA, dass die Kosten einer verschärften Arbeitszeitvorschrift wesentlich höher seien als der mögliche Verlust von Piloten und Maschinen bei Unfällen, die durch Übermüdung verursacht werden. OIRA konnte die US-Luftaufsichtsbehörde (Federal Aviation Administration, FAA) davon überzeugen, die Frachtpiloten von der Regel auszunehmen, sie gilt jetzt nur in der zivilen Luftfahrt.

Von den 1960er Jahren bis Mitte der 1980er waren viele Standards im Umwelt- und Verbraucherschutz in den USA strenger als in den meisten Mitgliedsstaaten der Europäischen Gemeinschaft. Das galt beispielsweise für die Zulassung pharmazeutischer Produkte und für Abgaswerte bei Autos, Kalifornien galt sogar als die »Wiege der Abgasgesetzgebung«. Unter dem republikanischen Präsidenten Richard Nixon erlebte das Land eine Periode vieler regulatorischer Eingriffe, wobei Nixon eng mit den Demokraten zusammenarbeitete: 1970 wurde der Clean Air Act erlassen, nur zwei Jahre später der Clean Water Act. In Nixons Zeit fällt ferner die Gründung der Umweltbehörde EPA, der Kommission für Produktsicherheit CPSC und der Arbeitssicherheitsbehörde OSHA.

Auch heute sind die USA den Europäern in manchen Bereichen voraus: Benzin enthält dort einen niedrigeren Anteil an krebserregendem Benzol, und die Affäre um manipulierte Abgasmessungen europäischer Autohersteller hat einer breiten Öffentlichkeit die wesentlich strengeren Abgasvorschriften für Stickoxid-Emissionen von Dieselmotoren in den USA vor Augen geführt; bei Brustimplantaten gelten schon seit Jahren für Hersteller strenge Regeln, die verpflichtende klinische Tests vorsehen. Fruchtsäfte haben in den USA geringere Grenzwerte für Pestizide, und Biolandwirte dürfen ihren Rindern keinerlei Antibiotika verabreichen, während europäischen Bauern das bei kranken Tieren erlaubt ist. Ende 2014 hat Kalifornien ein schrittweises Verbot von Einwegplastiktüten für 2015 und 2016 erlassen, während EU-Länder Zeit bis 2019 haben und den Verbrauch nur um mindestens achtzig Prozent senken müssen. Die Regulierung von Medizinprodukten wie künstlichen Gelenken, Herzschrittmachern oder Blutdruckmessgeräten gilt im Vergleich zu den europäischen Vorschriften als strenger in den USA. Nicht zu vergessen die teilweise schärferen Regulierungen der Finanzmärkte (bekannt als Dodd-Frank-Gesetz), die infolge der Finanzkrise seit 2008 in den USA erlassen wurden – und auf deren Aufweichung durch TTIP nun auch europäische Banken und Versicherer hoffen.

Dennoch ist kaum zu leugnen, dass, beginnend mit Ronald Reagan, ein schleichender, aber tiefgreifender Wandel stattfand, der die Regulierungsbehörden des Landes zunehmend unter Druck setzte, sie einschüchterte, ausbremste. Auch intime deutsche Kenner der amerikanischen Verhältnisse bestätigen, dass die Behörden dort oft nur noch tätig werden, wenn die Anweisung von »ganz oben« kommt. In diesem Kontext ist auch ein Skandal zu sehen, der die amerikanische Autoindustrie 2014 wie ein Tsunami erfasste und bei dessen Aufarbeitung nun auch die Rolle der Bundesbehörde für Straßen- und Fahrzeugsicherheit (National Highway Traffic Safety Administration, NHTSA) durchleuchtet wird.

Bei einer der Anhörungen im Kongress im September 2014 musste sich der NHTSA-Chef von einer Senatorin vorhalten lassen, seine Behörde sei »mehr daran interessiert gewesen, mit den Autoherstellen ›Kumbaya‹ zu singen, als ihre eigentliche Aufgabe zu erfüllen«. Hintergrund ist ein neuer Rekord bei der Zahl aufgrund von Mängeln zurückgerufener Autos: 2014 waren es mehr als 60 Millionen Fahrzeuge, das entspricht fast dem kompletten deutschen Kfz-Bestand von Pkw über Lkw bis zu Bussen und Motorrädern, im Durchschnitt gab es zwei Rückrufaktionen pro Tag, die jedes fünfte Auto auf der Straße betrafen. Auslöser der Krise waren deaktivierte und reißende Airbags, blockierte Zündschlösser, versagende Bremsen, Feuer in Benzintanks und Fahrzeuge, die von selbst beschleunigen oder während der Fahrt plötzlich abgewürgt werden. Mehrere Dutzend Tote und noch viel mehr Verletzte in den vergangenen fünfzehn Jahren werden mit diesen Defekten in Verbindung gebracht, die Kosten der Rückrufaktionen, die Strafen, die Schadenersatz- und Vergleichszahlungen an die Opfer belaufen sich auf viele Milliarden Dollar.

Zwar gibt es für die Automobilunternehmen eine Berichtspflicht bei verdächtigen Unfällen, doch die wurde, wie die *New York Times* berichtete, von den Unternehmen so leichtfertig vernachlässigt, wie die Behörde darauf verzichtete, nach entsprechenden Unfallberichten nachzuhaken. Die Zeitung schrieb: »Die Aufsichtsbehörde war zögerlich in ihren Handlungen, langsam beim Erkennen der Probleme und unwillig, ihre volle gesetzliche Macht einzusetzen gegen die Industrie, die sie regulieren soll. Jahrelang reagierte die Behörde nicht auf diverse Studien und Beschwerden Tausender Autofahrer. Sie wurde erst aktiv, als die Probleme Krisencharakter annahmen, als Verbraucherschützer Alarm schlugen und Autofahrer verletzt wurden oder starben.« Noch Anfang 2014 hatte zum Beispiel General Motors damit geworben, dass acht seiner Modelle eine Fünf-Sterne-Auszeichnung im Sicherheitsranking erhalten hätten – von der NHTSA, jener Behörde, die vom Kongress beauftragt ist, die Sicherheit von Autos zu überwachen. Einen Tag nach der verkaufsfördernden Bekanntmachung begann das Unternehmen, Millionen Autos zurückzurufen, von deren Mängeln es aufgrund der zahlreichen Beschwerden lange gewusst haben musste.

Dies aber darf überhaupt keine Grund sein, sich in der EU auf die Brust zu klopfen. Nicht zuletzt der »Dieselgate«-Skandal hat auch in der EU in erschreckender Weise die Kumpanei von Konzernen, in diesem Fall der Autohersteller, und Regulierungsbehörden sowie zuständigen Ministerien offengelegt. Eine Kumpanei, die letztlich aufgrund der überhöhten hochgiftigen Stickoxid-Emissionen der Dieselfahrzeuge den Verlust von Tausenden von Menschenleben zu verantworten hat.

Spätestens aufgrund dieser Beispiele aus der US-amerikanischen und europäischen Automobilindustrie müsste es TTIP-Befürwortern dämmern, dass es bei TTIP um viel mehr geht als um die Angleichung unterschiedlicher Rückblinkerfarben und anderer technischer Details. Nämlich um die Regulierungskultur, um das Ansehen, die Ausstattung und die durch die Politik verliehene Stärke von Behörden, die in der Lage sein müssen, Wirtschaftsinteressen zu begrenzen, wenn Verbraucherinteressen verletzt werden. Es steht jedoch zu befürchten, dass das Gegenteil eintritt. Dass nämlich durch die Kooperation der auf beiden Seiten des Atlantiks unter dem starken Einfluss von Wirtschaftsinteressen stehenden Regulierungsbehörden die Macht der Konzerne noch weniger begrenzt wird und Verbraucherinteressen noch mehr hintangestellt werden. Die Zusammenarbeit zwischen EU- und US-Regulierern, enger denn je und unter dem permanenten Einfluss von Wirtschaftsvertretern, das wäre dann mit TTIP die Zukunft.

Paralleljustiz für Investoren

Die Antwort klang trotzig: »Diese Dame kenne ich nicht.« So reagierte der damalige TTIP-Chefverhandler De Gucht auf die Frage eines Zeitungsreporters, was er von Pia Eberhardt halte. Die Antwort klang nicht nur trotzig, sondern auch unglaubwürdig. Denn die Brüsseler Organisation Corporate Europe Observatory (CEO), für die Pia Eberhardt seit vielen Jahren arbeitet, gehört zu den schärfsten Widersachern des Lobbyisteneinflusses auf die europäische Politik im Allgemeinen und auf TTIP im Besonderen. Mit unablässigen Eingaben bei der EU-Kommission zur Herausgabe von Gesprächsdokumenten, mit geduldiger Internetrecherche und mit Hilfe zum Teil anonym zugespielter Dokumente werfen die Berichte der Organisation immer wieder Licht auf die unappetitlichen bis skandalösen Details des TTIP-Deals, den die Brüsseler und andere Hauptstadteliten so gern weiter im Dunkeln halten würden. Pia Eberhardt hat dabei vor allem das »I« in TTIP im Blick – den Investorenschutz und die dahinter agierende »juristische Industrie«. Schon im Studium hatte sich die Politikwissenschaftlerin mit dem Thema beschäftigt und ließ sich 2010 mit einer Kollegin vom Transnational Institute auf eine einjährige Recherche darüber ein, lange bevor TTIP offiziell angekündigt wurde. Für die daraus resultierende, 2012 veröffentlichte CEO-Studie mit dem Titel »Profiting from Injustice – Profit durch Un-Recht« interessierten sich die Medien zunächst nur mäßig.

Das Bild hat sich geändert: Inzwischen gibt es nur wenige kritische Veröffentlichungen zu TTIP, darunter auch wissenschaftliche Arbeiten, die *nicht* an irgendeiner Stelle Bezug auf die CEO-Studie nehmen. Mit ihrer Arbeit hat die kleine Zwölf-Mitarbeiter-Organisation in der Brüsseler Innenstadt der Kritik eine enorme Dynamik verliehen: Für viele Medien war die CEO-Studie der Impuls, selbst zum Thema Investitionsschutz zu recherchieren; seither liest man immer häufiger von Fällen, die zum Teil schon seit vielen Jahren völlig unbeachtet zwischen Wirtschaftsanwälten und Ländern ausgefochten werden und die nun als augenöffnende Beispiele für die gefährlichen Klageprivilegien dienen, wie TTIP sie ausländischen Investoren einräumen will.

Da gibt es zum Beispiel die bizarre Geschichte zweier schwerreicher rumänischer Zwillingsbrüder, die in Schweden eine Firma kauften. Mit dieser Firma investierten sie in ihrer Heimat in eine Abfüllanlage für Wasser, Säfte und Limonaden.

Vom rumänischen Staat erhielten sie dafür üppige Subventionen etwa in Form erlassener Mehrwertsteuern auf Maschinen und erlassener Gewinnsteuern. Als Rumänien EU-Mitglied wurde, musste es sich an europäische Standards anpassen und manche Vorzugsbehandlung für die heimische Wirtschaft abschaffen. Dagegen zogen die betroffenen Limonadenabfüller vor Gericht, aber nicht vor ein rumänisches oder europäisches, sondern vor das Internationale Zentrum zur Beilegung von Investitionsstreitigkeiten (ICSID), ein Schiedsgericht, das zur Weltbank gehört und seinen Sitz in Washington, D. C., hat. Vor diesem Sondergericht konnten die Unternehmer ihr Land verklagen, weil Rumänien ein Investitionsschutzabkommen mit Schweden unterzeichnet hat, von wo aus die Investition in Rumänien getätigt wurde.

Die Unternehmerbrüder sahen sich sich geschädigt, weil sie von einer mindestens zehnjährigen Laufzeit der Subventionen ausgegangen waren; die beklagte rumänische Regierung hielt dagegen, Gesetze könnten sich auch ändern, die Rücknahme der Subventionen sei nötig gewesen, um der EU beitreten zu können. Für den Schiedsrichter des ICSID-Gerichts war jedoch nicht die Abwägung zwischen den privaten Interessen der subventionierten Firma und dem politischen Interesse Rumäniens an einem EU-Beitritt entscheidend; für den Richter ging es vor allem um die Frage, ob ein Verstoß gegen das rumänisch-schwedische Investitionsschutzabkommen vorlag zu Lasten ausländischer Investoren – auch wenn die den Pässen nach Inländer sind. Und dies bejahte er.

Rumänien, genauer: seine Steuerbürger, soll den Brüdern nach dem Schiedsspruch nun für entgangene Profite zuzüglich Zinsen rund 250 Millionen Dollar zahlen. Die Wochenzeitung *Die Zeit*, die Ende 2014 über diesen Fall berichtete, fasste die Geschichte in einem ironisch-verwunderten Tonfall so zusammen: »Zwei in Rumänien geborene Milliardäre klagen mit Hilfe eines französischen Anwaltes vor einem Schiedsgericht in Washington auf der Grundlage eines schwedisch-rumänischen Abkommens.« Und bekommen 250 Millionen Dollar zugesprochen, die sie sich, sollte Rumänien nicht zahlen, auch in anderen Ländern durch Pfändung rumänischen Staatseigentums holen dürfen.

Die Mechanik solcher Investor-Staat-Klagen geht so: Zwei Staaten oder Staatengruppen schließen bilaterale oder multilaterale Investitionsabkommen (davon existieren heute weltweit mehr als 3000); diese Verträge garantieren den Investoren aus dem Land des Vertragspartners besondere Schutzrechte für ihre Kapitalanlagen im Gastland. Fühlt sich der Investor in seinen Rechten verletzt, kann er auf Schadenersatz klagen – umgekehrt kann der Staat aber nicht den Investor verklagen etwa wegen gebrochener Investitionsversprechen. Die Investitionsabkommen sehen für eventuelle Investor-Staat-Klagen internationale Schiedsgerichte vor, die nach bestimmten Regeln für jeden Streit neu gebildet werden. Die bekanntesten Regeln sind diejenigen des bereits erwähnten Internationalen Zentrums zur Beilegung von Investitionsstreitigkeiten (ICSID) mit Sitz in Washington. Ähnliche Schiedsregeln gibt es bei der Internationalen Handelskammer, die ihren Sitz in Paris hat, und bei der UN-Kommission für internationales Handelsrecht (UNCITRAL).

Kommt es zum Streit, bestimmen der Investor und der angegriffene Staat entweder einen einzelnen Schiedsrichter oder sie bilden ein dreiköpfiges Schiedsgericht; hierzu wählen die Kontrahenten je einen Schiedsrichter, meist einen Wirtschaftsanwalt, und einigen sich auf einen dritten. Dieser

Einzelschiedsrichter oder dieses Trio, das nicht hoheitlich oder demokratisch legitimiert ist, entscheidet dann in einer nichtöffentlichen Verhandlung über den Disput. Der Schiedsspruch ist bindend: Kein Parlament, kein Kanzler, kein Präsident, kein Verfassungsgericht kann ihn anfechten. Während sich in der staatlichen Rechtsfindung ein Nachbarschafts- oder Kündigungsstreit durch bis zu drei Instanzen ziehen kann, bis endgültig Recht im Namen des Volkes gesprochen wird, und während je nach Schwere und Bedeutung des Falles bis zu sieben Berufsrichter am Urteil beteiligt sind, kann bei diesen geheim tagenden Schiedsgerichten unter Umständen ein einziger Schiedsrichter ein milliardenschweres, nicht anfechtbares Urteil fällen, denn Revisions- oder Berufungsverfahren sind nicht vorgesehen. Wenn die Streitparteien es nicht wünschen, bleiben die Begründung und Details des Urteils unveröffentlicht. Der Steuerzahler, der den Schadenersatz letztlich leistet, erfährt deshalb oft so gut wie nichts.

Was das Beispiel aus Rumänien belegt, ist eigentlich unfasslich: Souveräne Staaten mit demokratischer Verfassung begeben sich durch Investitionsschutzabkommen gegenüber Privatpersonen und privaten Unternehmen freiwillig in die Rolle von schadenersatzpflichtigen Beklagten, und zwar weil sie das tun, was ihre Aufgabe ist: nämlich für und im Auftrag ihrer Bürger Rechtsakte in Parlamenten zu erlassen. In der *Süddeutschen Zeitung* kommentierte Heribert Prantl: »Hinter dem Chlorhühnchen versteckt sich einer der gefährlichsten Angriffe auf die demokratischen Rechts- und Sozialstaaten, die es je gegeben hat. Das Freihandelsabkommen will exklusive Sonder- und Schutzrechte für Großinvestoren schaffen, welche die Parlamente binden und fesseln; wenn der Staat neue Gesetze erlässt, muss er künftig fürchten, dass ihn ein Konzern wegen enttäuschter Gewinnerwartungen, wegen ›indirekter Enteignung‹ auf Schadénersatz in Milliardenhöhe verklagt … Das geplante Abkommen formuliert ein neues internationales Supergrundrecht: Ein Grundrecht auf ungestörte Investitionsausübung. Die Übersetzung der Investitionsschutzregeln ins Verständliche lautet so: ›Die ungestörte Investitionsausübung ist gewährleistet. Kein Großinvestor darf gegen seine Interessen zum Umweltschutz, Kündigungsschutz, Datenschutz, Verbraucherschutz und zu sozialer Verantwortung gezwungen werden.‹ Das ist … ein Eingriff in die Rechtssetzungshoheit der Rechtsstaaten, die nicht mehr frei sind, ihre Verfassungsprinzipien in Gesetzesrecht zu übersetzen – weil dem Handelsabkommen ein mit Milliardenstrafen bewehrter Vorrang eingeräumt wird. Geld schlägt die demokratische Verfassung; das ist der Mechanismus dieses Investitionsschutzes.«

Für »anstößig« hält den Investitionsschutz auch Axel Flessner, emeritierter Professor für Deutsches, Europäisches und Internationales Privatrecht und Rechtsvergleichung an der Humboldt-Universität Berlin. »Diese Regelungen widersprechen mehrfach dem deutschen Grundgesetz. Sie bringen die demokratisch begründete Staatsgewalt unter Fremdbestimmung, verdrehen die Garantie des Rechtsweges, zwingen den Staat zur Ausländerprivilegierung und Inländerdiskriminierung und enthalten eine Selbstermächtigung der Europäischen Union, die ihr nach den EU-Verträgen nicht zusteht. Auch mit dem Verfassungsrecht anderer Staaten, namentlich dem der USA, dürften sie nicht vereinbar sein.«

Die Etikettierung von TTIP als »Freihandelsabkommen« sei irreführend, urteilt Jürgen Borchert, langjähriger Richter am hessischen Landessozialgericht: »Bei genauerer Betrachtung handelt es sich vielmehr um ein Abkommen zur Durchsetzung eines globalen Anlegerschutzes durch Fesselung der demokratischen Risiken. Plastisch könnte man das mit dem Begriff der ›Gulliverisierung‹ beschreiben, da die Demokratien an Haupt, Leib und Gliedern durch die völkerrechtlichen Verträge mit ihren einschneidenden Inhalten eingeschnürt werden.« An den SPD-Vorsitzenden und Vizekanzler Sigmar Gabriel, der TTIP und das Schwesterabkommen mit Kanada (CETA) forciert, schrieb Borchert: »Offenbar begreifen Sie nicht, dass mit dem Investitionsschutzkapitel sowohl das Grundgesetz wie auch europäisches Recht ausgehöhlt werden.« Denn anders als die Investitionsschutzkapitel in Freihandelsabkommen schütze die Eigentumsgarantie des Grundgesetzes nicht die Renditeerwartungen. »So höhlen Sie, ausgerechnet ein Sozialdemokrat!, die Sozialpflichtigkeit des Eigentums aus und bürden den Steuerzahlern obendrein Haushaltsrisiken auf, welche mit der Haushaltshoheit des Parlaments nicht mehr vereinbar sind.«

Doch die Gefahr horrender Schadenersatzzahlungen ist noch die geringere. Das eigentliche Ziel der Investor-Staat-Schiedsgerichtsverfahren besteht darin, Politikwechsel unmöglich zu machen. Der US-Ökonom Joseph Stiglitz hat das so formuliert: »Diejenigen, die Investitionsabkommen unterstützen, sind weniger besorgt wegen der Eigentumsrechte. Ihr wahres Ziel ist es, Regierungen einzuschränken bei Regulierungen und Unternehmensbesteuerungen. Mit Hilfe von Investitionsabkommen versuchen Konzerne durch die Hintertür etwas zu erreichen, was sie im offenen politischen Prozess nicht erreichen würden.«

Wenn TTIP-Befürworter die Sonderrechte für Investoren verteidigen, gehen sie gerne in die 1950er und 1960er Jahre zurück, als die ersten Investitionsabkommen unterzeichnet wurden. Und ausgerechnet Deutschland gilt als Pionier: Ludwig Erhard schloss 1959 für Deutschland mit Pakistan den weltweit ersten Vertrag dieser Art. Der damalige Vorstandssprecher der Deutschen Bank, Hermann Josef Abs, hatte am Musterentwurf mitgearbeitet. Die leitende Idee des Vertrags und seiner mehr als 140 Nachfolger mit Ländern von A wie Afghanistan bis Z wie Zentralafrikanische Republik war es, die Ansiedlung deutscher Firmen in Entwicklungs- und Schwellenländern zu befördern. Doch diese Abkommen enthielten in den ersten Jahrzehnten zunächst nur Regeln zur *zwischenstaatlichen* Streitbeilegung; erst ab etwa 1989 / 1990 kamen auch Schiedsklauseln für die *privaten* Investoren hinzu.

Die Sonderklagerechte sollten Investoren im Fall politischer Umwälzungen davor schützen, entschädigungslos enteignet zu werden; der Streit darüber sollte aber eben nicht vor den möglicherweise politisch gesteuerten, korrupten Gerichten des Gastlandes ausgetragen werden, sondern vor exterritorialen internationalen Schiedsgerichten. Jahrzehntelang waren Investitionsabkommen Deals zwischen kapitalexportierenden und kapitalimportierenden Ländern, zwischen den reichen Industrieländern im Norden und den wenig industrialisierten armen Ländern im Süden. Das Risiko der armen Länder, zu einer Entschädigung verurteilt zu werden und ein Stück Souveränität zu verlieren, wurde aufgewogen durch ihre Chance, Investoren anzulocken.

In einem Interview hat der deutsche Anwalt und ICSID-Schiedsrichter Klaus Sachs argumentiert, nichtstaatliche Schiedsgerichte seien für Investoren der einzige Schutz, »wenn ein südamerikanischer Staat von heute auf morgen Unternehmen enteignet«. So steht es auch in einer Broschüre von

Germany Trade & Invest (GTAI), einer Gesellschaft der Bundesrepublik Deutschland für Außenwirtschaft und Standortmarketing, die vom Bundeswirtschaftsministerium gefördert wird. Die Broschüre trägt den Titel »Hilfe, ich werde enteignet!«, und es klingt in ihr jene Ludwig-Erhard-Zeit an, als in vielen Ländern, oft nach dem Ende europäischer Kolonialherrschaft, die politischen Verhältnisse tatsächlich teilweise sehr instabil waren. Die Broschüre erinnert an Verstaatlichungswellen in Afrika und im Mittleren Osten, an Enteignungen im Iran nach der Revolution 1979 und in Libyen. Die GTAI schreibt: »Was ist, wenn sich der gesamte politische und rechtliche Rahmen verändert, in dem die Investition getätigt wurde? Wie reagieren Sie, wenn die Vermögenswerte Ihres Unternehmens im Ausland durch politisch motiviertes Handeln ausländischer Behörden beeinträchtigt werden? Was machen Sie, wenn etwa der ausländische Staat unter vorgeschobenen Gründen Ihre ausländische Tochtergesellschaft schließt, langfristige Lieferverträge kündigt, Sie gerade wegen Ihrer Eigenschaft als deutscher Unternehmer von Ausschreibungen ausschließt oder lokale Konkurrenten bevorzugt, über Nacht plötzlich Sonderwirtschaftszonen oder Freihandelszonen mit Steuerbefreiung aufhebt oder die in einem Joint Venture mit einer staatlichen Gesellschaft eingebrachten Geschäftsgeheimnisse kopiert?«

Investitionsschutzabkommen sind eine Erfindung aus der Frühzeit der Globalisierung, als Unternehmen erstmals im großen Stil in Entwicklungsländer expandierten. Doch mit der Situation in Europa und in den USA heute hat dies rein gar nichts zu tun. Die potenziellen TTIP-Partner verfügen über funktionierende Rechtssysteme, und die beiderseitigen Geschäfte und Investitionsströme erreichen Höchstniveaus – auch ohne Investitionsabkommen. Die Länder sind politisch so eng verflochten wie mit keinem anderen Partner, gerade TTIP-Befürworter betonen oft die »transatlantische Wertegemeinschaft«. Warum also ein Sonderklagerecht für globale Konzerne? In der Wissenschaft gilt zudem keinesfalls als erwiesen, dass internationaler Investitionsschutz überhaupt Investitionen erhöht. Und auch ohne den privilegierten Schutz durch Investitionsabkommen sind Unternehmen keineswegs hilflos der Willkür von Regierungen ausgeliefert: Es gibt staatliche Investitionsgarantien und private Versicherungen gegen Enteignungen und andere politische Risiken im Ausland – freilich gegen Gebühr, im Gegensatz zum Investitionsschutzabkommen, das schließt der Staat für die ausländischen Investoren gratis ab.

Es mag so sein, wie der deutsche ICSID-Richter Klaus Sachs es formulierte, dass »nicht jeder US-Investor es attraktiv findet, vor einem Gericht in Palermo oder Bukarest klagen zu müssen«. Auch umgekehrt gibt es viele Klagen europäischer Unternehmer über die Fallstricke, die die US-Justiz im Streitfall bereithalte, nicht zu reden von den exorbitanten Anwaltskosten in den USA. Aber warum sollten sich Unternehmen – anders als Privatpersonen – das »attraktivere« Justizwesen aussuchen können? Weil sie auch ihre Gewinne dorthin schieben dürfen, wo die weltweit attraktivsten Steuersätze gelten? »Es geht darum, sich in Sachen Gerichtsbarkeit auf neutralem Boden zu bewegen«, rechtfertigte das Verfahren Markus Beyrer, Direktor des europäischen Unternehmerverbandes Businesseurope. Auch in entwickelten Ländern gebe es manchmal politischen Druck auf Verfahren, oder die öffentliche Meinung beeinflusse deren Ausgang; deshalb fühlten sich Investoren sicherer, wenn bei Streitfällen mit Staaten eine unabhängige Instanz entscheide und nicht staatlich bezahlte Richter desselben Staates, der von einem Unternehmen verklagt werde. Schon klar, es gibt keine Garantie für die Neutralität von europäischen oder amerikanischen Berufsrichtern, und auch nicht dafür, dass sie nicht empfänglich für Geld wären oder politischem Druck nachgäben. Aber hanebüchen ist die Vorstellung, dass das ausgerechnet bei Wirtschaftsanwälten anders sein soll, die durch die Klageaufträge der Unternehmen sehr viel Geld verdienen und im nächsten Schiedsfall auf der anderen Seite stehen können.

Warum also nicht einfach TTP für Transatlantic Trade Partnership – ohne das I für den Investitionsschutz? Es sind vielleicht weniger die möglichen enormen Entschädigungszahlungen, die so reizvoll sind für Investoren. Vielmehr haben die Unternehmen erkannt, dass sie mit dem Investitionsschutz Politik machen können, dass sie damit Gesetze verhindern, blockieren, verzögern und sich auf diese Weise Märkte eröffnen oder erhalten können. Neuseeland zum Beispiel hat wegen der Klage von Philip Morris gegen Raucherschutzgesetze in Australien und Uruguay einen Gesetzesentwurf mit ähnlich scharfen Bestimmungen zurückgezogen. »Niemals würden sich die USA auf ein TTIP-Abkommen ohne Investorenschutzklauseln einlassen«, sagte der nach vierzig Jahren aus dem US-Kongress ausgeschiedene Demokratische Abgeordnete George Miller, »der Investorenschutz ist das zentrale Ziel der Konzernlobby.« In einem zwei Seiten langen, TTIP betreffenden Brief an den US-Handelsbeauftragten betont der kalifornische Ölkonzern Chevron fast ausschließlich die Bedeutung des Investorenschutzes: TTIP müsse starke Investitionsschutzklauseln enthalten und könne dadurch wegweisend sein für weitere internationale Verträge; zwar würden die Investor-Staat-Klagen nun von manchen Regierungen als unberechtigter Eingriff in ihre Souveränität wahrgenommen, für Chevron sei das Klagerecht jedoch »entscheidend, um unser Geschäft und unsere Aktionäre zu schützen«.

»Die mögliche Vielfalt schädlichen staatlichen Handelns ist praktisch unbegrenzt«, heißt es in der erwähnten Broschüre »Hilfe, ich werde enteignet!« von Germany Trade & Invest. Natürlich beeilt sich die vom Bundeswirtschaftsministerium geförderte Agentur zu erklären, dass zum Beispiel das Verbot neuer Produkte oder der Widerruf einer Betriebsgenehmigung »Wesenskern staatlichen Handelns ist«. Doch mit der Aussage ist das Terrain für Angriffsmöglichkeiten von Unternehmen auf staatliche Regulierung exakt beschrieben: Es ist riesig. Und die Waffen für die Angriffe liegen bereit: Es sind die schwammigen Klauseln in den Investitionsschutzabkommen. Mit ihnen lässt sich fast jede Politik angreifen, die die Eigentumstitel und geplanten Gewinne aus Investitionen bedroht.

»Die staatlichen ›Verstöße‹, die in Investor-Staat-Verfahren geahndet werden, wurden in den letzten zwei Jahrzehnten sukzessive ausgeweitet«, schreibt die CEO-Expertin Pia Eberhardt. »Während ursprünglich willkürliche Enteignungen und die Diskriminierung ausländischer Investoren Anlass zu Klagen boten, richten sie sich zunehmend gegen Gesetze, die demokratisch, im öffentlichen Interesse und im Einklang mit nationalem Recht verfasst worden sind.« Die Verträge sollen die Investoren eben nicht nur vor direkter, sondern auch vor »indirekter Enteignung« schützen, und sie verlangen, dass die Unternehmen »fair und gerecht« behandelt werden. Schon die nicht eingetretenen, ursprünglich erwarteten Gewinne können von Richtern als »indirekte Enteignung« ausgelegt werden und Entschädigungen nach sich ziehen. Doch was eine »faire und gerechte Behandlung« des Investors durch das Gastland ausmacht – auf dieser Klausel basieren viele Klagen –, ist ein weites Feld. »Einige Tribunale interpretieren zum Beispiel ›fair und gerecht‹ so, dass Behörden von der lokalen bis zur nationalen Ebene immer völlig transparent und ohne Widersprüche zu handeln haben und die ›legitimen Erwartungen‹ bezüglich des regulatorischen Umfelds einer Investition nicht enttäuschen dürfen. Und während der Schutz vor ›indirekter Enteignung‹ in den meisten nationalen Verfassungen so nicht zu finden ist, garantieren Investitionsabkommen Entschädigung, wenn das Eigentum durch Regulierungen an Wert verliert«, so Eberhardt.

Genauso weit interpretierbar ist der Begriff der Investition: Damit sind eben nicht nur Grundstücke, Fabriken oder Maschinen gemeint, sondern auch Anteilsrechte an Firmen und Portfolioinvestitionen, also Investitionen, die gar nicht die Inhaberschaft oder eine Mehrheitsbeteiligung an einem Unternehmen bedeuten; als Investitionen werden überdies Rechte des geistigen Eigentums angesehen wie zum Beispiel Markenrechte sowie öffentlich-rechtliche Konzessionen im Bergbau. »So lässt sich ein Fracking-Moratorium ebenso angreifen wie der Atomausstieg«, sagt Pia Eberhardt.

Als die Europäische Kommission wegen der Kritik am Investitionsschutz in TTIP die Verhandlungen zu diesem Thema Anfang 2014 vorübergehend aussetzte und eine öffentliche Konsultation startete, meldete sich auch das European Services Forum (ESF) zu Wort, ein Dienstleisternetzwerk von Konzernen wie Deutsche Telekom, Siemens, Microsoft und zahlreichen Banken: Man sei »sehr besorgt« angesichts von Überlegungen, den Investitionsschutz einzuschränken; namentlich nannte ESF die Frage der Definition von Investitionen und die Auslegung der Formel »fair und gerecht«; man fürchte »neue

Risiken« durch die »Politisierung von Streitfällen«, wo doch die fundamentale Aufgabe des Investitionsschutzes in der »neutralen« Abwicklung von Streitfällen bestehe.

Bei dieser breiten Angriffsfläche, die Staaten durch die Abkommen den Investoren bieten, war es nur eine Frage der Zeit, bis die Zahl der Investor-Staat-Klagen explodieren würde: Sie hat sich in den vergangenen zwanzig Jahren verzehnfacht. Wurde 1989 vor dem ICSID in Washington nur ein einziges Verfahren eröffnet, steigt die Zahl seit Mitte der 1990er Jahre stark an. 2013 wurden bereits mehr als 560 Verfahren gegen rund hundert Länder registriert. Und die Dunkelziffer dürfte wegen der Intransparenz des Systems noch um einiges höher liegen. 2014 kamen die meisten klagenden Unternehmen aus den USA (knapp 130), gefolgt von Holland (etwa 60), England (gut 40) und Deutschland (knapp 40), die nächsten Länder sind Kanada und Frankreich (jeweils etwa 30), Italien und Spanien (jeweils etwa 25), die Türkei und die Schweiz.

Nach Einschätzung von Markus Krajewski, Professor für Öffentliches Recht und Völkerrecht an der Universität Erlangen-Nürnberg, sollte es nicht überraschen, wenn auf der Grundlage eines Investitionsschutzkapitels in TTIP zehn bis zwanzig US-Investoren pro Jahr Klagen gegen die EU erheben. Zwar richten sich die Klagen immer noch zu etwa zwei Dritteln gegen Entwicklungs- und Schwellenländer, doch zunehmend geraten auch Industrienationen ins Visier der Konzerne.

Nach Recherchen der Umweltorganisation Friends of the Earth sind seit 1994 mindestens 127 Klagen gegen zwanzig europäische Länder vorgebracht worden, wobei Osteuropa unter besonderem Druck steht. Nur bei 14 Klagen ist öffentlich bekannt, zu welchen Zahlungsverpflichtungen der Länder sie führten, aber allein für diese 14 Fälle kommt Friends of the Earth auf eine Summe von 3,5 Milliarden Euro, die den ausländischen Investoren zugesprochen wurden. Darin sind Zinsen, Verfahrenskosten und andere Gebühren enthalten sowie ein gut zwei Milliarden teurer Vergleich, dem Polen im Streit mit einer Versicherung zustimmte. Die kleine Slowakei hatte im Streit mit einer Bank 553 Millionen Euro zu entrichten; für Tschechien kam Friends of the Earth auf einen Betrag von 460 Millionen Euro, für Rumänien auf 183 Millionen Euro.

Länder wie Polen, Tschechien oder Ungarn stünden wegen der Zahl der sie betreffenden Investorenschutzbeschwerden »im Zwielicht«, schreibt Germany Trade & Invest, die Gesellschaft der Bundesrepublik Deutschland für Außenwirtschaft und Standortmarketing. Zu fragen ist freilich, wer hier »im Zwielicht« steht – die Investoren oder die Staaten? Ende 2012 reichte der staatlich kontrollierte chinesische Lebensversicherer Ping An Klage gegen Belgien vor einem internationalen Schiedsgericht ein, Basis dafür ist das 2005 abgeschlossene belgisch-chinesische Investitionsabkommen. Anlass für die Klage war, dass Belgien, Luxemburg und die Niederlande vier Jahre zuvor im Zuge der globalen Finanzkrise den Finanzkonzern Fortis mit Steuermilliarden vor der Pleite gerettet und verstaatlicht hatten. Ping An, Chinas zweitgrößte Versicherungsgesellschaft, war mit rund 1,8 Milliarden Euro in Fortis investiert und hatte infolge der Zerschlagung des insolventen Instituts einen Großteil seiner Investition verloren.

Aus der weltweiten Finanzkrise versuchen internationale Investoren auch in anderen Ländern Kapital zu schlagen, wie eine weitere Studie von Corporate Europe Observatory (CEO) und dem Transnational Institute (TNI) belegt (»Profiting from Crisis«). Danach fordern Investoren allein von Zypern und Spanien vor internationalen Schiedsgerichten Entschädigung für entgangene Profite über mehr als 1,7 Milliarden Euro, und oft sind es Anleger, die erst während der Krise in die jeweiligen Märkte einstiegen. Gegen Zypern, wo die Regierung die kriselnde Laiki Bank verstaatlichte, klagte Anfang 2013 der griechische Finanzinvestor Marfin, der die Expansion der Bank selbst stark mit vorangetrieben hatte; gemeinsam mit anderen Anlegern fordert der Finanzinvestor nun schätzungsweise eine Milliarde Euro vom zyprischen Steuerzahler wegen entgangener Gewinne.

In Spanien wollen ausländische Investoren Geld, weil die Regierung in der Krise die Förderung erneuerbarer Energien radikal zurückfuhr. Wegen der entgangenen Gewinne klagen nun mehrere Unternehmen vor internationalen Schiedsgerichten, darunter auch deutsche Firmen. Laut der CEO / TNI-Studie erwarten die Kläger rund 700 Millionen Euro Entschädigung; sie tun das auf der Basis der Energiecharta, die ähnliche Investitionsschutzklauseln enthält wie Handelsabkommen. Gegen das Krisenland Griechenland klagt die slowakische Poštová Bank gemeinsam mit einer zyprischen Finanzfirma; beide kauften Anleihen des griechischen Staates, die im Zuge des Schuldenschnitts drastisch an Wert verloren.

Weltweit und immer verrückter dreht sich das Klagekarussell gegen alle nur erdenklichen Gesetze und staatlichen Maßnahmen, und überall soll der Steuerzahler dafür geradestehen. Ein europäischer Investor klagte gegen Südafrika, weil er sich durch die Fördermaßnahmen für schwarze Geschäftsleute diskriminiert sah; er zog die Klage erst nach großem medialen Druck und einer Einigung mit der Regierung zurück. Kanada, das gerade mit der EU das Freihandelsabkommen CETA inklusive Investorenschutzkapitel abgeschlossen hat, wird vom US-Pharmakonzern Eli Lilly wegen seines Patentrechts verklagt:

Kanadische Gerichte hatten zwei Patente von Eli Lilly für nichtig erklärt, weil der versprochene Nutzen in einer kurzen Testphase mit wenigen Probanden nicht ausreichend belegt worden war; jetzt verlangt der US-Pharmariese 500 Millionen US-Dollar Entschädigung sowie eine Änderung des kanadischen Patentgesetzes, nach dem ein Patent nur erteilt werden kann, wenn der versprochene Nutzen zum Zeitpunkt des Patentantrags nachgewiesen werden kann.

Kanada muss sich sogar des Angriffs eines kanadischen Unternehmens erwehren. Der kanadische Öl- und Gaskonzern Lone Pine Resources verklagte 2012 die Regierung auf knapp 120 Millionen US-Dollar Schadenersatz, weil die Provinz Quebec wegen möglicher Umweltschäden ein Moratorium für Erdgas-Fracking erließ und einzelne Bohrlizenzen widerrief, bis eine neue Studie die Gefahren bewertet. Der kanadische Rohstoffkonzern wählte aber nicht etwa den Klageweg über ein kanadisches Gericht, sondern beruft sich auf das Investitionsschutzkapitel des nordamerikanischen Freihandelsabkommens NAFTA zwischen Kanada, den USA und Mexiko. Weil dieser Klageweg in Kanada nur nichtkanadischen Unternehmen offensteht, betreibt Lone Pine das Verfahren über eine Briefkastenfirma in der US-Steueroase Delaware. Anwälte bezeichnen derlei trickreiche Investitionsstrukturierungen als »treaty shopping«: Über ein Netz von Tochterfirmen kann sich ein klagewilliges Unternehmen das jeweils investorenfreundlichste Abkommen aussuchen.

Getroffen hat es auch Deutschland, das erstmals 2009 aufs Klagekarussell gezerrt wurde, und das gleich zwei Mal von demselben Unternehmen, vom schwedischen Stromkonzern Vattenfall. Beim ersten Mal klagte Vattenfall beim Bau des Kohlekraftwerks Hamburg-Moorburg. Den Schweden waren die Umweltauflagen für das Kühlwasser aus der Elbe zu streng, diese stellten eine Verletzung des Grundsatzes der »fairen und gerechten« Behandlung und eine »indirekte Enteignung« dar. Dadurch sei die Rentabilität des Kraftwerks gesunken, habe die Investition an Wert verloren. Vattenfall berief sich dabei auf den Europäischen Energiecharta-Vertrag, den Deutschland 1994 unterzeichnete. Das Verfahren wurde 2011 durch »einvernehmliche Einigung« beigelegt. Der Begriff der »einvernehmlichen Einigung« suggeriert, letztlich sei alles zum Besten gewendet worden. Doch der Deal war schlecht für die Umwelt: Vattenfall verzichtete auf seine finanziellen Forderungen an den deutschen Steuerzahler in Höhe von 1,4 Milliarden Euro nur, weil die Stadt Hamburg im Gegenzug die Umweltbestimmungen wieder lockerte.

2012 verklagte Vattenfall die Bundesregierung ein zweites Mal auf Schadenersatz, diesmal wegen des Atomausstiegs nach dem Reaktorunfall 2011 im japanischen Fukushima. Als Reaktion auf die Katastrophe hatte die Bundesregierung mehrere Atommeiler abschalten lassen, darunter die beiden Vattenfall-Atommeiler Brunsbüttel und Krümmel, Letzterer war bereits seit 2007 stillgelegt. Die Schiedsklage vor dem Weltbankgericht ICSID in Washington könnte, wenn die Richter der Forderung von Vattenfall folgen, Deutschland bis zu 4,7 Milliarden Euro kosten – denn so viel will Vattenfall durch die deutsche Energiewende und das Atomausstiegsgesetz verloren haben. Verweigerte Deutschland die Zahlung, könnte Vattenfall zum Beispiel Auslandsvermögen der Deutschen Bahn AG pfänden. Kurios auch eine andere Vorstellung: Das Bundesverfassungsgericht, vor dem Vattenfall parallel Verfassungsbeschwerde erhoben hat, würde das Atomausstiegsgesetz für verfassungskonform erklären, und trotzdem müsste Deutschland bei einem Sieg Vattenfalls vor dem Washingtoner Drei-Anwalts-Schiedsgericht Milliarden Euro an Entschädigung zahlen.

Das Beispiel Vattenfall zeigt, wie internationaler Investitionsschutz nicht nur nationale Regulierungsinteressen durchkreuzt, sondern dass er auch verfassungsrechtlichen Grundsätzen widerspricht: Demnach dürfen nämlich Individuen und Unternehmen, die sich wie Vattenfall in ihrem Eigentumsrecht verletzt sehen, nur dann eine Entschädigung erhalten, wenn die auch gesetzlich vorgesehen ist. Wenn Gesetze gegen das Grundrecht auf Eigentum verstoßen, sollen sie aufgehoben oder geändert, aber nicht geduldet und durch Entschädigungszahlungen einfach kompensiert werden. Das entspricht dem Prinzip der Gewaltenteilung: Nicht ein Gericht, sondern der Gesetzgeber soll die Schranken des Eigentumsrechts festlegen, ebenso soll der Gesetzgeber auch die Höhe einer möglichen Entschädigung bestimmen. Die Washingtoner ICSID-Richter würden beides in einem Aufwasch erledigen.

Als ausländischer Investor hat Vattenfall gegenüber den ebenfalls betroffenen deutschen Atomkraftwerkseignern RWE und EON weitere Vorteile: Vattenfall darf sich beim internationalen Schiedsverfahren nach ICSID-Regeln die Schiedsrichter mit aussuchen, was für den Ausgang des Verfahrens entscheidend sein kann; und während die deutschen Energiekonzerne ihre Argumente in einer öffentlichen Verhandlung vor dem Bundesverfassungsgericht darlegen müssen, darf Vattenfall seine Sicht vor einem geheim tagenden Schiedsgericht ausbreiten. Und schließlich könnte Vattenfall bei einem Schiedsspruch zu seinen Gunsten das Urteil in allen rund 160 ICSID-Vertragsstaaten vollstrecken.

Doch selbst wenn Deutschland am Ende keinen Cent bezahlen muss, verliert es. Zum einen durch die fortgesetzte Intransparenz des Schiedsverfahrens und die Geheimhaltungspolitik der Bundesregierung gegenüber dem Bundestag. »Die Bundesregierung ist nicht verpflichtet, das Plenum über das Verfahren zu informieren. Die Abgeordneten können lediglich unter strenger Beachtung von Geheimhaltungspflichten Zusammenfassungen der relevanten Dokumente einsehen«, kritisiert der Rechtsprofessor Markus Krajewski. Und anders als vor dem Bundesverfassungsgericht, so Markus Krajewski weiter, kann der Bundestag im Rahmen des Investitionsschutzstreits auch keine eigenen Erwägungen und Argumente vor dem Washingtoner Schiedsgericht vortragen, er muss sich vielmehr darauf verlassen, dass die Bundesregierung das Atomausstiegsgesetz dort entsprechend verteidigt.

Viel Geld kostet die Vattenfall-Klage, über die wohl erst in Jahren endgültig entschieden wird, in jedem Fall. Ende 2014 rechnete die Bundesregierung mit Gesamtkosten von rund neun Millionen Euro für Gerichtskosten, Anwalts- und Gutachterhonorare und Übersetzer; hinzu kommen die Personalkosten für die sechs zuständigen Mitarbeiter im Bundeswirtschaftsministerium von jährlich mehr als einer halben Million Euro. Die Rechnung geht – einmal mehr – an den Steuerzahler.

Selbst der frühere Weltbankpräsident Robert Zoellick, der jahrelang US-Handelsbeauftragter war, findet, man könne auf die umstrittenen Schutzklauseln für Investoren in TTIP verzichten. »Als wir Amerikaner ein Handelsabkommen mit Australien verhandelten, haben wir diese Klausel weitgehend rausgelassen«, sagte er in einem Interview, »denn Amerikaner vertrauen australischen Gerichten und umgekehrt. Warum sich also lange mit so einem kontroversen Punkt aufhalten?«

Brasilien hat das verstanden und bis heute kein Handelsabkommen mit Investorenschutz abgeschlossen – und zieht dennoch Investoren an. Südafrika hat nach gründlicher Prüfung entschieden, die in der Zeit nach dem Ende des Apartheidregimes unterzeichneten Investitionsschutzabkommen nicht weiter automatisch zu erneuern, und kündigte an, manche Verträge ganz auslaufen zu lassen: Weil man feststellte, dass aus Ländern, mit denen derlei Abkommen bestanden, keine signifikanten Investitionen kamen, sehr wohl jedoch aus Ländern, mit denen man gar kein Abkommen unterzeichnet hatte. Bolivien, Ecuador und Venezuela haben ihre Abkommen gekündigt und sind aus dem ICSID ausgetreten, Begründung: Es bestehe kein Anlass, ausländisches Eigentum besser zu schützen als das Eigentum der eigenen Bürger.

Sicher vor Investorklagen sind solche Länder deshalb nicht, weil die Klauseln auch nach der Kündigung eines Vertrags oft noch fünfzehn, zwanzig Jahre Gültigkeit haben. Und weil die Einflüsterer, die den Investitionsschutz drohend propagieren, einflussreich sind. Pia Eberhardt und Cecilia Olivet haben diese Einflüsterer in ihrer Studie »Profit durch Un-Recht« beschrieben. Es ist eine elitäre Gruppe von Wirtschaftsanwälten, angeführt von einem guten Dutzend internationaler Großkanzleien mit Namen wie Freshfields Bruckhaus Deringer, White & Case, Sidley Austin oder Latham & Watkins. Unter den zwanzig führenden Kanzleien, die Eberhardt und Olivet auflisten, haben vierzehn ihr Domizil in den USA, der Rest in England, Kanada und Frankreich. Es ist eine eng verflochtene Gruppe aus dem globalen Norden, deren Mitglieder sich in den Verfahren gegenseitig als Experten aufrufen. Mal werden sie von den klagenden Investoren in die geheimen Schiedsprozesse berufen, mal von den angegriffenen Regierungen; mal sitzen sie als Anwälte der Unternehmen in den Verhandlungen, mal als Schiedsrichter. Es sind fast nur Männer, bestens vernetzt in Politik, Wirtschaft und Wissenschaft. Sie sitzen in Aufsichts- und Beiräten, manche verhandelten früher für Regierungen Investitionsschutzabkommen. Sie üben großen Einfluss auf den akademischen Diskurs zum Investitionsrecht und zur Schiedsgerichtsbarkeit aus, sie verfassen einen Großteil der akademischen Publikationen und sitzen in Redaktionen der einschlägigen Fachzeitschriften. »Die Anwälte sind keine passiv Begünstigten des internationalen Investitionsrechts, sie sind aktive Player, die dieses Recht vehement verteidigen und propagieren, ständig sind sie auf der Suche nach Möglichkeiten, Staaten zu verklagen, und kämpfen energisch und erfolgreich gegen jede Reform«, so die Autorinnen. »Im Ergebnis ist die Schiedsgerichtsbarkeit-Branche mitverantwortlich für ein internationales Investitionsregime, das weder gerecht noch unabhängig ist, sondern einseitig an den Interessen von Investoren ausgerichtet.« Fast alle eine der Glaube an den unbedingten Schutz von Privatgewinnen.

Auch die eigenen Interessen kommen nicht zu kurz. Als Anwälte von Investoren oder Regierungen berechnen sie Stundensätze bis zu 1000 Dollar, als ICSID-Schiedsrichter erhalten sie Tagessätze von 3000 Dollar. Eberhardt und Olivet nennen Schiedsrichterhonorare, die je nach Klagesumme bis zu 350 000 Dollar betrugen, der Vorsitzende Schiedsrichter im Fall Chevron und Texaco gegen Ecuador kassierte 939 000 Dollar. Die philippinische Regierung hat mindestens 58 Millionen US-Dollar dafür verwendet, sich in zwei Prozessen gegen den deutschen Flughafenbetreiber Fraport zu verteidigen. Die Kanzleien scannen Länder und Regulierungsvorhaben auf erfolgversprechende Klagemöglichkeiten, und sie dienen sich Unternehmen als Klagefinanzierer an: Für die Übernahme des Prozessrisikos streichen sie im Erfolgsfall riesige Gewinne ein. »Wenn man sich die Entwicklung der letzten Jahre anschaut, ist das im Grunde genommen ein Geschäftsmodell für Anwaltskanzleien geworden«, urteilt der Europaabgeordnete und Vorsitzende des EU-Ausschusses für Internationalen Handel, Bernd Lange.

Ganze drei Kanzleien haben 2011 nach eigenen Angaben 130 Investitionsstreitigkeiten bearbeitet und gerade einmal fünfzehn Schiedsrichter – fast alle aus Europa, den USA oder Kanada – haben 55 Prozent aller bis 2011 bekannten Investor-Staat-Verfahren entschieden. Einen der Schiedsrichter, einen Spanier, zitiert die Studie »Profit durch Un-Recht« mit dem Satz: »Wenn ich nachts aufwache und über Schiedsverfahren nachdenke, bin ich immer wieder überrascht, dass souveräne Staaten sich auf die Investitionsschiedsgerichtsbarkeit eingelassen haben. Drei Privatpersonen haben die Befugnis, und zwar ohne jegliche Einschränkung und Revisionsverfahren, alle Aktionen einer Regierung, alle Entscheidungen der Gerichte, alle Gesetze und Verordnungen des Parlaments zu überpüfen.«

Zu den Top 15 der internationalen Schiedsrichterbranche zählen Eberhardt und Olivet auch einen Deutschen, Karl-Heinz Böckstiegel, den ehemaligen Inhaber des Lehrstuhls für Internationales Wirtschaftsrecht der Universität zu Köln, seit 2001 freiberuflicher Schiedsrichter. Sie schreiben: »Ein Akademiker und Schiedsrichter, von dem nicht bekannt ist, dass er jemals von einem Staat als Schiedsrichter ernannt wurde. In einer 2006 zur internationalen Schiedsgerichtsbarkeit gehaltenen Vorlesung stellte Karl-Heinz Böckstiegel den Staat als biblischen Goliath dar, den riesigen Krieger, der das Königreich terrorisiert, während er den Unternehmen die Rolle des benachteiligten David zudachte. Diese Metapher weist auf seine Voreingenommenheit zugunsten der Investoren hin.« Karl-Heinz Böckstiegel ist Schiedsrichter und Vorsitzender von Schiedsgerichten in vielen nationalen und internationalen Schiedsverfahren der Internationalen Handelskammer (ICC), des London Court of International Arbitration (LCIA), der Weltbank (ICSID) und anderer Institutionen. Und er ist Mitglied der Deutschen Institution für Schiedsgerichtsbarkeit e. V. (DIS), die auf ihrer Website einen Gebührenrechner bereithält. Der rechnet die Gesamtkosten je nach Klage-Streitwert aus, bis auf den Cent genau.

So bedeckt, wie sich die meisten der in der Schiedsgerichtsbarkeit involvierten Kanzleien halten, so bedeckt hält sich in dieser Angelegenheit auch Friedrich Merz, der frühere Chef und Vizechef der CDU/CSU-Bundestagsfraktion. Wenn er »als letzter Wirtschaftsliberaler« jetzt wegen TTIP wieder durch die Talkshows zieht, dann wird er meist als Atlantiker vorgestellt, weil er dem Verein Atlantik-Brücke vorsteht, manchmal auch als Jurist. Dass die internationale Anwaltskanzlei Mayer Brown, der Friedrich Merz angehört, in der internationalen Investitions-Schiedsgerichtsbarkeit einen guten Ruf genießt, auch wenn sie nicht zu den großen Playern gehört, erfährt man bei seinen TV-Auftritten nicht. Stattdessen heißt es, Merz treibe TTIP so sehr um, dass er gar nicht anders könne, als nun wieder die Öffentlichkeit zu suchen. Entsprechend vehement wirbt Merz dann auch für den Freihandel im Allgemeinen und für TTIP im Besonderen. »Ich kann es deutschen Unternehmen nur raten, sich für diesen Investitionsschutz einzusetzen«, sagt er dann zum Beispiel, für deutsche Firmen sei es ein großer Vorteil, sich in den USA nicht mit den dortigen Gerichten herumschlagen zu müssen. Seiner Kanzlei dürfte es auch nicht schaden. Mal vertreten Merz' Kollegen verklagte Länder, mal stehen sie auf Seiten der klagenden Konzerne. Eines der von Mayer-Brown-Anwälten vertretenen Unternehmen war der US-Multi Cargill, der unter anderem Isoglukose herstellt. Der billige Industriezucker, der in vielen Süßigkeiten und Softdrinks steckt, steht im Verdacht, Fettleibigkeit und Diabetes zu fördern. Mexiko, dessen Bevölkerung darunter leidet wie kaum ein anderes Land, führte 2002 eine 20-prozentige Steuer auf den Einsatz des Industriezuckers ein, woraufhin mehrere amerikanische Produzenten von Isoglukose den Staat auf Grundlage des NAFTA-Abkommens verklagten. Einer der Kläger war Cargill, das mit Hilfe der Mayer-Brown-Anwälte 2009 rund 77 Millionen US-Dollar Schadenersatz von Mexiko erstritt, das die Steuer später auch zurücknahm.

Mogelpackung »Investitionsgerichtshof«

An derartigen Klagen wird auch die angebliche Reform der Investitionsschiedsgerichtsbarkeit nichts ändern, wie sie die EU-Kommission nach anhaltender öffentlicher Kritik und nach einer Resolution des EU-Parlaments den USA im September 2015 vorgeschlagen hat. Auch in den bereits zuvor ausgehandelten Vertragstext von CETA wurden diese Vorschläge für einen reformierten Investitionsschutz im letzten Moment noch eingebaut. Um die mittlerweile zum Tabubegriff avancierte Bezeichnung »Schiedsgericht« zu vermeiden, schmückt die EU-Kommission das vermeintliche neue Verfahren nunmehr gerne mit dem Etikett »Investitionsgerichtshof«. Doch dieser hochtrabende Anspruch wird keinesfalls erfüllt. Zwar würde der Kompromissvorschlag, vorausgesetzt, die USA stimmen zu, einige rechtsstaatliche Verbesserungen bringen: Die klagenden Investoren würden nicht mehr über die Auswahl der Schiedsrichter mitentscheiden, stattdessen würden die Richter von den Vertragsparteien aus einer Gruppe vorher benannter Personen ausgewählt; die Transparenz der Schiedsprozesse würde modernen Standards angepasst, zudem wäre durch eine Rechtsmittelinstanz zum ersten Mal eine umfangreiche Überprüfung der Entscheidungen möglich. Doch die Richter würden weiterhin nur auf Teilzeitbasis tätig sein und im Wesentlichen pro Fall bezahlt, vorerst könnten sie deshalb weiterhin als Schiedsrichter in anderen ISDS-Verfahren tätig werden und hätten damit auch einen finanziellen Anreiz, in möglichst vielen Fällen tätig zu werden.

An den wesentlichen Kritikpunkten freilich würde sich überhaupt nichts ändern: Denn auch unter einem neuen Namen blieben die Verfahren Akte einer Paralleljustiz für ausländische Investoren, die diese gegenüber inländischen Investoren durch deutlich höhere Schutzrechte privilegieren würden. Sie könnten Schadenersatzprozesse aufgrund von Verwaltungsmaßnahmen, Gesetzen und staatlichen Gerichtsurteilen gegen Staaten, Kommunen und Behörden anstrengen und zum Beispiel Verluste durch »entgangene Gewinne« geltend machen. Ein derartig weitgehender Eigentumsschutz ist im deutschen Recht nicht verankert. Investoren könnten damit Regierungen für Gesetze, die dem öffentlichen Interesse dienen und demokratisch zustande gekommen sind, verklagen und Schadenersatz in Milliardenhöhe aus der Staatskasse zugesprochen bekommen. Das »right to regulate« staatlicher Institutionen bliebe nach wie vor unter dem Vorbehalt der Verhältnismäßigkeit. Der »Chilling-Effekt«, der öffentliche Entscheidungsträger aus Furcht vor hohen Schadenersatzzahlungen davon abhalten kann, wichtige gemeinwohlorientierte Maßnahmen, zum Beispiel im Gesundheits- oder Umweltschutz, zu beschließen, bliebe bestehen. Ohnehin würde das formal zugesicherte »right to regulate« kaum die finanziellen Risiken für staatliche Entscheidungsträger reduzieren, da die Schiedsgerichte formell nur Schadenersatz zusprechen, nicht aber die Aufhebung einer Maßnahme beschließen können.

Die Kommission hat damit die Chance verspielt, »das umstrittene internationale Investitionsschutzrecht ernsthaft zu reformieren und am Gemeinwohl zu orientieren«, so der Verfassungsrechtler Malte Marwedel aus Freiburg. Eine solche Reform hätte als wesentliche Eigenschaft, dass Investoren nicht nur Rechte, sondern auch Pflichten haben. Mit dem jetzigen Vorschlag dagegen würden »die Pläne der Kommission das bestehende Investitionsschutzrecht nur marginal ändern. Zugleich würden sie aber durch die Ausweitung auf den transatlantischen Wirtschaftsverkehr das Klagerisiko für die USA, die EU und alle ihre Mitgliedsstaaten enorm erhöhen«, so Marwedel. Mit andern Worten: Die vorgeschlagene Reform ist nicht der behauptete Systemwechsel, sondern ein Etikettenschwindel.

TEIL II

Wie TTIP
in unseren Alltag
eingreift

5

Die Demontage der Vorsorge

Am Tag vor Weihnachten 1975 gab US-Präsident Gerald Ford bekannt, dass er den »Metric Conversion Act« unterzeichnet habe, ein Gesetz, das die alten Maßeinheiten wie Unze, Fuß, Zoll, Gallone oder Meile durch das metrische System ersetzen solle. In seiner Mitteilung erinnerte Gerald Ford an ähnliche Initiativen seiner Vorgänger bis zurück zu Gründervater Thomas Jefferson und an den Beitritt der USA 1875 zur Internationalen Meterkonvention als eines der ersten Länder überhaupt. Ford beschrieb sein Land als eine »Insel in einem metrischen Meer«, mehr als neunzig Prozent der Weltbevölkerung nutze das metrische System bereits. Er betonte, dass die treibende Kraft dieses Gesetzes die Wirtschaft sei, namentlich jene Branchen, die international Handel betrieben. Eine vom Handelsministerium beauftragte Studie drängte auf die Einführung der neuen Maße, schließlich könne man so die internationale Wettbewerbsfähigkeit der USA steigern und Milliarden Dollar sparen. Viele Unternehmen hatten das metrische System zu diesem Zeitpunkt bereits eingeführt oder standen kurz davor, darunter alle großen Autohersteller: General Motors pries seine Chevette als das »erste metrische« Auto an, der Ford-Konzern stellte den 1,6- und den 2-Liter-Pinto vor. Auf vielen Schildern an den Highways standen die Entfernungen schon in Meilen *und* Kilometern, Tankstellen verkauften

Benzin in Litern, in Supermärkten standen Zwei-Liter-Cola-Flaschen in den Regalen, der US-Wetterdienst sagte die Temperaturen in Fahrenheit *und* Celsius voraus. In vielen Schulen benutzten die Kinder Zentimeter- statt Zoll-Lineale, und in den »Peanuts«-Comics sagte Peppermint Patty: »Wir müssen das metrische System lernen.«

Die Amerikaner wollten es aber nicht lernen, und dass der Plan scheitern würde, hatte Präsident Ford in seiner Erklärung schon selbst – wohl unabsichtlich – mit drei Wörtern angedeutet, die ihm und seinen Redenschreibern offenbar durchgerutscht waren: Beim metrischen System, hatte der Präsident erklärt, sei die US-Industrie der Öffentlichkeit »um Meilen voraus«. Doch so sehr die Wirtschaft auf den Wechsel drängte, so eindringlich Handelspolitiker auf die Gefahr sinkender Warenexporte hinwiesen und sogar vor einer neuen Depression warnten, entschieden die Gegner den »Maßkrieg« für sich, freilich mit abstrusen Argumenten: Das metrische System sei unamerikanisch, unpatriotisch und kommunistisch, sogar eine arabische Verschwörung wurde unterstellt. Es kam, wie es kommen musste: Weil das Gesetz nur auf die freiwillige Übernahme der neuen Maße baute, blieben Meter, Liter und Kilogramm ein Projekt der Wirtschaft, das die Mehrheit der Bürger nicht überzeugte – wider alle ökonomische Logik. Als Präsident Ronald Reagan 1982 dem eigens gegründeten US Metric Board die Haushaltsmittel strich, war die Idee endgültig gescheitert.

Die Parallelen zu TTIP sind offensichtlich: Wie vor vierzig Jahren geht es auch heute um die Angleichung unterschiedlicher Standards, von der man sich enorme Kosteneinsparungen verspricht; und damals wie heute war die Wirtschaft der Motor des Plans. Die Maßeinheiten waren nichts anderes als nichttarifäre Handelsbarrieren, die den Warenaustausch mit Europa und dem Rest der Welt verkomplizierten und verteuerten. Sie tun es bis heute. Auf einer To-do-Liste der TTIP-Verhandlungsdelegationen mit den einfachsten und sinnvollsten Maßnahmen zur Erleichterung des Handels zwischen den Kontinenten müsste deshalb die Einführung des metrischen Systems in den USA stehen, die mehr denn je eine »Insel im metrischen Meer« der Welt sind.

Man kann die Geschichte vom Scheitern des metrischen Systems in den USA auf mindestens zwei Arten lesen. Die eine Lesart wäre eine hochmütig-europäische: Man würde einen US-Präsidenten belächeln, der für den Meter kämpft mit dem Argument, die US-Wirtschaft sei der amerikanischen Öffentlichkeit in dieser Sache »um Meilen voraus«; man würde sich lustig machen über die schrägen Attacken der Meter-Gegner (»unamerikanisch, kommunistisch«); und man würde sich ärgern über die Inkonsequenz einer Nation, die gegen den Rest der Welt an antiquierten handelshemmenden Maßeinheiten festhält und gleichzeitig global einheitliche Handelsstandards einfordert.

Die zweite Lesart wäre eine entspanntere. Man kann in der Abwehr der Amerikaner gegen Meter, Kilo und Celsius auch das Gespür dafür erkennen, dass die Welt mehr ist als ein globaler Marktplatz, auf dem das Interesse internationaler Konzerne an einheitlichen Standards über allem steht. Die Abwehr zeigt, dass vermeintlich rein technische Normen in Wahrheit auch Traditionen, gesellschaftlich-kulturelle Übereinkünfte widerspiegeln, sinnvolle und angreifbare, die man aber nicht einfach nur deshalb aufgibt, weil ihnen Wirtschaftsinteressen entgegenstehen oder andere Länder sie als zweifelhaft belächeln. Der Linksverkehr in England und Australien verteuert die Produktion von Autos, unterschiedliche Geschmäcker beim Essen und in der Mode machen den Massenherstellern das Leben schwer, und Sprachen sind sowieso das größte Handelshemmnis von allen. Eine Welt, in der alle Englisch sprechen, rechts fahren, Klamotten nach dem Geschmack von C & A tragen und Suppen aus der Einheitsküche von Nestlé löffeln, wäre zweifellos vorteilhaft für Unternehmen. Aber wer will sie?

Darin besteht die Irreführung, der böse Trick: Dass in der öffentlichen Debatte so getan wird, als gehe es vor allem um technische Normen, um Fragen für Ingenieure, die niemanden wirklich berühren und die man deshalb getrost den Experten überlassen kann. Bei TTIP und CETA geht es aber um etwas, das uns alle angeht: darum, wie wir zu allgemein gültigen Regeln und Gesetzen kommen.

In Europa gibt es zum Beispiel das Vorsorgeprinzip. Das Vorsorgeprinzip ist nicht irgendeine Vorschrift, die sich wirtschaftsfeindliche EU-Bürokraten ausgedacht haben, sondern ein herausragendes europäisches Rechtsprinzip mit Verfassungsrang, niedergelegt in Artikel 191, Abs. 2., S. 2 des Vertrags über die Arbeitsweise der Europäischen Union (AEUV), das sowohl im Umweltschutz als auch in der Agrarpolitik, im Lebensmittelrecht und im Gesundheitsschutz leitend ist. Das Vorsorgeprinzip ist nicht vom Himmel gefallen, sondern wurde von Verbraucher- und Umweltschützern, Politikern und Bürgern gegen großen Widerstand Schritt für Schritt errungen. Insofern entspricht es keineswegs einem »Goldstandard«, der keine Verbesserungen mehr zulässt, sondern spiegelt einen Kompromiss wider zwischen den Schutzinteressen von Mensch und Umwelt einerseits und Wirtschaftsinteressen andererseits. Das Vorsorgeprinzip besagt, dass zum Beispiel ein Unternehmen, das eine neue Chemikalie in Verkehr bringen will, deren *Unschädlichkeit* für Mensch und Umwelt nachweisen muss – es ist nicht mehr die Behörde, welche die *Schädlichkeit* beweisen muss. Das schließt nicht aus, dass etwa ein Verbot später aufgehoben werden kann, wenn neue Erkenntnisse über die Unschädlichkeit vorliegen. Dieser Regulierungsansatz mit seiner Umkehr der Beweislast verschließt sich also nicht neuen wissenschaftlichen Erkenntnissen, aber er begrenzt das Risiko im Angesicht von Unsicherheiten.

Die Europäische Union hat nach dem Vorsorgeprinzip das Recht und auch die Pflicht, nicht nur gegen zweifelsfrei erwiesene Gesundheits- und Umweltgefahren vorzugehen, sondern auch gegen solche, die nur möglich sind; das Prinzip ist gerade auch dann anzuwenden, wenn der letzte wissenschaftliche Beweis (noch) fehlt, wenn die Studien keine eindeutigen Schlüsse zulassen oder widersprüchlich sind. In seinen Auswirkungen in Gesetzen und Verordnungen hat das Vorsorgeprinzip viele rein technisch-naturwissenschaftliche Aspekte, zum Beispiel wenn es um Pestizidgrenzwerte oder Abgasnormen geht, aber als übergeordnete Idee ist das Vorsorgeprinzip ein gesellschaftlicher Standard, den sich die Länder der Europäischen Union selbst verordnet haben.

Diese vorsichtige, vorsorgende Herangehensweise hat ihren Ursprung in der deutschen Umweltpolitik Anfang der 1970er Jahre und wurde 1992 auch im Gründungsvertrag der Europäischen Gemeinschaft formuliert sowie in der Rio-Deklaration zu Umwelt und Entwicklung der Vereinten Nationen (ebenfalls 1992); Zug um Zug fand das Vorsorgeprinzip Eingang in die europäische Verbraucher- und Chemikalienpolitik – dies war auch die Antwort auf große Lebensmittelskandale wie etwa jenen um den Rinderwahnsinn (BSE). Das Vorsorgeprinzip spiegelt die Erfahrung wider, dass zwischen dem ersten Einsatz eines neuen Stoffs und den ersten Anzeichen seiner schädlichen Wirkungen viele Jahre vergehen können, und noch einmal weitere lange Jahre, bis der Verdacht auch wissenschaftlich nachgewiesen werden kann. Beim Dichlordiphenyltrichlorethan (DDT) etwa, das von 1940 an eines der weltweit am häufigsten eingesetzten Pestizide war, vergingen mehr als fünf Jahrzehnte, bis die Auswirkungen auf Greifvögel und andere Tiere zu einem weltweiten Verbot führten. Bei der einst hochgepriesenen Mineralfaser Asbest, die in Blumenkübeln, Bodenbelägen, Transformatoren, Toastern und Sicherheitskleidern verarbeitet wurde, dauerte es fast siebzig Jahre von den ersten Hinweisen auf Gesundheitsschäden bis zum kausalen Nachweis des Krebsrisikos. Nach Schätzungen der Weltgesundheitsorganisation (WHO) sterben heute immer noch jährlich mehr als 100 000 Menschen an den Folgen des Umgangs mit dem Stoff; 1993 wurde seine Verwendung in Deutschland verboten, 2005 endlich auch in der Europäischen Union.

Man kann das Vorsorgeprinzip als Zeichen für Angsthasentum verunglimpfen, wie das jetzt manche eifrigen Wirtschaftsvertreter und Politiker tun, die deshalb aber nie fordern würden, Risikovorstände und Risikoabteilungen in Konzernen abzuschaffen. Die Europäer haben allen Grund, das Vorsorgeprinzip selbstbewusst zu verteidigen als die europäische Sicht auf die Dinge, als eine relativ vernünftige Antwort auf die Globalisierung inklusive Freihandel, die manche Vorteile bringt, aber eben auch Gefahren, die es einzugrenzen gilt. Diese vorsorgenden Regeln und Gesetze sind nicht in Kraft, um Unternehmer in ihrer Freiheit einzuschränken, sondern um Menschen und Umwelt gemäß der europäischen Verfassung zu schützen. Pathetisch formuliert kann man sagen, dass sich im Vorsorgeprinzip das europäische Staats- und Demokratieverständnis ausdrückt, dass dieses Prinzip für Europäer so identitätsbildend ist wie Unzen, Meilen und Gallonen für US-Amerikaner.

Zu den Besonderheiten der Amerikaner, die ihnen niemand ausreden will, gehört auch, dass sie in weiten Teilen der Regulierung dem Nachsorgeprinzip folgen (Ausnahmen sind zum Beispiel Medizinprodukte). Dieses Prinzip, das durch zivilrechtliche Klagemöglichkeiten auf Schadenersatz flankiert wird, ist das Gegenteil des europäischen Ansatzes und lässt sich auch als »Wir-werden-dann-sehen-Prinzip« beschreiben. In den USA findet Regulierung im Umwelt- und Gesundheitsschutz meist erst dann statt, wenn die Behörden umfangreiche wissenschaftliche Nachweise für die Schädlichkeit eines Produkts vorlegen können. Das ist extrem schwierig, weil entscheidende Informationen häufig bei den Herstellern selbst liegen, und auch, weil ein wissenschaftlicher Konsens über die tatsächliche Gefahr für Mensch und Umwelt eher selten ist. In den Vereinigten Staaten wird in diesem Zusammenhang oft von »sound science« gesprochen, also von solider, seriöser Wissenschaft, die allein ein Verbot oder eine Einschränkung rechtfertigen könne – so als gäbe es zweifelsfreie Wissenschaft. Doch fast immer findet sich ein dissidenter Wissenschaftler, der die Methoden und Ergebnisse der Kollegen infrage stellt und darlegt, dass eine endgültige gerichtsfeste Aussage über Gefährlichkeit oder Ungefährlichkeit nur sehr schwer zu treffen ist. »Sound science« ist deshalb weniger ein Bekenntnis zu seriöser Wissenschaft als eine Methode, verbraucher- und umweltfreundliche Entscheidungen möglichst lange zu verzögern oder ganz zu verhindern.

In ihrem Buch *Foodopoly* über die amerikanische Agrar- und Lebensmittelindustrie schildert die US-Autorin Wenonah

Hauter ein eindrückliches Beispiel für die den europäischen Gepflogenheiten völlig zuwiderlaufende amerikanische Vorgehensweise. Wenonah Hauter berichtet darin von James C. Miller, der unter Ronald Reagan im Kabinettsrang einige Jahre Chef der Bundeshandelsbehörde (Federal Trade Commission, FTC) war, die den Wettbewerb beaufsichtigen soll. Als Miller ein Fall von schadhafter Rettungsausrüstung für Seeleute zu Ohren kam, sah er keinen Grund, gegen den Hersteller vorzugehen: Wenn Menschen ertränken, so seine Begründung, würde die Firma ja früher oder später verklagt, der Markt würde alles Weitere regeln. Die andere Seite dieser laxen Regulierungspraxis sind die teilweise spektakulären Schadenersatzzahlungen von US-Firmen an Geschädigte, über die man regelmäßig in den Zeitungen liest.

Vorsorgeprinzip hier, Laisser-faire dort – es sind zwei Welten, die aufeinandertreffen, ein regulatorischer und gesetzgeberischer Clash. So steht es selbst in einer von der EU beauftragten Studie zu TTIP, die ein amerikanischer und ein italienischer Jurist verfasst haben. Schon im allerersten Satz ihres Vergleichs der beiden Welten schreiben die Autoren: »Die gesetzgeberischen und regulatorischen Systeme der EU und der USA unterscheiden sich in mehrfacher Hinsicht stark voneinander …«

Das Ziel von TTIP und CETA ist es, diese höchst unterschiedlichen Ansätze auf einen Nenner zu bringen, und amerikanische Wirtschaftsvertreter lassen keinen Zweifel daran, wie das geschehen soll: Bei einer TTIP-Anhörung im US-Senat wetterte Bill Roenigk vom US-Verband der Geflügelzüchter: »Zu den lästigen Tricks der EU gehört es, das Vorsorgeprinzip immer dann aus dem Hut zu zaubern, wenn es ihr gerade in den Kram passt.« Damit hat er sicher recht, nur darf die

Schlussfolgerung daraus nicht sein, den Grundsatz deshalb ganz aufzugeben. »TTIP lohnt nur den Aufwand, wenn wir die Frage der Regulierung behandeln, und dazu gehört, dass wir das Vorsorgeprinzip loswerden«, sagte der frühere Mitarbeiter im US-Außenministerium und heutige Wirtschaftslobbyist Shaun Donnelly bei einem Business-Treffen zu TTIP in Kopenhagen. Europäische Wirtschaftsvertreter artikulieren so etwas meist nur hinter vorgehaltener Hand, doch bei besagter Veranstaltung in Kopenhagen äußerte sich in ungewohnter Offenheit auch Markus Beyrer, Generaldirektor der Brüsseler Lobbyorganisation Businesseurope, eines Dachverbands europäischer Arbeitgeber: »Regulatorische Unterschiede müssen beseitigt werden. Und nicht nur die bestehenden. Wir müssen verhindern, dass neue überhaupt erst entstehen.«

TTIP soll also verhindern, dass neue unterschiedliche Schutzregeln auf beiden Seiten des Atlantiks erlassen werden – das ist eines der Kernanliegen der TTIP-Befürworter, und es erinnert an das Wort der Bertelsmann Stiftung von den »Qualitätsstandards als Handelshemmnissen«. Damit ist nichts anderes gesagt, als dass das Vorsorgeprinzip, ein europäisches Prinzip mit Verfassungsrang, durch TTIP zur Disposition gestellt wird: Im Zentrum europäischer Politik steht unter TTIP-Bedingungen offenbar nicht mehr, Schutzstandards so zu entwickeln, dass sie dem Vorsorgegedanken Rechnung tragen; im Zentrum europäischer Politik steht mit TTIP fortan die Frage, wie europäische Regeln aussehen müssen, damit sie sich mit US-amerikanischen Regeln vertragen.

Diesen Eindruck kann man auch gewinnen, wenn man den Text des europäisch-kanadischen Handelsabkommens CETA analysiert. Das hat der Rechtswissenschaftler Peter-Tobias Stoll im Auftrag von foodwatch getan. Stoll ist Direktor der

Abteilung Internationales Wirtschafts- und Umweltrecht am Institut für Völker- und Europarecht der Universität in Göttingen. Weil sich die Regulierungskulturen zwischen den beiden Parteien unterscheiden, sei eine ausdrückliche Nennung des Vorsorgeprinzips im Vertragstext als Positionierung der EU dringend geboten, schreibt Stoll. Doch an einer solchen Nennung fehle es im bisherigen CETA-Entwurf. Daran ändere auch der Verweis auf das WTO-Recht nichts, weil Maßnahmen nach dem Vorsorgeprinzip nur in sehr engen Grenzen zulässig sind, die überdies noch nicht vollkommen geklärt sind. Die ausdrückliche Verankerung des Vorsorgeprinzips in CETA sei deshalb »nur noch dringlicher, um in Anbetracht bestehender Rechtsunsicherheiten den europäischen Standpunkt zum Ausdruck zu bringen«.

Zwar wird nach Stolls Analyse an zwei Stellen des Entwurfs ein weitergehendes Verständnis der Vorsorge wiedergegeben, allerdings ohne ein ausdrückliches Bekenntnis zum Vorsorgegrundsatz zu übernehmen. »Diese Hinweise sind für sich genommen wenig weiterführend, weil sie sich nur auf die Aspekte von Arbeit und Umwelt beziehen und auf die anderen Kapitel des CETA-Entwurfs kaum ausstrahlen«, kritisiert Stoll. »Mehr noch könnte die Erwähnung der Vorsorge in diesen speziellen Zusammenhängen zu dem Schluss führen, dass sie in allen anderen Teilen des CETA keine Berücksichtigung finden soll. Darüber hinaus begegnet die Regelung allein im Zusammenhang mit Arbeit und Umwelt der schwerwiegenden Kritik, dass so die Anwendung des Vorsorgeprinzips im Bereich des übrigen Schutzes menschlicher Gesundheit gerade nicht vorgesehen ist.« Durch den schlichten Verweis auf das WTO-Recht würden die Rechtsunsicherheiten nicht gemindert, sondern fortgeschrieben.

Aus Sicht der Verteidiger des Vorsorgeprinzips müsste man bei einer Ratifizierung von CETA deshalb konstatieren: Chance vertan, Vorsorgeprinzip verwässert auf dem Altar des Freihandels. Aus Sicht radikaler Freihändler freilich, denen das Vorsorgeprinzip ohnehin nur ein Handelshemmnis ist, wäre die Ratifizierung von CETA ein vielversprechender Richtungsentscheid auch für TTIP.

Dessen Befürworter wiederholen zwar gebetsmühlenartig, »bestehende« gesetzliche Standards würden durch TTIP nicht gesenkt. In dieser Beruhigungsfloskel steckt jedoch die unausgesprochene Aussage, dass das erreichte Niveau zukünftig die obere Grenze darstellt, dass in puncto Schutz für Menschen, Tiere und Umwelt nichts mehr verbessert werden muss. Während sich die Risiken im Gefolge neuer Technologien und neuer wissenschaftlicher Erkenntnisse jederzeit verändern können, erklären sie den regulatorischen Stillstand und verraten das Vorsorgeprinzip gleich mit. Die Quasi-Abschaffung des Vorsorgeprinzips im CETA-Vertrag ist die größte anzunehmende Standardsenkung, die man sich vorstellen kann.

Er wird, und das ist das Schlimme, die Regulierungskultur in der EU von Grund auf verändern. Viele zukünftige staatliche Maßnahmen zur Verstärkung des Umwelt-, Verbraucher- und Gesundheitsschutzes werden und müssen sich auf das Vorsorgeprinzip berufen. Diese vorbildliche Möglichkeit würden die Handelsverträge CETA und TTIP verbauen.

6

Ausgehöhlt:
Der Schutz vor Giften

Im Sommer 2014 veröffentlichte die amerikanische Umweltbehörde EPA eine ungewöhnliche Pressemitteilung. Sie teilte
darin mit, dass sie eine abschließende Risikobewertung für
das Lösungsmittel Trichlorethylen vorgenommen habe, ein in
Handwerksbetrieben und Textilreinigungen gebräuchliches
Entfettungs- und Fleckenmittel, das auch in handelsüblichen
Reinigungssprays enthalten ist. Die Berufsgenossenschaft der
deutschen Bauwirtschaft beschreibt Trichlorethylen seit spätestens 1995 als eine Substanz, die Schwindel, Kopfschmer-
zen, Bewusstlosigkeit und andere Hirnfunktionsstörungen
auslösen, Leber und Niere irreversibel schädigen kann. Sie
stehe außerdem im »begründeten Verdacht«, krebserzeugend
zu sein. Es dauerte fast zwanzig Jahre, bis die amerikanische
Umweltbehörde in ihrer Risikobewertung ebenfalls zu der Einschätzung kam, dass Trichlorethylen ein Gesundheitsrisiko für
Arbeitnehmer und Verbraucher sei. Gleichwohl gilt diese Risikobewertung als »Meilenstein«: Weil sie die erste Risikoanalyse der EPA seit sage und schreibe 28 Jahren ist. Zuletzt hatte
die Behörde eine solche Analyse 1986 für Asbest vorgenommen. Die damalige Absicht, der Analyse auch Einschränkungen bei der Verwendung des krebserregenden Asbests folgen
zu lassen, durchkreuzte zu großen Teilen ein amerikanisches

Bundesberufungsgericht mit der Begründung, die Risiken von Asbest seien nicht »unzumutbar«. Das Material ist in den USA deshalb bis heute in zementhaltigen Baustoffen enthalten, in Kleidern, Rohrummantelungen, Dachpappen, Dichtungen und vielen anderen Produkten. Nach diesem verheerenden Urteil verstrichen jene 28 Jahre, bis die Umweltbehörde einen neuen Anlauf wagte, diesmal beim Trichlorethylen. In einem offiziellen Blog der Umweltbehörde schreibt ein hochrangiger Mitarbeiter in fast flehentlichem Ton: Trichlorethylen sei ein guter Anfang für weitere Risikostudien zu anderen gefährlichen Stoffe, doch ohne Änderungen am Chemikaliengesetz (Toxic Substances Control Act, TSCA) werde es für die Behörde schwierig, »der amerikanischen Öffentlichkeit zu garantieren, dass die Chemikalien in handelsüblichen Produkten auch sicher sind. Das Gesetz muss dringend modernisiert werden«, fordert der EPA-Mitarbeiter.

Eines der wichtigsten Verhandlungsfelder von TTIP, bei dem die Befürworter Raum für eine »Harmonisierung« europäischer und US-amerikanischer Regeln sehen, ist der Umgang mit Chemikalien. In Wahrheit sind die Regulierungsansätze auf diesem Gebiet derart gegensätzlich, dass eine Angleichung überhaupt nur zum Preis geschredderter Standards denkbar ist. Denn das amerikanische Chemikaliengesetz TSCA ist ein Werk aus der gesetzgeberischen Mottenkiste. Anders als andere Umweltgesetze in den USA ist es seit seiner Verabschiedung 1976 nicht mehr nennenswert angepasst worden. Das Gesetz verkörpert beispielhaft den amerikanischen Nachsorgeansatz: Nicht der Hersteller einer Chemikalie muss den Nachweis erbringen, dass der Stoff unbedenklich ist, sondern die Umweltbehörde muss, wenn sie Auflagen oder Verbote aussprechen will, zweifelsfrei beweisen, dass die Substanz ein »untragbares Risiko« darstellt. Außerdem muss sie vorrechnen, dass die Vorteile der vorgeschlagenen Regulierung – ausgedrückt in Dollar – höher wären als die Kosten, die der Industrie durch die neue Regulierung entstehen würden. Für die Behörde sei es unter diesen Umständen »nahezu unmöglich, die Schädlichkeit von Chemikalien nachzuweisen, um sie zu kontrollieren oder zu ersetzen«, heißt es in einer Studie der amerikanischen Umweltschutzorganisation Environmental Defense Fund (EDF). Die Konsequenz ist, dass die Unternehmen mehr oder weniger freie Hand haben, Industriechemikalien herzustellen und zu verkaufen. Etwa 62 000 Chemikalien waren auf dem Markt, als das Gesetz 1976 in Kraft trat, rund 700 neue Stoffe kommen Jahr für Jahr in den Handel, so dass auf der TSCA-Liste heute etwa 85 000 Industriechemikalien verzeichnet sind. Nur für einen verschwindend geringen Anteil davon hat die EPA bislang Untersuchungen angeordnet. EDF-Chefwissenschaftler Richard Denison spottet: »Nach der Risikoanalyse von Trichlorethylen fehlen jetzt noch die Analysen für die restlichen 84 999 Chemikalien.«

Für den Environmental Defense Fund steht in den USA nicht weniger an als ein »Paradigmenwechsel« beim Umgang mit Industriechemikalien – nämlich die Abkehr von der Unschuldsvermutung für die meisten Stoffe und die Einsicht, dass viele dieser Chemikalien »eben doch nicht so unschuldig« sind. »Diese Stoffe sind überall, sie stecken praktisch in jedem Produkt und reichern sich in unseren Körpern und in der Umwelt an. Aber wir wissen nicht, welche wirklich gefährlich sind, und auch nicht, welche weniger gefährlich oder sogar ungefährlich sind und deshalb ein guter Ersatzstoff sein könnten«, schreibt Wissenschaftler Denison. Durch den mangelnden regulatorischen Druck bestärke man die amerikanische

Chemieindustrie in ihrem Versagen, neue sicherere Produkte zu entwickeln. »Unser Chemikaliengesetz ist schlicht kaputt. Es erfüllt nicht seine Aufgabe, Sicherheit zu gewährleisten.«

Als vorbildlich gelobt wird – gerade auch von amerikanischen Experten – die europäische Chemikalienverordnung REACH, die seit 2007 die gesamte europäische Chemikalienpolitik neu ordnet und sich dabei ausdrücklich aufs Vorsorgeprinzip beruft. REACH steht für »Registration, Evaluation, Authorisation and Restriction of Chemicals« und gilt als eines der strengsten Gesetze der Welt für rund 30 000 Chemikalien. Bei der obligatorischen Registrierung der Stoffe bei der Europäischen Chemikalienagentur ECHA müssen Hersteller und Importeure Daten vorlegen und die Risiken *selbst* bewerten. Nach dem Grundsatz: »Keine Daten – kein Markt« dürfen Chemikalien, die nicht registriert sind, nicht produziert oder vertrieben werden. Besonders besorgniserregende Stoffe kommen in ein Zulassungsverfahren, ihre Herstellung, der Verkauf und ihre Verwendung können eingeschränkt oder verboten werden. Außerdem haben Verbraucher das Recht, Informationen über chemische Substanzen in den Produkten zu verlangen.

Der Verabschiedung von REACH im Jahr 2006 war die größte Lobbyschlacht vorausgegangen, die Brüssel je gesehen hat. Parlamentarier bemerkten damals sarkastisch, sie hätten den Lobbydruck »lebend überstanden«. Die europäische Chemieindustrie, damals rund eine halbe Billion Euro schwer, warnte in Anzeigenkampagnen vor dem Verlust von Millionen von Arbeitsplätzen, es hieß, REACH befördere die Deindustrialisierung Europas. Es muss nicht überraschen, dass auch die amerikanische Chemiewirtschaft in Europa eifrig lobbyierte, unterstützt vom US-Außenminister, der REACH als »kostspieliges, bürokratisches System« kritisierte, das den »globalen Handel zerstören« könne. Auch andere Lobbyisten wie der Verband der Automobilindustrie (VDA) warnten, und sie taten es manchmal in Worten, die sie Umweltschützern sonst gern als »übervorsichtig« ankreiden: Risiken durch REACH ließen sich »nicht vollständig ausschließen«. Der *Spiegel* schrieb damals, die Industrie habe Europas Politiker mit Tausenden von Änderungsanträgen »weich gekocht« und REACH nach allen Regeln der Lobbykunst verwässert.

Dennoch gilt das Mammutwerk heute selbst bei Umweltverbänden als eine der zentralen umweltpolitischen Errungenschaften. Und selbst Vertreter der europäischen Chemiebranche, die für die vorgeschriebene Stoffregistrierung Hunderte von Millionen Euro Kosten aufgebracht haben und weiterhin aufbringen, sprechen heute verhalten zustimmend über die EU-Verordnung: Die Datenlage zu vielen Stoffen sei stark verbessert, Studien belegten positive Effekte für den Schutz von Mensch und Umwelt. »Ich denke, dass sich diese Ausgaben letztendlich lohnen«, räumte vor wenigen Jahren ein Manager von Branchenprimus BASF ein. Wehklagen wäre auch kaum überzeugend. »Deutsche Chemieunternehmen sind Weltmeister im Export«, jubelte der deutsche Branchenverband 2014, sieben Jahre nach Einführung der einst so bekämpften, angeblich wirtschaftsfeindlichen europäischen Verordnung.

Dass eine »gegenseitige Anerkennung« der Chemie-Standards in den USA und Europa möglich sei, wie es in TTIP-Dokumenten immer wieder propagiert wird, bestreiten auch deutsche Chemieproduzenten. Denn das würde ja zur Folge haben, dass unter dem Schutz der TTIP-Paragrafen US-Chemikalien nach Europa importiert werden könnten, ohne dass sie nach den REACH-Regularien zugelassen werden müssten – dies wäre ein enormer Kostenvorteil für US-Firmen. Die Regelwerke REACH und TSCA seien zu unterschiedlich, eine gegenseitige Anerkennung »daher nicht sinnvoll«, stellte der Verband der Chemischen Industrie (VCI) klar. An anderer Stelle jedoch schreibt der Verband, eine Angleichung von »bestehenden« Vorschriften oder ihre gegenseitige Anerkennung sei »zurzeit« nicht möglich. Und: »Bezüglich zukünftiger Gesetzgebung … beinhaltet die regulatorische Kooperation die Verpflichtung, den transatlantischen Partner frühzeitig einzubinden. So bestünde die Chance, dass Handelshürden gar nicht erst entstehen … Im Idealfall käme man so langfristig zu kompatiblen, vergleichbaren Regulierungen und könnte sich dann auf eine gegenseitige Anerkennung verständigen.«

Genau in solchen Formulierungen steckt, worauf die Chemicbranche ganz offensichtlich spekuliert, auch wenn sie sich zwischenzeitlich ein »Bekenntnis« zu REACH abringt: dass bei *zukünftigen* Entscheidungen jede weitere Verschärfung von Regeln verhindert wird, selbst wenn sie dringend nötig wäre. So viel ist klar: Hätte es TTIP schon gegeben, als in Brüssel um REACH gerungen wurde, wäre die Chemikalienverordnung höchstens als Karikatur der ursprünglichen Absichten ins Werk gesetzt worden, wenn überhaupt. »Die EU hat ihre strengeren Vorschriften auf den Verhandlungstisch von TTIP gelegt, ohne zu verlangen, dass die USA ihre eigenen Standards verbessern. Das ist ein großes Zugeständnis«, sagt der Jurist und Chemiker Baskut Tuncak vom Center for International Environmental Law (CIEL) mit Sitz in Washington und Genf. Tuncak bezeichnet TTIP als »giftige Partnerschaft« für die Verbraucher; für die chemische Industrie hingegen sei TTIP »wie Weihnachten«. In Anspielung auf REACH sagt Tuncak: »Nach Jahren erfolgloser Blockadeversuche gegen das neue

Chemikaliengesetz der EU entdecken die Industrie und ihre Verbündeten in den Regierungen TTIP jetzt als Werkzeug, um strengere Vorschriften auszubremsen.«

Als Paradebeispiel dafür und als Vorgeschmack auf Regulierungen unter TTIP entwickelt sich die Auseinandersetzung um endokrin aktive Substanzen. Das sind Stoffe, die das Hormonsystem von Menschen, Tieren und Pflanzen beeinträchtigen und schwer schädigen können – dann bezeichnet man sie auch als endokrine Disruptoren. Die Antibabypille beispielsweise enthält endokrine Substanzen, die gezielt in den weiblichen Hormonhaushalt eingreifen. Doch auch völlig unbeabsichtigt und praktisch pausenlos kommen Menschen mit diesen hormonähnlichen Substanzen in Berührung, weil sie in Tausenden von Alltagsprodukten verarbeitet sind – in Shampoos, Sonnencremes und Lippenstiften, in Folien, Duschvorhängen, Trinkflaschen, Autoteilen, Zahnfüllungen, in Jacken, Kassenbons, Kinderspielzeug, Klebstoff, Konservendosen. Endokrine Disruptoren stecken aber auch in Schädlingsbekämpfungsmitteln und Holzschutzmitteln (Biozide) sowie Pflanzenschutzmitteln (Pestizide), die dann als Rückstände in Lebensmitteln auftauchen können.

Durch ihre Fähigkeit, hormonelle Vorgänge zu beeinflussen, werden endokrine Disruptoren als eine mögliche Ursache für Prostata-, Hoden-, Brust- und Schilddrüsenkrebs diskutiert, für Diabetes, Adipositas, ADHS und Alzheimer. Sie könnten eine Rolle spielen bei zu frühem Einsetzen der Pubertät, bei Fehlbildungen der Geschlechtsorgane und bei der abnehmenden Fruchtbarkeit durch sinkende Spermienqualität. »Ergebnisse aus Tierstudien und Beobachtungen beim Menschen zeigen, dass diese sich abzeichnenden Trends zumindest teilweise durch die Wirkung von Umwelthormonen hervorgerufen sein könnten, die das menschliche Hormonsystem stören«, schreibt das Umweltbundesamt. Die Weltgesundheitsorganisation hat endokrine Disruptoren 2012 in einem Report als globale Bedrohung bezeichnet. Deshalb ist zum Beispiel seit 2011 die Chemikalie Bisphenol A (BPA), die ebenfalls endokrine Eigenschaften aufweist, bei der Herstellung von Babyflaschen aus Kunststoffen in der Europäischen Union verboten, denn es sei nicht auszuschließen, dass der Stoff beim Erhitzen der Flasche in den Flascheninhalt gelangt.

Dieser Gefahr steht ein enormes wirtschaftliches Interesse gegenüber. Allein die Chemikalie Bisphenol A ist einer der weltweit am meisten produzierten Stoffe, jährlich werden rund vier Millionen Tonnen davon hergestellt. Chemiefirmen auf der ganzen Welt, namentlich die führenden in Europa und den USA, wären von Einschränkungen oder gar Verboten betroffen. Aus Anlass der vierten TTIP-Verhandlungsrunde Anfang 2014 rechnete der amerikanische Lobbyverband CropLife America den Verhandlern denn auch schon mal vor, dass eine strengere Regulierung von Pestiziden in der EU die US-Agrarexporte nach Europa im Wert von mehr als vier Milliarden Dollar blockieren und damit die Zustimmung zu TTIP gefährden könnte. Der Verband mahnte zur »regulatorischen Angleichung«: »Das Vorsorgeprinzip der EU hat die Absicht, nützliche Technologien vom Markt zu verdrängen. Aber das Ziel von TTIP ist es, den Handel auszuweiten.« Der Verband der Chemischen Industrie in Deutschland betonte, es gebe »keine breit akzeptierten Hinweise, dass von hormonwirksamen Chemikalien neue oder bisher unterschätzte Gefahren ausgehen«, man dürfe »endokrin aktive Substanzen nicht pauschal verurteilen«.

Verbraucherschutz- und Wirtschaftsinteressen prallen also hart aufeinander, die entscheidende Frage ist deshalb, wie sich die Europäische Kommission verhält. Sie spielt, so vermuten Kritiker, bei neuen Gesetzgebungsverfahren auf Zeit – auch wegen TTIP. Umweltverbände und Europaabgeordnete argwöhnen, der Prozess werde absichtlich verschleppt, um nach einer Unterzeichnung von TTIP industriefreundlichere Fakten schaffen zu können. Bereits seit 2009 und 2012 liegen novellierte Pestizid- und Biozidverordnungen der EU vor, die ein Ausschlussverfahren für endokrine Wirkstoffe vorschreiben, wenn sie schädliche Auswirkungen auf Menschen und die Umwelt haben können. Dies bedeutet faktisch ein Verwendungsverbot, allerdings mit Optionen für Ausnahmeregelungen, zum Beispiel wenn noch keine adäquaten Alternativen zur Verfügung stehen. Allerdings mangelt es noch immer an einheitlichen Kriterien zur Identifizierung dieser gefährlichen Stoffe. Gemäß der Pestizid- und Biozidverordnung sollte die EU bis Dezember 2013 einen solchen Kriterienkatalog erarbeiten.

»Jahrelang wurde auf Symposien und in Fachbehörden diskutiert, aber die EU-Kommission ist ihrem Gesetzesauftrag nicht nachgekommen und hat die Deadline ignoriert, bislang liegen nur unzureichende Interimskriterien vor«, kritisiert Susanne Smolka, Biozidexpertin beim Pestizid Aktions-Netzwerk (PAN). Stattdessen widmete sich die EU der Frage, wie die Identifizierung endokrin wirksamer Stoffe nicht nur bei Bioziden und Pestiziden aussehen könnte, sondern auch bei Industriechemikalien, Kosmetika oder Pharmazeutika. Zudem beraumte die EU-Kommission kurzerhand eine Folgenabschätzung verschiedener Optionen der Kriteriensetzung und der Regulierung an, um deren Auswirkung, vornehmlich auf die Wirtschaft, zu ermitteln. Gleichzeitig vereinbarten die TTIP-Verhandler schon mal ein neues transatlantisches Pilotprogramm für einen »harmonisierten Ansatz« bei der Bewertung von Chemikalien als endokrine Disruptoren – noch bevor die EU die Bewertungskriterien für sich selbst vollständig definiert hat.

Mittlerweile hat sogar das Gericht der Europäischen Union (EuG) – auf Antrag Schwedens – die EU-Kommission wegen der Verzögerung in dieser Angelegenheit verklagt. Doch die Verzögerung kommt den Herstellern auf beiden Seiten des Atlantiks entgegen. Sie wollen ohnehin den sogenannten Gefahrenansatz aushebeln, der Verbote schon dann ermöglicht, wenn Chemikalien besonders gefährliche Substanzeigenschaften aufweisen. Stattdessen favorisieren sie die klassische Risikoabschätzung – sie erlaubt die Verwendung hochgefährlicher Substanzen, solange die geschätzte Exposition gegenüber der Substanz als ein akzeptables Risiko für Mensch und Umwelt bewertet wird. »Der Gefahrenansatz wurde von allen EU-Gremien als Antwort auf die problematische Risikoabschätzung unterstützt«, sagt Susanne Smolka. »Denn die Geschichte hat immer wieder gezeigt, dass die Risikoabschätzung Mensch und Umwelt nicht vor Schaden bewahren kann – siehe Asbest oder das hormonell wirksame Insektizid DDT, bei denen erst Schritt für Schritt Grenzwerte heruntergesetzt wurden, bevor es nach Jahrzehnten endlich zum Verbot kam.« Auch in dieser Auseinandersetzung geht es nicht nur um Identifizierungskriterien und Grenzwerte, sondern darum, ob das in der EU-Verfassung festgeschriebene Vorsorgeprinzip auch weiterhin zur Anwendung kommt oder ob es zugunsten von TTIP Zug um Zug aufgeweicht wird.

7

Bedroht: Der Kampf
um gutes Essen

Es begann im US-Bundesstaat Connecticut, dem drittkleins-
ten Bundesstaat des Landes, der den offiziellen Beinamen »The
Constitution State« trägt, Verfassungsstaat. Im Verfassungsstaat der USA will die Mehrheit der Bürger wissen, ob die
Lebensmittel, die sie im Supermarkt einkaufen, gentechnisch
veränderte Zutaten enthalten. Die Menschen sind keine Radi-
kalen, sie wollen gentechnisch veränderte Lebensmittel nicht
ächten oder verbieten, sie wollen einfach nur darüber informiert sein, was in den Regalen liegt, und dann selbst entscheiden, ob sie es in ihren Einkaufswagen legen oder nicht. Sie wollen etwas, das in einer Demokratie so selbstverständlich sein
sollte, dass es fast schon banal klingt: Sie wollen Transparenz,
so wie sie US-Präsident John F. Kennedy schon 1962 in seiner
berühmten Rede zur »Consumer Bill of Rights« vor dem Kongress forderte.

Als der Gouverneur von Connecticut, Dan Malloy, Ende 2013
das historische Kennzeichnungsgesetz im »Catch A Healthy
Habit«-Café in Fairfield, Connecticut, unterzeichnete, erklärte
er, dies sei der Beginn einer bundesweiten Bewegung, die nicht
aufzuhalten sei. Doch der Demokrat war sich bewusst, dass
der Weg noch weit und beschwerlich werden dürfte, denn die
mächtigen Saatgutkonzerne wollen die transparenten Kenn-

zeichnungen gentechnisch veränderter Sorten unter allen Umständen verhindern. Connecticut hat in seine Kennzeichnungsvorschriften deshalb einen Vorbehalt eingebaut: Sie sollen erst umgesetzt werden, wenn mindestens vier andere Bundesstaaten im Nordosten des Landes mit zusammen mehr als zwanzig Millionen Einwohnern dem Beispiel des kleinen Verfassungsstaats folgen – so wäre Connecticut in der erwarteten Schlacht vor Gericht nicht auf sich allein gestellt.

Nur einen Monat nach Dan Malloy, Anfang 2014, unterzeichnete im Bundesstaat Maine, ebenfalls im Nordosten, Gouverneur Paul LePage, ein Republikaner, ein ähnliches Gesetz: Auch hier sollen gentechnisch veränderte Zutaten auf den Lebensmittelverpackungen kenntlich gemacht werden, aber erst dann, wenn fünf andere Bundesstaaten in der Nähe Maines sich der Idee anschließen. Am weitesten auf dem Weg zur Gentechnikkennzeichnung ist Vermont: Im Mai 2014 verabschiedete der Bundesstaat ein entsprechendes Gesetz, das 2016 in Kraft treten sollte und gegen das der Verband der Lebensmittelhersteller gemeinsam mit anderen Organisationen umgehend Klage einreichte mit einer haarsträubenden Begründung: Das Gesetz verletzte die Verfassung, weil es die Hersteller zwinge, »Informationen zu liefern, die sie nicht liefern wollen.«

Wie es aussieht, wird die Agro- und Lebensmittelindustrie, die viele Millionen von Dollar für den Kampf gegen die Kennzeichnung ausgegeben hat, obsiegen. Mitte 2015 verabschiedete das US-Repräsentantenhaus ein Gesetz, das die verpflichtende Gentechnikkennzeichnung in einzelnen Bundesstaaten blockiert und durch eine *freiwillige* landesweite Kennzeichnung ersetzt. Die Abstimmung im Senat steht noch aus, doch es gilt als höchst unwahrscheinlich, dass sich das Blatt noch einmal wendet. Unter dem massiven Einfluss von Lobbyisten haben die US-Politiker damit Verbraucherinteressen kalt ignoriert: Denn wie eine Umfrage der New York Times 2013 ergab, wünschen sich neun von zehn US-Bürgern Auskunft darüber, ob Lebensmittel gentechnisch veränderte Anteile enthalten oder nicht.

Auch in Europa und Deutschland müssen die Verbraucher um das Selbstverständlichste kämpfen – um Angaben über das, was sie essen. Fehlende Informationen, irreführende Nährwertangaben, versteckte Gentechnik, windige Gesundheitsversprechen, unleserliche Mini-Schrift: Die Kennzeichnung von Lebensmitteln lässt Kunden oft ratlos zurück. Das ist das Ergebnis einer repräsentativen Befragung, die das Meinungsforschungsinstitut TNS Emnid 2014 im Auftrag von foodwatch durchführte. Drei von vier Verbrauchern halten es demnach für schwierig, die Qualität von Lebensmitteln anhand der Angaben auf der Verpackung richtig zu beurteilen, und 69 Prozent wünschen sich »mehr Informationen« auf den Etiketten. 68 Prozent gaben an, sich »manchmal« oder »häufig« Sorgen darüber zu machen, »dass wichtige Angaben zu den Inhaltsstoffen nicht oder nur versteckt auf der Packung stehen«. 67 Prozent befürchteten, »dass ein Lebensmittel nicht so gesund ist, wie es die Verpackung verspricht«, ebenfalls 67 Prozent argwöhnen zumindest »manchmal«, »dass in einem Produkt nicht drin ist, was draufsteht«. Zwei Drittel der Bundesbürger gaben an, sich schon über eine zu kleine Schrift auf Verpackungen geärgert zu haben; in der Altersgruppe der über 60-Jährigen sind es 87 Prozent, aber auch bei den 14- bis 29-Jährigen fanden bemerkenswerte 31 Prozent die Schrift zu klein.

Politiker und Wirtschaftsvertreter reden gern vom mündigen Verbraucher – doch weder die Hersteller noch der Gesetzgeber wollen dem Verbraucher in der täglichen Einkaufspraxis zur Mündigkeit verhelfen. Klare Information über die wesentlichen Eigenschaften eines Lebensmittels sind aber eine Voraussetzung für das Funktionieren des Marktes, sie sind eine Voraussetzung für bewusste Kaufentscheidungen und gleichzeitig der beste Schutz vor Täuschung. Nicht zuletzt hilft Transparenz gerade den Qualitätsanbietern, weil erst die entsprechenden Informationen die Qualität erkennbar und das Produkt unterscheidbar machen. Doch die Hersteller und der von ihnen massiv bedrängte Gesetzgeber verhindern das, sie wollen den lenkbaren Konsumenten, der getäuscht, manipuliert und überfordert zu Waren greift, die er gar nicht will. Der Gesetzgeber richtet sich vor allem an den Interessen der Lebensmittelwirtschaft aus, nicht an denen der Kunden.

Als einen »Meilenstein für mehr Klarheit und Wahrheit bei der Aufmachung und Kennzeichnung von Lebensmitteln« feierte Bundesernährungsminister Christian Schmidt (CSU) die neuen Regeln der EU zur Produktkennzeichnung. Nach jahrelangen Debatten finden die Vorgaben der sogenannten EU-Lebensmittelinformationsverordnung seit Ende 2014 größtenteils Anwendung. Politik und Wirtschaft verkauften diese Mammutverordnung aus Brüssel als echte Verbesserung, doch sie ist – von einzelnen Ausnahmen abgesehen – in Wahrheit ein verbraucherpolitischer Offenbarungseid. Beispiel Nährwertangaben: Zwar verpflichtet die neue EU-Verordnung Lebensmittelhersteller erstmalig dazu, überhaupt Angaben zum Gehalt an Fett, Zucker und Salz zu machen; doch die Industrie darf die Angaben auf der Rückseite der Packung im Kleingedruckten verstecken und auf der Packungsvorderseite die Zucker-, Fett- oder Salzwerte mit Mini-Portionsgrößen und irreführenden Prozentwerten kleinrechnen.

Die verbraucherfreundliche Ampelkennzeichnung, durch die der Gehalt an Fett, Zucker und Salz auf einen Blick zu erkennen wäre, hatte schon 2010 keine Mehrheit unter den EU-Parlamentariern gefunden – auch weil die europäische Lebensmittelindustrie zuvor nach eigenen Angaben eine Milliarde Euro investiert hatte, um die Ampel zu verhindern und ihr eigenes Kennzeichnungssystem (Guideline Daily Amount, GDA) durchzusetzen. Zudem müssen seit 2014 Pflichtangaben nur in einer Minischriftgröße von 1,2 mm (bezogen auf das kleine x, also: Zucker) auf dem Etikett stehen, obwohl die EU-Kommission dafür ursprünglich eine Mindestschriftgröße von drei Millimetern vorgeschlagen hatte. Doch wieder einmal zeigte sich, wie stark der Lobby-Einfluss der Industrie in Brüssel ist: Auf ihren Druck hin wurde – mit Zustimmung der deutschen Bundesregierung – schließlich die kleinere Schriftgröße von 1,2 Millimeter festgesetzt, für kleine Verpackungen genügen sogar nur 0,9 Millimeter, sonst fehle der Platz für den »Markenauftritt« der Hersteller, so die Argumente der Lobbyisten.

Die europäische Lebensmittelindustrie hat sich in Brüssel die Lizenz zum Weiterschummeln besorgt, die legale Verbrauchertäuschung im Supermarkt dauert an. Machtlos muss der Verbraucher zuschauen, wie die Nahrungsmittelindustrie der Politik die Spielregeln diktiert. Und das, obwohl sowohl im deutschen wie im europäischen Lebensmittelrecht der präventive Schutz vor Täuschung – neben dem vorsorgenden Gesundheitsschutz – einer der zentralen Grundsätze ist. Das Vorsorgeprinzip ist schon jetzt unter Dauerbeschuss.

Kommt TTIP, besteht die reale Gefahr, dass die notwendigen Verbesserungen bei der Transparenz auf dem Lebensmittelmarkt noch schwieriger werden oder ganz ausbleiben.

Der Einfluss seitens der Wirtschaft wird immens steigen, weil dann neben der europäischen Lebensmittel- und Agrarindustrie auch noch deren mächtige Kollegen aus den USA mit an den Tischen des transatlantischen Regulierungsrats in Brüssel und Washington sitzen. Der regulatorische Stillstand ist damit programmiert. Kein Parlament wird sich mehr trauen oder die Mühe langwieriger demokratischer Verhandlungsprozesse auf sich nehmen, wenn am Ende unter den Einwänden und Drohungen jede geplante Maßnahme zerbröseln kann.

Dieser Stillstand wäre besonders gravierend, weil neben dem Täuschungsschutz, den das europäische Lebensmittelrecht zumindest theoretisch garantiert, auch der dort verankerte Schutz vor Gesundheitsgefahren auf der Strecke bleiben würde. Die Lebensmittelkonzerne diesseits und jenseits des Atlantiks machen den größten Profit mit Junkfood, mit hochgradig verarbeiteten, deutlich zu salzigen, zu fettigen und zu süßen Lebensmitteln. Und sie kämpfen mit allen Mitteln dafür, dass das so bleibt. Dies ist keine haltlose Vermutung, sondern bereits durch die Erfahrung mit anderen Handelsabkommen bewiesene Realität. In einer aufrüttelnden Rede 2013 in Helsinki hat die Generaldirektorin der Weltgesundheitsorganisation (WHO), Margaret Chan, es als besorgniserregenden und gefährlichen Trend bezeichnet, dass im Zuge internationaler Handelsabkommen multinationale Unternehmen vorbeugende gesundheitspolitische Maßnahmen von Regierungen durch gerichtliche Klagen, öffentliche Kampagnen und politischen Druck unterminieren. In einigen Ländern, warnte Chan, verschlinge allein die Behandlung von Diabeteskranken bereits 15 Prozent des gesamten Gesundheitsbudgets, und bislang sei es keinem einzigen Land gelungen, die Fettsuchtepidemie in allen Altersgruppen umzukehren. »Hier mangelt es nicht an individueller Willenskraft, hier mangelt es am politischen Willen, sich mit einer großen Industrie anzulegen«, sagte Chan. Der wirtschaftliche Fortschritt erzeuge Bedingungen, die das Ansteigen nicht übertragbarer Krankheiten wie Diabetes, Herz-Kreislauf-Erkrankungen und Krebs begünstigen, sie übertreffen inzwischen die übertragbaren Krankheiten als Hauptgrund für Gebrechlichkeit, Behinderung und Tod. Die Antwort darauf müsse eine global organisierte, vorsorgende Politik sein, doch die stoße auf den Widerstand »sehr unfreundlicher Kräfte«: »Das ist nicht mehr nur ›Big Tobacco‹«, so Margaret Chan, »das Gesundheitswesen hat auch mit ›Big Food‹, ›Big Soda‹ und ›Big Alcohol‹ zu kämpfen. Alle diese Industrien fürchten Regulierungen und benutzen dieselben Taktiken, um sich zu schützen. Wenn die Industrie in den politischen Prozess eingebunden ist, kann man sich sicher sein, dass die wirkungsvollsten staatlichen Maßnahmen geschwächt oder ganz beseitigt werden.«

Wie Regulierungen im Lebensmittelbereich im transatlantischen Markt schon jetzt – ohne TTIP – unter Dauerdruck geraten, zeigt das Beispiel der europäischen Politik zu genveränderten Organismen (GVO) wie Mais, Soja, Raps und Zuckerrüben. Es fing damit an, dass die EU ein fundamentales Prinzip ihrer Gentechnikgesetzgebung, die »Nulltoleranz«, aufgab. »Nulltoleranz« besagt: Es dürfen nur solche GVO auf den EU-Markt gelangen, die hier eine positive Sicherheitsbewertung durchlaufen haben und von den politischen Gremien zugelassen worden sind. Haben sie dies nicht, gilt die »Nulltoleranz«. Werden nicht zugelassene GVO entdeckt, sind Rückrufaktionen die Folge. Jedoch dürfen seit 2011 *nicht zugelassene* Gentech-Pflanzen bis zu einem Grenzwert von 0,1 Prozent in Futtermitteln für Nutztiere enthalten sein. In den USA sind Genmais und Gensoja inzwischen so dominant, dass den Farmern und Agrarhändlern eine hundertprozentige Trennung gentechnisch veränderter und unveränderter Pflanzen nicht mehr zuzumuten sei, so die Begründung.

In einem zweiten Schritt wollte die EU – trotz der weiterhin propagierten »Nulltoleranz« – diesen Kontaminationsgrenzwert auch für Lebensmittel einführen und den Konsumenten damit nicht sicherheitsbewertete GVO ungekennzeichnet ins Essen mischen. Daraus wurde zwar zunächst nichts, doch wohin die Reise geht, zeigt CETA, das bereits ausverhandelte Freihandelsabkommen zwischen der EU und Kanada: Dort verpflichtet sich die EU auf das Ziel, in internationalen Abkommen Grenzwerte für nicht zugelassene GVO auch bei Lebensmitteln und Saatgut zu etablieren. »Die EU gibt die eigene Gesetzgebung, die ›Nulltoleranz‹ vorschreibt, leichtfertig preis und betreibt damit das Geschäft der Gentech-Konzerne«, kritisiert Heike Moldenhauer, Gentechnik-Expertin beim Bund für Umwelt und Naturschutz Deutschland (BUND).

Auch bei der Kennzeichnungspflicht für GVO werden die Interessen der Verbraucher missachtet: Immerhin müssen Lebensmittel in der EU seit 2004 einen Hinweis tragen, wenn ihr Anteil an *zugelassenen* Genpflanzen 0,9 Prozent übersteigt. Wegen dieser Transparenzpflicht gibt es in vielen europäischen Ländern praktisch keine GVO-Lebensmittel im Handel, die Verbraucher würden sie schlicht nicht kaufen. Die Kennzeichnungspflicht existiert auch für Futtermittel – Bauern wissen deshalb ganz genau, ob sie genetisch veränderte Produkte an ihre Tiere verfüttern. Doch sie müssen diese Information nicht weiterreichen. Selbst wenn Rinder, Kühe oder Hühner ihr Leben lang Genfutter gefressen haben, das zu einem großen Teil aus Nord- und Südamerika importiert wird, erfährt der

Konsument ihres Fleischs, ihrer Milch, ihrer Eier davon nichts.
Die Politik lässt den Verbraucher unwissend und macht ihn so
zum unfreiwilligen Unterstützer einer Agro-Gentechnik, die
er mit großer Mehrheit ablehnt. Dass die neue EU-Lebensmittelinformationsverordnung keine Informationspflicht eta-
blierte, kommt amerikanischen Lieferanten so entgegen wie
den europäischen Abnehmern. Dass sie unter TTIP je kommt,
kann mit hoher Wahrscheinlichkeit ausgeschlossen werden.

Zu den Mechanismen von TTIP gehört die gegenseitige
Anerkennung von Standards, wenn diese als »äquivalent«, also
gleichwertig betrachtet werden. Das klingt gut, das klingt nach
Handelserleichterung und nach Kosteneinsparung. Doch in
Wirklichkeit ist die »gegenseitige Anerkennung« unter einem
TTIP-Regime auf dem Lebensmittelmarkt ein Waterloo für die
Verbraucher. Denn die »Standards« der Lebensmittel beiderseits des Atlantiks sind trotz einiger Unterschiede (wie zum Beispiel in der Gentechnikkennzeichnung) nicht grundverschie-
den – wie das bei Chemikalien der Fall ist –, sondern ähnlich
unzureichend. Eine gegenseitige Anerkennung der Standards
als äquivalent oder sogar Harmonisierung der Standards hieße
für die Verbraucher: Bessere Standards, bessere Kennzeichnung, höherer Gesundheitsschutz können, ohne das Risiko,
mit Sanktionen belegt zu werden, nur noch mit Zustimmung
des Handelspartners erreicht werden. Da die Lebensmittelin-
dustrien auf beiden Kontinenten das Ziel verbindet, weitergehende Regulierungen zu verhindern, werden Standards zwar
erhalten, aber solche, die wir nicht wollen. Besonders deutlich
wird dies bei der so wichtigen Kennzeichnung von Nährstoffen von verpackten Lebensmitteln, insbesondere von Zucker,
Salz und Fett. Beiderseits des Atlantiks sind die Vorschriften
fast identisch, also – wie im Vorhergehenden geschildert –

schlecht, weil irreführend. Der einzige Unterschied: In der EU muss zusätzlich auf der Rückseite der Verpackung der Gehalt eines Nährstoffes pro 100 Gramm in kaum lesbarer Miniaturschrift angegeben werden. Ohne Schwierigkeiten wäre bei der Kennzeichnung von Nährstoffen eine Harmonisierung der US- und EU-Standards möglich mit der Folge, dass eine so wichtige »Ampel-Kennzeichnung« wohl bis zum Sankt Nimmerleinstag von den globalen Lebensmittelkonzernen blockiert werden könnte. Bei der Gentechnikkennzeichnung wiederum könnte das dann so aussehen: Die Europäer dürfen ihre bestehende Gentechnikkennzeichnung bei Lebensmitteln beibehalten, aber im Gegenzug könnten sich die Vertragspartner darauf einigen, dass eine weitergehende Gentechnikkennzeichnung für tierische Lebensmittel (siehe oben) nicht erforderlich ist. Die Folge: regulatorischer Stillstand und damit keine verbesserte Transparenz für die Verbraucher bei gentechnisch veränderten Lebensmitteln.

Eine sehr konkrete Möglichkeit für regulatorischen Stillstand gibt es auch bei den Standards für ökologische Lebensmittel. Hier existiert bereits ein zwischen den USA und der EU geschlossenes Äquivalenzabkommen. Von wenigen Ausnahmen abgesehen, erkennen die USA und die EU ihre jeweiligen Zertifizierungsverfahren für Biolebensmittel an. Bisher wird diese gegenseitige Anerkennung durch eine EU-Durchführungsverordnung geregelt. Diese kann einseitig sowohl seitens der EU als auch der USA geändert werden. Stimmt der jeweils andere Vertragspartner dieser Änderung nicht zu, besteht unter Umständen keine Äquivalenz mehr. Wird das Abkommen jedoch zu einem Bestandteil von TTIP und schließt TTIP grundsätzliche Veränderungen der Regeln für ökologische Lebensmittel aus, werden die Standards für ökologische

Lebensmittel eingefroren beziehungsweise können die Standards nur in gegenseitigem Einvernehmen der Vertragspartner geändert werden. Eine einseitige Veränderung wäre dann ein Bruch des völkerrechtlichen TTIP-Vertrags und würde Sanktionen nach sich ziehen. Deutlicher lässt sich kaum zeigen, wie sich durch TTIP der Gesetzgeber, also die europäischen und nationalen Abgeordneten, selbst entmachtet. Ohnehin haben die Parlamentarier im Europaparlament kaum demokratische Mitspracherechte: Sie besitzen – anders als »vollwertige« demokratisch gewählte Parlamentarier – kein Gesetzesinitiativrecht. Und jetzt droht dieser unterentwickelte gesetzgeberische Spielraum auch noch einem Handelsabkommen geopfert zu werden. Realisieren die TTIP-Befürworter eigentlich, dass TTIP damit auch die Integration Europas beschädigt?

Einig sein dürfte sich die Agro- und Lebensmittelbranche diesseits und jenseits des Atlantiks auch in ihrer Genugtuung über die Vereitelung transparenterer Herkunftsbezeichnungen. 2010 gab es im Rahmen der Beratung zur EU-Lebensmittelinformationsverordnung eine entsprechende Initiative des Europäischen Parlaments: Die Abgeordneten hatten im Sinne der Verbraucher weitergehende Herkunftsangaben für mehr Produkte beschlossen, doch der Lobbydruck auf EU-Kommission und Ministerrat sorgte dafür, dass der Beschluss des EU-Parlaments verwässert wurde.

Als Trostpflaster für die Verbraucher wurden freiwillige Herkunftsangaben wie das von der deutschen Bundesregierung unterstützte »Regionalfenster« vereinbart. Ende 2014 waren jedoch nur rund 2400 Produkte für das blaue Kennzeichen registriert. Das Logo zeigt, woher die Hauptzutat des Produkts stammt, wo es verarbeitet wurde und wie hoch der Gesamtanteil der regionalen Zutaten ist. Doch weil die Nutzung für Lebensmittelhersteller und den Einzelhandel freiwillig ist, wird der weitverbreitete Regionalschwindel im Supermarkt nicht gestoppt: Mit wolkigen Werbelandschaften können Produzenten weiterhin ganz legal Regionalität vortäuschen, indem sie das freiwillige Logo einfach ignorieren und Angaben über die tatsächliche Herkunft der wichtigsten Zutaten weglassen. Wer schwindeln will, kann das auch künftig tun: Begriffe wie »aus der Region«, »unsere Heimat« oder »unser Norden« sind gesetzlich nicht geschützt, und die Zutaten für solche Produkte können aus aller Welt stammen. Der Verbraucher, der sie kauft, um lange Tiertransporte zu vermeiden oder um lokale Bauern zu unterstützen, ist hinters Licht geführt. Helfen würde allein eine EU-weite Pflicht, die Herkunftsländer der Hauptzutaten eines Produkts zu nennen. Mit regionaler Herkunft könnte dann nur noch geworben werden, wenn dies durch die Tatsachen gedeckt ist. So aber ist das »Regionalfenster« nur ein weiteres freiwilliges Label im Siegel-Dschungel, das den Verbraucher mehr verwirrt, als dass es für Klarheit sorgt.

Wie TTIP Transparenz verhindert, noch bevor es überhaupt in Kraft getreten ist, zeigt eine Stellungnahme der EU-Kommission von Mitte 2015. In dieser lehnt die Kommission verbindliche Herkunftsangaben für unverarbeitete Produkte wie Reis oder Mehl sowie Lebensmittel, die aus einer oder wenigen Zutaten bestehen (etwa Obstsäfte, Brot oder Tomatensoße) mit der Begründung ab, dies »hätte Auswirkungen auf die internationale Lebensmittellieferkette und würde sich störend auf Handelsabkommen mit Drittländern auswirken«. Ein deutlicher Beleg für vorauseilenden Gehorsam gegenüber den TTIP-Verhandlern, während Verbraucherinteressen einfach ignoriert werden. Denn neun von zehn Verbrauchern wollen wissen, woher ihre Nahrungsmittel kommen. In ihrem Prüfbericht empfiehlt die Kommission aber nur eine rein freiwillige Lösung – und verfährt damit genau wie die US-Abgeordneten in ihrer jüngsten Ablehnung verpflichtender Hinweise auf die Verwendung gentechnisch veränderter Bestandteile in Lebensmitteln. Die freiwillige Herkunftskennzeichnung erleichtert es den Unternehmen, billige Rohstoffe auch aus Regionen zu beziehen, die den Verbrauchern nicht genehm sind. Das Beispiel zeigt einmal mehr: Die Gefahr bei TTIP ist weniger, dass Standards gesenkt werden, sondern dass bestehende Regelungen in Zukunft nur noch sehr schwer zu verbessern sind. Das mantra-artig wiederholte Versprechen, durch TTIP würden keine Standards abgesenkt, ist nur eine Beruhigungspille, um Kritiker zu besänftigen.

Der Verbraucher soll so wenig wie möglich über Lebensmittel wissen, über ihre Inhaltsstoffe, ihre Herstellung und Nährwerte, ihre Herkunft – dieser Gedanke eint die großen Agrokonzerne, Verarbeitungsbetriebe und Handelsketten, die ihre Waren weltweit produzieren, einkaufen und vertreiben. Nur wenn es zu ihrem Vorteil ist, beharren sie plötzlich auf ausgewählten Angaben. Das Fleisch für den »Schwarzwälder Schinken« zum Beispiel muss nicht aus dem Schwarzwald stammen, die Schweine müssen den Schwarzwald nie gesehen haben. Die Schlachtteile können aus niedersächsischen oder dänischen Großmästereien gen Süden gekarrt werden, um dann im Schwarzwald geräuchert zu werden – das reicht aus für die im »EU-Qualitätsregister« eingetragene »geschützte geografische Angabe« (kurz g. g. A.). Anschließend kann man das Produkt in Packungen mit schönen Schwarzwaldmotiven stecken und in einer Stückzahl auf den globalen Massenmarkt werfen, den eine wirklich regional produzierte Spezialität mit Schwarzwald-Schweinen mengenmäßig nie bedienen könnte.

Wie eine Anfrage von foodwatch bei der Europäischen Kommission ergab, könnte das Fleisch für den sogenannten »Schwarzwälder Schinken« sogar aus den USA stammen und dürfte immer noch »Schwarzwälder Schinken« heißen. Dass der Hauptgeschäftsführer der Spitzenverbände der deutschen Lebensmittelwirtschaft, Christoph Minhoff, sich gleichzeitig in der *Bild*-Zeitung empörte, man wolle wegen TTIP »keine Original Nürnberger Rostbratwürstchen aus Kentucky«, zeigt die ganze Scheinheiligkeit in der Debatte um das Freihandelsabkommen. Denn bei der Herkunft der Rohstoffe sieht es kaum anders aus als beim »Schwarzwälder Schinken«. Über Herkunftskennzeichnungen wird nicht im Verbraucherinteresse verhandelt, sie sind nur Verhandlungspfand im TTIP-Poker.

Aber nicht jeder durchschaut diese Scheinheiligkeit: Grünen-Fraktionschef Anton Hofreiter kritisierte, »dass mit TTIP die Lebensmittelstandards in Deutschland und Europa abgesenkt werden«, falls künftig zum Beispiel Tiroler Speck aus Texas importiert würde; auch Klaus Ernst von der Linken meinte, die »Spitzenqualität« europäischer Hersteller gegen die merkantile Bedrohung aus den USA verteidigen zu müssen. Plötzlich werden europäische Standards hochgehalten, die gar keine sind.

In diesen bizarren Streit um Namens- und Herkunftsrechte, um neue Absatzmärkte, Marktanteile und um die Abschottung bestehender Claims, angezettelt durch TTIP, ist auch der amerikanische Käseproduzent Ron Buholzer verwickelt, ein knorriger, schon leicht krummer Mittsechziger mit abgearbeiteten Händen und verkniffenem Blick. An einem Sonntag im September 2014 sitzt Buholzer auf einem mit rot-weißen Papiergirlanden geschmückten Traktoranhänger und winkt den Schaulustigen am Straßenrand zu. Durch die Kleinstadt

Monroe in Wisconsin, vor und hinter Buholzers Wagen, ziehen Männer mit Alphörnern, Frauen mit Schweizer Flaggen, Kinder mit Berner Sennenhunden, überall Dirndl und Lederhosen und Kühe mit dicken Glocken. Zehntausende säumen die Parade beim Cheese Day Festival, das sich an diesem Tag zum hundertsten Mal jährt. In Monroe kennt den knorrigen Mann auf dem Wagen fast jedes Kind. Ron Buholzer, dessen Eltern aus Luzern nach Amerika auswanderten, führt in Monroe die Klondike Cheese Company, in der seit mehr als hundert Jahren Käse hergestellt wird. Der Familienbetrieb und ihr Chef sind mit allen Preisen und Ehrentiteln ausgestattet, die es im Milchstaat Wisconsin in der Milchwirtschaft zu holen gibt.

Ron Buholzer hat die dramatischen Veränderungen in der amerikanischen Landwirtschaft erlebt, den Siegeszug von Mais und Soja, die der Landschaft ihre Eintönigkeit aufzwingen, die enorme Konzentration auf nur noch wenige Player in der Milchwirtschaft, bei den Saatgutherstellern, den Rindermästern, im Einzelhandel. Und jetzt verfolgt Ron Buholzer mit einer Mischung aus Sorge und Ungläubigkeit die Verhandlungen zu TTIP. Die in der EU geschützten geografischen Herkunfts- oder Ursprungsangaben (g. g. A. und g. g. U.) für rund 1200 Produkte wie den »Schwarzwälder Schinken«, den »Tiroler Speck«, den britischen »West Country Farmhouse Cheddar« oder den dänischen Havarti-Käse (beantragt) werden in den USA nicht anerkannt, derlei Bezeichnungen entsprechen dort eher Markenzeichen zur Kenntlichmachung bestimmter Produktgruppen. Kommt TTIP, so die Sorge von Buholzer, dürfte er womöglich seinen Käse nicht mehr Feta oder Muenster nennen.

Ginge es wirklich um freien Handel für alle, die Lösung läge auf der Hand: lückenlose Angaben über die Herkunft der

Zutaten und die Adresse des Produzenten – klar, deutlich und auf der Verpackungsvorderseite gut lesbar. Im Verbund mit eindeutig festgelegten Rezepturvorschriften könnte jeder Hersteller, an welchem Ort auch immer, entsprechende Produkte herstellen – und wenn es denn unbedingt sein muss, könnten die »Ursprungsregionen« den exklusiven Zusatz »Original« gesetzlich zugesichert erhalten. So würde man den Verbrauchern den ganzen Firlefanz der windigen EU-Regionalitätssiegel ersparen. Stattdessen wird die EU-Folklore als Pfand in den TTIP-Verhandlungen für irgendeinen Deal benutzt werden. Verlierer sind traditionsreiche Mittelständler hüben wie drüben – und in jedem Fall die 800 Millionen Verbraucher, denen man partout keine Transparenz über die Herstellung von Lebensmitteln zugestehen will.

Schon jetzt dürfe er, wenn er es wollte, seinen Feta wegen eines Freihandelsabkommens nicht unter diesem Namen nach Südkorea verkaufen, und wenn er ihn ins nahe Kanada exportieren wollte, müsste er »wie Feta« oder »Feta-ähnlich« auf die Packungen drucken lassen, stöhnt Buholzer. Er schüttelt den Kopf: »Und jetzt wollen die Europäer, dass wir ihre geschützten Käsenamen auch hier nicht mehr verwenden, bei uns, in den USA! Soll ich mir jetzt wirklich neue Namen ausdenken für Produkte, die ich seit Jahren und Jahrzehnten herstelle und die ich unter diesem Namen an meine Kunden verkaufe? Sollen die denken, ich verkaufe ihnen Imitate? Unsere Käserei ist über hundert Jahre alt, auch wir wissen, wie man Muenster, Havarti und Feta macht«, ruft der Käsemacher. »Ich kann mir gar nicht ausmalen, was für ein Chaos entsteht, wenn das Realität wird.«

Anfang 2014 reiste Ron Buholzer aus Monroe, Wisconsin, nach Washington, D.C., mit ihm ein Dutzend anderer

Vertreter der Milchwirtschaft aus Wisconsin und dem ganzen Land. Der Landwirtschaftsminister nahm sich eineinhalb Stunden Zeit für den Besuch, der TTIP-Chefverhandler Michael Froman gewährte ihnen eine weitere Stunde. »Sie waren aufmerksam, hörten unseren Argumenten zu«, erzählt Buholzer. Aber auch Monate später kann er nicht wirklich sagen, was Ergebnis der Gespräche war, ob er seine Packungen neu bedrucken muss, wenn TTIP Realität würde. Traut er seinen Gesprächspartnern? »Well«, sagt Ron Buholzer und macht eine lange geräuschvolle Pause, »ich weiß auch nicht, diese Handelsabkommen sind immer so eine Sache, höchst problematisch, und zuletzt wird immer geschachert, niemand kann sagen, was da am Ende herauskommt.«

8

Gefangen im Status quo:
Das Desaster in der Landwirtschaft

Märchenstunde bei Anne Will im *Ersten*. »Wie schmecken denn solche Chlorhühnchen?«, eröffnet die Gastgeberin den TTIP-Talk mit einer Frage an den Mann zu ihrer Linken, er heißt Martin Richenhagen, ist Deutscher mit amerikanischem Pass und Chef des börsennotierten US-Konzerns AGCO. AGCO verkauft Traktoren, Anhänger und Mähdrescher in über 140 Ländern der Welt, Martin Richenhagen weiß also, wie Landwirtschaft heute aussieht. Aber auf die Frage nach dem Geschmack von Chlorhühnchen antwortet er: »Ich weiß es nicht, ich bin kein so riesen Hühnchenfan. Aber am besten schmecken die Hühnchen, die der Landwirt um die Ecke produziert hat. Hier in Berlin sollten wir also Hühnchen aus Brandenburg essen.«

Der andere TTIP-Streiter in der Talkrunde ist Thomas Strobl, Bundestagsabgeordneter und CDU-Parteichef in Baden-Württemberg, ein Bundesland, in dem – wie überall in Deutschland und seit Jahrzehnten – die Bauernhöfe sterben, im Durchschnitt machen im Südwesten jeden Tag fast zwei Landwirte ihre Scheunentore für immer zu. Aber auf die Chlorhühnchenfrage antwortet Thomas Strobl fast wortgleich wie sein Vorredner: »Ich ess' am liebsten landwirtschaftliche Produkte direkt aus meiner Region. Und da wird so was nicht

gemacht« – er meint das Chlordioxidbad, wie es in US-Geflü-
gelschlachtereien zur Dekontamination von krank machenden
Keimen eingesetzt wird.

TTIP und die Landwirtschaft: Wenn man verschleiern will,
welche zum Teil katastrophalen Zustände in der amerikanischen und europäischen Landwirtschaft bereits herrschen und
wie das Freihandelsabkommen diese Zustände zementieren
und teilweise noch verschlimmern würde, dann redet man wie
Martin Richenhagen und Thomas Strobl. Dann erzählt man
vom »Landwirt um die Ecke«, von den »landwirtschaftlichen
Produkten direkt aus der Region, wo so was nicht gemacht
wird« – als wären Bauern »in der Region« die besseren Menschen. Auch »der Landwirt um die Ecke« hätte, von ein paar
Ausnahmen abgesehen, nichts gegen die Dekontamination
seiner keimbesetzten Hühnchen mit Chlordioxid, wenn das
in Europa erlaubt wäre. Er zögert ja auch nicht, seine Hühner,
Puten und Schweine mit Antibiotika vollzupumpen, damit sie
ihre kurze quälende Mastzeit überleben. Vom »Landwirt um
die Ecke« redet man, wenn man beim Zuhörer jene anhei-
melnden Bilder wachrufen will vom Einkauf auf dem Wochen-
markt, vom Landwirtschaftsidyll mit dem fröhlichen Bauern,
den man noch persönlich kennt, der gut umgeht mit seinen
Tieren, die glücklich in seinen Ställen und auf seinen saftigen
Wiesen gedeihen. Dann behauptet man, man könne das Fleisch
»aus der Region« sogar am besseren Geschmack unterscheiden.
Dann spricht man nicht darüber, dass die Landwirtschaft längst
eine im- und exportabhängige Agro-Industrie geworden ist, die
Millionen von amerikanischen und europäischen Bauern in
den vergangenen Jahrzehnten zum Aufgeben gezwungen hat
und die Übrigbleibenden einem gnadenlosen Preiswettbewerb
ausliefert, von dem nur wenige Große profitieren.

TTIP stellt von Neuem die seit Jahrzehnten immer drängenderen Fragen, welche Landwirtschaft wir wollen, welche Lebensbedingungen der Nutztiere unseren ethischen Ansprüchen genügen, welche Qualität und Sicherheit die Verbraucher von den Lebensmitteln aus den Ställen und von den Äckern erwarten dürfen und wie die Produktion aussehen muss, damit sie Böden, Wasser, Umwelt, Landschaft und Klima nicht zu sehr belastet. Die Probleme schreien zum Himmel, aber auch der Deutsche Bauernverband hat sich entschieden, wegzuhören: »Chancen nutzen, Standards schützen«, schreibt die Bauernlobby aus Anlass von TTIP, sie begrüßt die zu erwartenden »Wachstumsimpulse« und fordert die EU-Kommission auf, die »erheblich höheren EU-Standards in der Tierhaltung, im Ackerbau und in der Lebensmittelherstellung nicht zu unterlaufen«. Auch die Bundesvereinigung der Deutschen Ernährungsindustrie spricht von »hohen europäischen Standards«, erklärt sie gar für »unantastbar«. Beide Erklärungen folgen dem Kalkül, nach außen hin für Verbraucherinteressen zu kämpfen, während man in Wahrheit damit desaströse Zustände bemäntelt.

Denn die Liste der Missstände und Versäumnisse der europäischen und deutschen Agrarwirtschaft und Agrarpolitik ist lang, und sie darf jetzt nicht wegen TTIP zu den Akten gelegt werden: tierquälerische Praktiken und krank machende Zustände in der Nutztierhaltung, damit einhergehender massenhafter Einsatz von Tierarzneimitteln zur Aufrechterhaltung der tierischen Produktionsleistungen, Verschmutzung des Trinkwassers, Gesundheitsrisiken durch Gülleeintrag, regelmäßige Dioxinkontaminationen von Milch, Fleisch und Eiern sowie das Abwälzen von Umweltkosten auf die Allgemeinheit. Die Perversion dabei: Diese Art des Wirtschaftens subventionieren wir nicht nur mit Steuergeldern in Milliardenhöhe, sondern wir schädigen dadurch auch noch die Länder der Dritten Welt. Alle diese Fehlentwicklungen eines Wirtschaftszweigs, dessen Treibhausgasemissionen denen des Verkehrssektors entsprechen, blieben uns durch TTIP erhalten. Diesseits wie jenseits des Atlantiks missachten Agrarwirtschaft und Agrarpolitik Verbraucher-, Tier- und Umweltrechte, und hüben wie drüben würde TTIP dafür sorgen, dass sich daran nichts ändert.

Schon heute ist die EU Weltmarktführer beim Export von Agrarprodukten. 2013 verkauften die europäischen Mitgliedsstaaten Agrarrohstoffe und -produkte im Wert von 120 Milliarden Euro und haben damit die USA als Nummer eins überholt, die immer noch der größte Handelspartner sind. Durch TTIP soll es noch mehr werden. Nach einer vom Europaparlament beauftragten Studie könnten EU-Agrarexporte in die USA bis 2025 um sechzig Prozent steigen, in umgekehrter Richtung um das Doppelte. Mehr Handel würde der Studie zufolge vor allem bei Fleisch, Zucker, Milchprodukten und Getreide eintreten. Hoffnung macht sich besonders die deutsche Milchwirtschaft, die schon jetzt der größte Produzent in der EU ist: Die Zeiten von Butterbergen und Milchseen sind vorbei, inzwischen saugt der Weltmarkt fast die Hälfte aller deutschen Molkereiprodukte auf, und amerikanische Verbraucher sollen dank TTIP dazu beitragen, dass noch mehr Käse, Joghurt, Kondensmilch, Magermilchpulver, Butter und Konsummilch »made in Germany« verkauft werden. Der gigantische Ausstoß der deutschen Milchindustrie kommt heute übrigens aus nur noch gut 140 Molkereien, vor achtzig Jahren waren es noch fast 5000 Betriebe, 1988 immerhin noch fast 600. Umgekehrt hofft auch der amerikanische Milchexportverband, dass mit TTIP endlich der »abgeschottete« EU-Markt aufgebrochen wird, sich das »beträchtliche« Milchhandelsdefizit mit der EU verbessert.

Für TTIP-Befürworter ist die Landwirtschaft eine Branche wie jede andere, ist der Landwirt Hersteller eines Rohstoffs, der umso besser gehandelt werden kann, je standardisierter er ist. Ob (Flüssig-)Eier, Milch (in allen Einzelbestandteilen), Fleisch oder Getreide – gefragt ist im Massengeschäft nicht der Qualitätsunterschied, sondern ein möglichst homogener Rohstoff, der zwecks Verarbeitung in den genormten Herstellungsverfahren der Ernährungsindustrie von einem zum anderen Kontinent transportiert werden kann. Der Landwirt ist damit weitgehend ausgeschlossen vom Wertschöpfungsprozess, den wenige globale Lebensmittelmultis und Händler beherrschen.

Unter den TTIP-Regularien ist das alles beherrschende Kriterium für landwirtschaftliche Produkte mehr denn je der Preis: In der transatlantischen »Kampfzone« muss der Landwirt immer noch mehr aus den Böden und den Tieren »herausholen«, um die Konkurrenz um Cents und Bruchteile von Cents pro Einheit unterbieten zu können. Ziemlich hilflos wirkt da der Aufruf des früheren Staatssekretärs im Bundeslandwirtschaftsministerium und jetzigen Bundesentwicklungshilfeministers Gerd Müller (CSU) gegen die »Geiz-ist-geil-Mentalität« der Deutschen bei Nahrungsmitteln – die seien hierzulande »unterbewertet«, sie würden »verschleudert und als Lockmittel von den Handelskonzernen eingesetzt«. Damit formuliert der Minister das Gegenteil der offiziellen Regierungsmeinung, die TTIP vor allem mit sinkenden Preisen rechtfertigt.

»Das TTIP-Abkommen müsste die größten Agrarproduzenten der Welt auf das Ziel einer ökologischen Landwirtschaft verpflichten und den Übergang dorthin koordinieren. Vermutlich wird es aber genau das Gegenteil bewirken«, schrieb

Jean Feyder, Ständiger Vertreter Luxemburgs bei der Welthandelsorganisation, in einem Beitrag für die *Zeit*. »Sollten beide Regionen die Handelsbeschränkungen für die Landwirtschaft tatsächlich reduzieren wie geplant, könnte sich das Modell einer industriell ausgerichteten, ökologisch schädlichen Landwirtschaft auch in Europa weiter durchsetzen. Der Trend zu immer größeren Höfen würde sich verstärken. Noch mehr Arbeitsplätze würden verschwinden, die ländlichen Gegenden würden veröden. Der Schaden für Umwelt und Biodiversität wäre enorm.«

Eine vom EU-Parlament beauftragte Studie kommt zu dem Ergebnis, dass mehrere Sektoren der europäischen Landwirtschaft durch TTIP einem »beträchtlichen Wettbewerb« durch Billiganbieter aus den USA ausgesetzt würden, vor allem im Rindfleischsektor sei mit »schweren Problemen« zu rechnen, ebenso mit »weitreichenden sozialen und umweltrelevanten Konsequenzen« in jenen EU-Regionen, die sich auf Mutterkuhhaltung und auf die Kalbfleischproduktion auf der Basis von Grünfütterung spezialisiert haben. In der Tat dürften es europäische Rindfleischproduzenten schwer haben, den Wettbewerb mit geschmacklich hochwertigem, weil marmoriertem Rindfleisch »made in USA« zu gewinnen.

Doch darf man das den Amerikanern vorwerfen? Und den europäischen Konsumenten, die dieses Rindfleisch gerne kaufen? Und ist es nicht Sinn eines Freihandelsabkommens, dass die Anbieter zum Zuge kommen, die am günstigsten produzieren können?

Das Klagen über die vermeintliche Dumping-Konkurrenz aus den USA, die durch rücksichtslosen Umgang mit der Natur die europäischen Landwirte in den Ruin treibt, ist größtenteils eine vorgeschobene Sorge. Sie spiegelt eine in der realen

Welt nicht existierende europäische Idylle vor. In Wirklichkeit handelt es sich bei diesen Klagen schlicht um Protektionismus. Konsequent wäre es hingegen, sich nicht dem internationalen Handel zu widersetzen, sondern im Rahmen von TTIP auf eine Ausrichtung der Landwirtschaft hinzuarbeiten, die für die Umweltkosten ihrer Produktion aufkommen muss: Die Herstellung von landwirtschaftlichen Produkten müsste durch Vorschriften beziehungsweise Abgaben umwelt- und tiergerecht ausgerichtet und dadurch verteuert werden. Subventionen würden, wenn überhaupt, nur zielgerichtet – zum Beispiel zum Erhalt von schutzwürdigen Kulturlandschaften – eingesetzt. Unter diesen Voraussetzungen könnte der internationale Handel gerne ausgeweitet werden.

Doch die europäische Agrarindustrie möchte am liebsten alles. Weiterhin die Umwelt schädigen und dafür nicht zahlen müssen, weiterhin auf Kosten der Steuerzahler subventioniert werden und dennoch ihren Handel ausweiten. Dies ist historisch durchaus konsequent. Ein Blick in die Geschichte der verfehlten europäischen Agrarpolitik offenbart, dass sie Europas Märkte jahrzehntelang mit allen Mitteln nach außen abschottete und Hunderte von Milliarden Euro an Subventionen nach dem Gießkannenprinzip verschleuderte, anstatt die europäische Agrar- und Ernährungswirtschaft mit klaren Zielen auf höchste Produktqualität, respektvollen Umgang mit Tieren und umweltfreundliche Verfahren auszurichten. Solche Standards würden heute wie Handelsbeschränkungen wirken, aber sie wären gerechtfertigt.

TTIP jedoch wird die falsche Ausrichtung der Land- und Ernährungswirtschaft nur weiter fortschreiben und sie dem Diktat des »wachse oder weiche« aussetzen. Marc Vanheukelen, Direktor in der EU-Handelskommission, umschrieb das bei einer Veranstaltung des Agrarmultis Syngenta so: »Das Wesen von Marktöffnungen ist es, dass sich jeder, um wettbewerbsfähig zu bleiben, anpassen muss – you've got to adapt.«

In die Zukunft derjenigen Landwirtschaft, wie TTIP sie forciert, kann man auf den Fair Oaks Farms im US-Bundesstaat Indiana schauen. Auf Fair Oaks erleben 400 000 zahlende Besucher jedes Jahr Agro-Business als Agro-Disney. Zwischen 10 und 25 Dollar Eintritt kostet es, in Ställe blicken zu dürfen, die andernorts hermetisch abgeriegelt sind. 35 000 Kühe und einige tausend Schweine leben hier, aber das vermittelte Bild ist ein idyllisches: Hier könne man sich »wieder mit der Natur, den Tieren und unserem Planeten verbinden«, werben die Megabauern für ihre »Abenteuertouren« an sieben Tagen in der Woche. Tatsächlich aber hört und riecht man so gut wie nichts von den Tieren. Denn wie im Zoo schauen die Besucher stets durch Glasscheiben, während auf Bildschirmen überall Erklärfilme in Dauerschleife laufen und die Farmführer mit ihren Headsets pausenlos Informationen ausspucken. Im vollklimatisierten Bus fährt man durch die Kuhställe, sieht Maschinen, die Sand als Streu in die Boxen der Tiere blasen, man sieht Melkkarussells, in die sich die enthornten Holsteiner dreimal täglich von alleine einfädeln, man sieht Arbeiter, die wie am Fabrikfließband im Akkord immer dieselben Handgriffe ausführen: Euter abwischen, Melkstutzen ansetzen, Melkstutzen abnehmen, frisch geborene Ferkel wiegen, ihre Zähne abschleifen … Auf die Tür zur Kälbergeburtsstation – täglich kommen bis zu hundert Tiere zur Welt – sind zwei Holsteiner-Babys im Comicstil gemalt mit Schnullern im Maul. Im Schweinebesucherzentrum erklärt eine Schautafel: »In 50 Jahren braucht unsere Welt 100 Prozent mehr Nahrungsmittel als heute. 70 Prozent davon müssen mit Hilfe effizienter Technologien erzeugt werden wie hier auf den Fair Oaks Farms.« Die Führer erzählen, man überlege, auch Geflügel- und Fischfarmen zu bauen.

Als im Winter 2014 wegen Schnee und Eis die Milch-Lkw für ein paar Tage nicht fahren konnten und die Tanks auf der Farm voll waren, musste das Unternehmen täglich Milch im Wert von 400 000 bis 500 000 Dollar wegkippen. Der ganze Stolz der Fair-Oaks-Farmer ist ihre zwölf Millionen Dollar teure Biogasanlage, in der der größte Teil der Gülle in Strom verwandelt wird für die Ställe, fürs Restaurant, für Café, Gift-Shop und und Käserei; inzwischen fährt auch die Flotte der 42 Milchlaster, die täglich zu Molkereien in Indiana und bis nach Kentucky und Tennessee unterwegs sind, mit Biogas.

Brussels, USA

In Brussels stinkt es zum Himmel. Am frühen Morgen des 16. September 2014 bemerkt der Bauer Kurt DeGrave beißenden Gestank auf seinem Grundstück. Er entdeckt eine defekte Klappe an seinem überirdischen Güllebecken, aber da ist es schon zu spät: 2,4 Millionen Liter der braunen Brühe ergießen sich über den Hof, fließen in einen Graben, von dort in einen Bach. Gegen vier Uhr morgens alarmiert der Bauer die Naturschutzbehörde, die sofort ihr Notfallteam mobilisiert. Unterstützt von privaten Firmen und Feuerwehrleuten arbeiten die Männer drei Tage lang gegen die Gülleschwemme an, sie errichten Barrieren, pumpen die Brühe von der Straße und aus den Gräben in Tanklastzüge, sie alarmieren die Nachbarn, damit die auf das Wasser aus ihren Brunnen achten. Wie viel Gülle wirklich im Bach gelandet ist, kann keiner sagen, aber nach den ersten Tagen ist man sich relativ sicher, dass sie nicht von dort in den nächsten Bach geflossen ist und wohl auch nicht das Grundwasser erreicht hat. Erleichtert sagt ein Behördensprecher am dritten Tag der Aufräumarbeiten: »Wir können von Glück sagen, dass es in diesen drei Tagen nicht geregnet hat und der Boden relativ hart ist, so ist die Gülle lange an der Oberfläche geblieben.«

Brussels ist ein kleines Dorf im Bundesstaat Wisconsin, es liegt auf einer etwa hundert Kilometer langen Landzunge, die in den Lake Michigan ragt und so auf ihrer westlichen Seite eine Bucht vor dem Festland bildet, die Green Bay. In Brussels und auf der ganzen Landzunge stinkt es ziemlich oft, je nach Windrichtung mal stärker, mal schwächer, und auch dann, wenn es keinen Gülleunfall gegeben hat. Denn Wisconsin ist »Amerikas Milchstaat«, so steht es selbst auf den Autokennzeichen. Den letzten Zählungen zufolge leben hier 5,7 Millionen Menschen – und 1,3 Millionen Kühe.

Gemessen an ihrer immensen Zahl, sieht man erstaunlich wenige Tiere auf den Wiesen – die meisten stehen in Ställen. Und die werden immer größer. Ab der Zahl von 700 Kühen nennt man sie hier Cafos (concentrated animal feeding operations). Zwischen 1990 und 2012 stieg die Zahl dieser Großfarmen von rund zwanzig auf mehr als 230. Noch erreichen sie nicht die Größe der Fair Oaks Farms in Indiana, aber in manchen Ställen, die teilweise so groß sind wie Hangars, leben schon mehrere tausend Tiere. Im Gegensatz zur Megafarm in Indiana lohnt es sich aber selbst für diese Milchfabriken nicht, in teure Biogasanlagen zu investieren. Wisconsin sitzt deshalb auf einem gigantischen Güllesee, verteilt auf Tausende Tanks und Rückhaltebecken wie jenes auf dem Hof von Bauer DeGrave. Der Unfall bei ihm war zwar der schlimmste im

Bundesstaat seit Jahren, aber das Problem ist allgegenwärtig: Leckagen, illegal ausgebrachte Gülle, verunfallte Güllelaster auf den Straßen. 2013 zählten die Behörden, die spezielle Notfallteams und Unfallkoordinatoren unterhalten, fast vier Millionen Liter übergelaufener Gülle, so viel wie seit 2007 nicht mehr. Auf einer Website werden Bürger aufgerufen, als »watch dogs« mit ihren Handys und Fotoapparaten Verstöße von Landwirten zu dokumentieren und der Behörde zu melden.

In Maßen und zur richtigen Zeit auf den Äckern verteilt, ist Gülle ungefährlich und fördert sogar das Wachstum der Pflanzen. Doch nicht nur in Amerikas Milchstaat Wisconsin ist das Maß längst überschritten: Zu viele Hochleistungstiere auf zu engem Raum produzieren zu viel Gülle, für die es zu wenig Land gibt, auf dem sie verteilt werden könnte. So gelangt sie vor allem bei Regen von den überdüngten Äckern ins Grundwasser, in Bäche, Flüsse, Seen und schließlich ins Meer – und mit ihr eine gefährliche Fracht aus der Massentierhaltung: Keime, Antibiotika, Wachstumshormone sowie Unmengen von Phosphor und Nitrat.

Die Supersize-Landwirtschaft hat viele negative Konsequenzen. In den Megaställen arbeiten oft miserabel bezahlte Handlanger, darunter auch illegale Einwanderer, die selten lange bleiben. Nachbarn liegen im Dauerstreit über den Gestank und verunreinigte Quellen, die Beziehungen zwischen Landwirten, Behörden und Bürgern sind oft so vergiftet wie manche Bäche nach dem Bersten eines Gülletanks. Erbittert wird um Wasserrechte und Baugenehmigungen für neue Megafarmen prozessiert; kleine Betriebe finden kaum bezahlbare Flächen zum Ausbringen ihrer Gülle, weil die Großfarmen die Pachtpreise in die Höhe treiben. Das Schlimmste aber ist die Bedrohung des Wassers. Vom Dörfchen Brussels sind es nur drei Meilen bis zum Ufer der Green Bay, die etwa achtmal so groß ist wie der Bodensee. Seit vielen Jahren gilt rund ein Drittel der Bucht als »dead zone«: Die von den Äckern gewaschenen Nährstoffe lassen die Algen in der Bucht blühen, und wenn sie sich zersetzen, verbrauchen sie so viel Sauerstoff, dass Fische und andere Lebewesen ersticken.

Knapp die Hälfte der schädlichen Einträge kommt von der Landwirtschaft, aber anders als die Schadstoffe aus Haushalten und Fabriken, die durch die Kläranlagen geleitet werden, ist die Gülle nicht zu fassen. Es gibt Regeln für ihre Ausbringung, aber die sind schwach und gelten nur für größere Farmen, überdies werden sie wenig kontrolliert und deshalb oft nicht befolgt. Tag für Tag fließt deshalb so viel Gülle in die Green Bay, als würden 25 Tanklastzüge ganz offiziell ihre Fracht ins Wasser entleeren. In der Stadt Green Bay wird jetzt diskutiert, ob man die Leistung der Kläranlage für die Abwässer aus Haushalten und Fabriken um ein paar Prozent verbessern soll, das würde zwischen 220 und 400 Millionen Dollar kosten, die Abwassergebühren würden drastisch steigen. Die – rechnerisch – 25 Gülletanker würden trotzdem weiterhin Tag für Tag ihre chronische Überdosis in die Bucht kippen. Eine der Hauptattraktionen der Provinzstadt ist der mehr als hundert Jahre alte »Bay Beach Amusement Park« mit kleinem Riesenrad und Achterbahn, auch ein öffentlicher Strand gehört dazu. Für Generationen war der Besuch im Bay-Beach-Park mit einem Bad in der Green Bay verbunden. Der Strand ist seit Jahrzehnten geschlossen, und auch an vielen anderen Stellen der Bucht wagt sich seit langem kein Mensch mehr ins Wasser.

Dass es noch schlimmer kommen kann, erlebte im Sommer 2014 die Großstadt Toledo in Ohio. Sie liegt knapp 500 Kilometer Luftlinie von Green Bay entfernt am Eriesee, der mit dem

Michigansee zu den Great Lakes an der US-kanadischen Grenze gehört; zusammen bilden die fünf Gewässer der Great Lakes die größte Süßwasserfläche der Welt. Die Anwohner in Toledo sind längst an die Algenblüte gewöhnt, jeden Sommer warnt die Umweltbehörde auf ihrer Website so routiniert vor dem Bad in der gefährlichen Brühe wie andernorts vor Sturm und Wellen. 2011 bedeckte die Algenpest fast 5000 Quadratkilometer des Eriesees. Im Sommer 2014 dann ein neuer Tiefpunkt: Toledos Bürgermeister musste den Notstand ausrufen, zwei Tage lang durften eine halbe Million Menschen kein Wasser aus den Hähnen trinken, sie sollten sich auch nicht damit waschen oder die Zähne putzen. Beim Kochen mit dem Wasser würde sich die Gefahr noch erhöhen, warnten die Behörden. Die von den Algen freigesetzten Gifte können beim Menschen zu Übelkeit, Durchfall und Erbrechen führen und die Leberfunktion schädigen; Hunde und kleinere Tiere können sofort sterben. In Toledo verteilte unterdessen die Nationalgarde Wasser aus Tanklastzügen an die Bevölkerung, in den Supermärkten waren die Regale mit den Trinkwasserflaschen leergeräumt. Als das Schlimmste überstanden war, trank der Bürgermeister öffentlich ein Glas Wasser, und wenige Wochen später kündigte die US-Umweltbehörde an, die bereits ausgegebenen Mittel zur Rettung der Great Lakes in Höhe von 1,6 Milliarden Dollar bis 2019 zu verdoppeln.

Brüssel, Europa

Brussels in den USA und Brüssel in Europa trennen 6500 Kilometer, aber die Probleme sind dieselben: Die intensive Landwirtschaft und vor allem die hochgradig konzentrierte Tierhaltung gefährden auch in Europa das Wasser und damit die

Gesundheit von Mensch und Tier; Algenblüten gibt es auch schon in der Ostsee und in der Bretagne. Nach einem Bericht der EU-Kommission von 2013 leiden beinahe vier von zehn Seen in Europa unter dem übermäßigen Nährstoffeintrag, besonders akut ist die Lage in den Niederlanden, einem Zentrum der Intensivtierhaltung, wo hundert Prozent des Süßwassers betroffen sind. Und nirgendwo in Europa, von Malta abgesehen, findet sich mehr Nitrat im Grundwasser als in Deutschland: Etwa ein Drittel aller Messstellen weist deutliche bis starke Nitratbelastungen aus, bei 14 Prozent liegt die Belastung sogar über dem Grenzwert von 50 Milligramm pro Liter, das Wasser kann deshalb nicht ohne Weiteres als Trinkwasser genutzt werden.

Nordrhein-Westfalen, in dem einige Schwerpunktregionen der deutschen Nutztierhaltung liegen, kam 2014 in einem erstmals erstellten Nährstoffbericht zu dem Ergebnis, dass sich das Grundwasser »in weiten Teilen des Landes in den letzten Jahren deutlich verschlechtert hat«, aus rund vierzig Prozent der Grundwasserkörper könne ohne Aufbereitung kein Trinkwasser mehr gewonnen werden. »In den landwirtschaftlich intensiv genutzten Gebieten im Norden und Westen sind die Nitratkonzentrationen seit über zwanzig Jahren gleichbleibend hoch oder steigend«, schreibt das NRW-Umweltministerium, in manchen Landkreisen erreiche die Nitratkonzentration Spitzenwerte bis über 300 Milligramm pro Liter. Ein Grund für die hohe Belastung sei der zu große Eintrag von Nährstoffen auf landwirtschaftlichen Flächen, »insbesondere durch erhebliche Mengen von Gülle aus Schweine-, Rinder- oder Hühnerhaltung sowie Gärresten aus Biogasanlagen«. In manchen Kreisen im Münsterland und am Niederrhein fällt so viel Gülle an, dass sie in andere Regionen gekarrt werden muss.

Wissenschaftliche Beratergremien der Bundesregierung stellten 2013 fest, was Umweltverbände schon seit Jahren beklagen: Die Vorschriften für die Landwirte sind zu lasch, ihre Einhaltung wird nicht streng genug kontrolliert, die Sanktionen schrecken nicht ab. Auch das Umweltbundesamt mahnt, die Düngeverordnung müsse jetzt »ambitioniert geändert« werden. Und die EU-Kommission betreibt ein Vertragsverletzungsverfahren gegen Deutschland wegen unzureichender Umsetzung der europäischen Nitratrichtlinie: Die geplante »moderate« Novellierung der deutschen Düngeverordnung sei nicht ausreichend. Der Streit könnte zuletzt vor dem Europäischen Gerichtshof ausgetragen werden. Doch die Regierung tut kaum etwas, um die Gewässer dauerhaft zu schützen. Lieber unterstreicht der Bundeslandwirtschaftsminister Christian Schmidt (CSU), der TTIP ausdrücklich unterstützt, die Bedeutung des Exports. Internationaler Handel sei der »Schlüssel« für Wohlstand und Voraussetzung für sinkende Preise. Man kann es auch so sagen: Deutschland hat es geschafft, bei Schweine- und Geflügelfleisch vom Importeur zum Nettoexporteur zu werden – dank der enorm einflussreichen Agrarlobby, dank laxer Regeln, wenig Durchsetzungskraft der Behörden und noch weniger Rücksicht auf Tiere und Umwelt, Motto: Hauptsache billig.

Doch der Vorteil des billigen Fleischs ist teuer erkauft. Der Bund für Umwelt und Naturschutz Deutschland, Greenpeace, die Grüne Liga, der Naturschutzbund, WWF Deutschland und der Deutsche Naturschutzring rechneten vor, dass die Überdüngung durch die intensive Agrarwirtschaft schon heute jährlich Kosten von bis zu 25 Milliarden Euro für die Sicherung sauberen Trinkwassers verursache. Diese Kosten der industrialisierten Landwirtschaft tragen aber nicht die

Fleischproduzenten, sondern die Verbraucher in Form von Steuern und (Ab-)Wassergebühren, selbst diejenigen, die gar kein Fleisch essen. Eine vierköpfige Familie in Europa zahlt rechnerisch knapp 1500 Euro pro Jahr wegen der Überdüngung – das ist fast das Dreifache jener 545 Euro, die eine vierköpfige europäische Familie durch TTIP angeblich hinzugewinnen soll.

Studenten der Wirtschaftswissenschaften hören von derlei »externen Kosten«, die den wahren Preis der Waren verschleiern, indem sie auf die Allgemeinheit abgewälzt werden, schon im ersten Semester. Die EU aber geht über diese Problematik in einer Weise hinweg, die man als eine Mischung aus Ignoranz, Nonchalance und Täuschungsabsicht beschreiben muss. »Was sind die Folgen für die Umwelt?«, hieß es auf einer Website der EU-Handelskommission, die Antwort: »Die Europäische Kommission fand in ihrer Folgenabschätzung heraus, dass eine Freihandelspartnerschaft mit den USA nur geringfügige Auswirkungen auf die Umwelt haben dürfte. Selbst für den Fall einer sehr weitreichenden Liberalisierung des Handels wird nur ein sehr begrenzter Anstieg des weltweiten CO_2-Ausstoßes vorhergesehen« – die eigene Klimapolitik wird damit schon einmal ganz offiziell konterkariert. Weiter heißt es in der Studie: »Sonstige mögliche schädliche Nebenwirkungen – etwa mehr Abfall, weniger biologische Vielfalt und eine verstärkte Nutzung natürlicher Ressourcen – sollten der Folgenabschätzung zufolge durch die positiven Effekte einer Belebung des Handels mit Umweltgütern und -dienstleistungen weitgehend wettgemacht werden.« Wie soll man sich das vorstellen? Etwa so, dass das Verschwinden von Fischarten im Michigansee und der alltägliche Ammoniakgestank eines Schweinemastbetriebs in einem Münsterländer Dorf »wettgemacht« werden durch den Zuwachs an Containerschiffen, die mit umweltfreundlicheren Produkten zwischen Boston und Rotterdam verkehren? Der Satz offenbart die Absage an kluge weitsichtige Politik im Interesse aller, er zeigt, dass das Freihandelsabkommen ausschließlich kommerziell getrieben ist: Der vermehrte Handel soll die Nachteile, die er unzweifelhaft hervorruft, gleich selbst mit lösen. TTIP – ein umweltpolitisches Zauberwerk.

Der Stall als Hospital

Dabei sind politische Entscheidungen für einen Kurswechsel in der Landwirtschaft drängender denn je, gerade in der hochgradig intensivierten Nutztierhaltung. Nach einem Bericht über steigende Antibiotikaresistenzen von Bakterien in der *Zeit* Ende 2014 entwickelte sich eine aufgeregte Debatte über Rolle und Gefährlichkeit des massenhaften Einsatzes von Antibiotika in der Landwirtschaft. Die Frage, wer leichtfertiger mit Antibiotika umgeht, die Humanmedizin oder die Landwirtschaft, gleicht dabei der Frage nach Henne und Ei. Entscheidend ist, dass die Wirkstoffe sowohl für Menschen als auch für Tiere eingesetzt werden und zunehmend ihre lebensrettende Wirkung einbüßen. Offenkundig entstehen immer mehr Bakterien, die behandlungsresistent sind. Und offenbar gibt es weder räumlich noch zwischen Spezies zuverlässige Barrieren.

Dem Zeitungsbericht zufolge sterben laut Auskunft des Gesundheitsministeriums jedes Jahr 7500 bis 15000 Menschen an Infektionen, die durch multiresistente Keime ausgelöst wurden, möglicherweise sind es sogar mehrere zehntausend Opfer und noch viel mehr Infizierte. Da die Debatte so neu nicht ist, wirkt schon der Umstand befremdlich, dass genauere Daten über die Auswirkung der Bakterienresistenzen auf den Menschen (Todesfälle pro Jahr) bis heute fehlen. Politisches Handeln ist überfällig: *Die Zeit* zitiert den Mikrobiologen, Resistenzexperten und ehemaligen Leiter des Nationalen Staphylokokken-Referenzzentrums am Robert Koch-Institut, Wolfgang Witte, mit der Aussage, es könne eine »mikrobiologische Apokalypse« entstehen: »Wenn das passiert, dann gnade uns Gott.«

Bis 2006 durften Antibiotika in der EU sogar als »leistungsfördernde« Futtermittelzusatzstoffe in den Ställen eingesetzt werden, das war billig und beschleunigte das Wachstum der Tiere, sie erreichen schneller das gewünschte Schlachtgewicht. Das ist inzwischen verboten, die Medikamente dürfen jetzt nur noch nach Verschreibung durch den Tierarzt gezielt für kranke Tiere verwendet werden. Doch die Mittel kommen noch immer massiv zum Einsatz: 2011 und 2012 wurden gut 1700 beziehungsweise 1600 Tonnen Antibiotika an Tierärzte in Deutschland abgegeben, der größte Anteil davon dürfte im Nutztierbereich gelandet sein. Auch wenn damit keine qualitative Aussage über die eingesetzten Wirkstoffe getroffen werden kann, sind 1600 Tonnen etwa die doppelte Menge dessen, was in der Humanmedizin zum Einsatz kommt.

Eine Studie des Verbraucherministeriums in Nordrhein-Westfalen wies 2014 nach, dass in der Putenmast Antibiotika im großen Stil verabreicht werden. In neun von zehn Beständen wurden Puten im Laufe ihres Lebens mit den Medikamenten behandelt, teilweise auch mehrfach und mit mehreren Wirkstoffen gleichzeitig. Und: Zwanzig Prozent der eingesetzten Medikamente gehören zur Gruppe der Reserveantibiotika, die als Notfallmittel bei der Behandlung von Menschen verwendet werden; ein Drittel der entdeckten Wirkstoffe sei zudem gar nicht für die Putenmast zugelassen, heißt es in der Studie, die auf den Daten von 1,3 Millionen Tieren beruht und damit fast alle im Erhebungszeitraum 2013 in Nordrhein-Westfalen gehaltenen Puten erfasste.

Seit April 2014 soll nun das novellierte deutsche Arzneimittelgesetz den Antibiotika-Einsatz in deutschen Rinder-, Schweine-, Hühner- und Putenmastbetrieben senken. Die neuen Regelungen verpflichten die Tierhalter, der Behörde alle sechs Monate zu melden, welche Antibiotika sie in welchen Mengen an wie viele Tiere verabreicht haben; liegt die Therapiehäufigkeit in einem Betrieb über dem Durchschnitt, muss der Mäster mit dem Tierarzt Maßnahmen ergreifen, um die Dosis zu senken. Als Bundeslandwirtschaftsminister Christian Schmidt die Gesetzesnovelle vorstellte, beeilte er sich, die Mäster einmal mehr in Schutz zu nehmen: »Klar ist: Schon jetzt gehen Tierhalter verantwortungsvoll mit ihren Tieren um. Sie setzen Arzneimittel nur dann ein, wenn es notwendig und verantwortbar ist.« Man wolle den Antibiotika-Einsatz Schritt für Schritt »auf das notwendige Maß« beschränken, erläuterte Schmidt und stellte klar: »Ein Zurückfahren auf null ist unrealistisch, denn wir können und wollen keinem kranken Tier eine angemessene Behandlung verwehren.«

Das klingt barmherzig, verdeckt aber, dass der Minister nichts darüber sagt, in welchem Umfang landwirtschaftliche Nutztiere innerhalb und durch das Produktionssystem selbst krank gemacht werden. Denn nur indem die krank machenden Faktoren beseitigt werden, ist es überhaupt möglich, zu bestimmen, wie viele Medikamente tatsächlich »notwendig« sind, also unvermeidbar, um Tieren, die trotz optimaler Haltungs- und Pflegebedingungen erkranken, zu helfen. Ganz anders als der Minister behauptet, ist klar, dass die typischen Erkrankungen in der Nutztierhaltung maßgeblich von Haltung, Fütterung, Leistung, Züchtung und Management beeinflusst werden.

Klar ist auch, dass typische Infektionskrankheiten von Gliedmaßen, Darm, Lunge, Leber oder des Euters der Milchkuh maßgeblich durch Nährstoffangebot, Keimdruck und eine Vielzahl haltungsbedingter Faktoren befördert werden. Und damit ist wiederum klar, dass die Tierhalter maßgeblichen Einfluss auf die Entstehung (oder eben Vermeidung) von Erkrankungen haben. Doch gerade Letzteres, die Vermeidung von Produktionserkrankungen, kostet Geld. Mehr Geld als die Medikamente kosten! Das verteuert unweigerlich die Produkte, wodurch in einem fast ausschließlich auf den Preis fixierten Wettbewerb das wirtschaftliche Überleben der Landwirte infrage steht.

Statt sich also das Ziel auf die Fahnen zu schreiben, dass Nutztiere in der landwirtschaftlichen Produktion nicht mehr krank *gemacht* werden, beschränkt sich der Bundeslandwirtschaftsminister auf Symbolpolitik. Denn die Verringerung der in Massen eingesetzten Antibiotika lässt sich deshalb so leicht als Erfolg verkaufen, weil (mangels entsprechender Forschung) niemand nachweisen kann, wie viele (oder besser: wie wenige) Medikamente in der Landwirtschaft überhaupt noch gebraucht würden, wenn die menschengemachten Lebensbedingungen der Nutztiere konsequent auf die Vermeidung von Erkrankungen ausgerichtet wären.

So wird das neue Arzneimittelgesetz kaum etwas ändern, weil es nur an den Symptomen ansetzt. Davon abgesehen, dass die eventuellen Maßnahmen nur bei Mästern angezeigt sind, die über dem bundesweiten Durchschnitt liegen und insofern

das System kaum korrigieren werden, lassen sich die verheerenden Missstände in der Tierhaltung nicht mit dem Arzneimittelgesetz beseitigen. Ein Antibiotikareduktionsprogramm macht
nur Sinn, wenn es eingebettet ist in eine klare Strategie für tiergerechte Haltungsbedingungen und eindeutige Kriterien für
Tiergesundheit. Nur Tiere aus gesundheitlich robusten Rassen,
denen artgemäßes Verhalten ermöglicht wird und die optimal
betreut werden, bleiben gesund. Noch keine Bundesregierung
hat dafür gesorgt, dass das Staatsziel Tierschutz konsequent in
jedem Stall – ob Massenhaltung oder kleiner Biohof – durchgesetzt wird. Sollte sich das Problem der resistenten Supererre-
ger in den kommenden Jahren weiter verschärfen, wird es nötig
sein, auch den Antibiotika-Einsatz in der Nutztierhaltung drastisch zu senken und konsequent auf die Verhinderung krank-
machender Zuständen in den Ställen zu setzen.

Unter dem angestrebten TTIP-Regime stehen die Chancen dafür jedoch denkbar schlecht, weil die Mitgliedsstaaten
der EU sich nicht nur untereinander auf kostenträchtige Vor-
sichtsmaßnahmen einigen müssten, sondern dann zusätzlich
auch noch mit dem mächtigen Agrarhandelspartner USA. Die
konkrete Gefahr besteht, dass in den Verhandlungen zu TTIP
die Tierarzneimittelgesetzgebung der beiden Handelspartner auf niedrigem Niveau angeglichen und damit eingefroren wird. Das bedeutet ein Beibehalten der heutigen Zustände
mit allen Folgen für Menschen und Tiere, weil man beiderseits
des Atlantiks vor allem ein gemeinsames Interesse hat: An das
eigentliche Problem, die nicht tiergerechte Haltung von Nutztieren, will man nicht ran, weil das die Kosten der Fleischpro-
duktion erhöht.

In den USA gehört die vorbeugende Verabreichung von
Antibiotika zum Geschäftsmodell der Tierhalter. Entsprechend

alarmierend sind die Zahlen über Antibiotikaresistenzen: Die staatlichen Centers for Disease Control and Prevention (CDC) schätzen, dass sich jährlich mindestens zwei Millionen Amerikaner mit den Erregern infizieren und im Jahr 2013 23 000 Menschen starben, weil die Medikamente nichts mehr ausrichten konnten. Die US-Gesundheitsbehörde FDA hat einen Leitfaden zur Reduktion von Antibiotika in der Lebensmittelherstellung veröffentlicht, aber reguliert ist die Vergabe nicht. Die Medikamente kommen weiterhin im großen Stil zum Einsatz: Siebzig bis achtzig Prozent aller in den USA verkauften Antibiotika sind für die Tiermast bestimmt. Gegen Einschränkungen oder Verbote, die den enormen Kostenvorteil im internationalen Handel angreifen, würden die US-Fleischerzeuger alle Hebel in Bewegung setzen, so wie sie auch dafür kämpfen, dass die Gabe wachstums- und leistungssteigernder Hormone zum Alltag in den Ställen gehört.

Über Hormone wie Ractopamin oder Somatotropin streiten EU und USA schon seit Jahren. In Europa sind diese Futterzugaben, die etwa bei Milchkühen die Milchleistung erhöhen oder Mastrinder und -schweine schneller wachsen lassen, verboten. In den USA dagegen ist Ractopamin gang und gäbe bei Rindern, Truthähnen und vor allem bei Schweinen, die zu sechzig bis achtzig Prozent damit gefüttert werden – trotz gesundheitlicher Risiken für Mensch und Tier. Die Tiere können hyperaktiv werden, Herzrasen bekommen und unvermittelt sterben. Humanmediziner warnen vor den Hormonen, weil sie im Verdacht stehen, krebsfördernd und erbgutschädigend zu sein, sie werden außerdem mit der Unfruchtbarkeit bei Männern und zu früh einsetzender Pubertät in Zusammenhang gebracht. Ractopamin ist deshalb nicht nur in der EU, sondern weltweit in rund 160 Ländern vorsorglich verboten. Diese Abschottung gegen ihr masthormonbehandeltes Fleisch ist den Amerikanern ein Dorn im Auge, schon in den 1990er Jahren klagten sie gegen den Hormonbann der EU vor der Welthandelsorganisation. Die WTO gab ihnen recht und erlaubte im Gegenzug Strafzölle auf europäische Lebensmittelimporte. Erst 2009 erzielten die Streitparteien einen Kompromiss: Die Europäer blieben bei ihrem Hormonfleischverbot, erhöhten dafür jedoch die Quote für die zollfreie Einfuhr von nicht hormonbehandeltem Rindfleisch aus den USA.

Der ökonomische Vorteil der Hormone bleibt jedoch verlockend, immerhin kann man mit ihnen einen 700-Kilo-Bullen fast doppelt so schnell mästen wie ein Konkurrent, der sie nicht einsetzen darf. TTIP ist für die amerikanischen Fleischproduzentenverbände deshalb eine willkommene Gelegenheit, erneut Druck gegen die europäischen Hormonzweifler aufzubauen. Zum Auftakt der TTIP-Verhandlungen ließen sie einmal mehr verlauten, die Sorgen der Europäer seien »wissenschaftlich nicht gerechtfertigt« und deshalb ein Handelshemmnis.

Es sind Auseinandersetzungen wie die um den Einsatz von Hormonen, die die europäische Agrarlobby nutzt, um das idealisierte Bild einer vornehmlich noch kleinbäuerlichen, umweltbewussteren und Kulturlandschaften erhaltenden Landwirtschaft in Europa zu malen, die einer hoch industrialisierten, gigantischen US-Agrarindustrie ausgeliefert sei. TTIP werde dafür sorgen, dass die industrialisierten US-Verhältnisse auch in Europa Einzug halten. Dieses interessengeleitete Bild, mit dem teilweise auch hiesige TTIP-Kritiker hantieren, ist falsch. In den USA sind Auswüchse der Intensivlandwirtschaft wie die Wasserverschmutzung durch exzessiven Gülleeintrag aufgrund ihrer schieren Dimension zwar dramatischer als in Europa. Aber letztlich handelt es sich um graduelle Unterschiede. Das Ziel der Agrarindustrie diesseits und jenseits des Atlantiks ist es, ihre Marktanteile zu erhöhen, aber an den skandalösen Herstellungsmethoden und den gewaltigen damit verbundenen Schäden nichts zu ändern.

Bleibt festzuhalten: Wie auch im Lebensmittelsektor haben die Vertragspartner in der Landwirtschaft kein Interesse, an den niedrigen Standards ernsthaft zu rütteln. Deshalb ist es realistisch, anzunehmen, dass diese niedrigen Standards unter TTIP und CETA fortgeschrieben werden. So wird man sich im Zuge der Verhandlungen wohl auf höhere Exporte nicht hormonbelasteten Fleischs aus den USA nach Europa und auf gesteigerte Exporte von Milchprodukten in die USA einigen (und hat das im CETA-Vertrag mit Kanada schon getan), wogegen nichts einzuwenden ist. Ansonsten wird alles beim Alten bleiben. Es ist auch nicht bekannt, dass die Vertreter der Agrarindustrie über den Abbau der Milliardensubventionen verhandeln, die sowohl in den USA als auch in der EU die Steuerzahler aufbringen müssen. Besser lässt sich nicht demonstrieren, wie wenig es um den Vorteil von Bürgern, Verbrauchern und Steuerzahlern bei TTIP und CETA geht. Sind bisher schon alle Versuche gescheitert, die Intensivlandwirtschaft verursachergerecht und verbraucherfreundlich zu organisieren und der steuerlich subventionierten Naturzerstörung ein Ende zu bereiten, wird dieses Ziel mit TTIP und CETA in noch weitere Ferne rücken.

Freihandelsvieh

In Artikel 13 des Vertrages über die Arbeitsweise der EU (AEUV) heißt es: »Bei der Festlegung und Durchführung der Politik der Union in den Bereichen Landwirtschaft, Fischerei … tragen die Union und die Mitgliedsstaaten den Erfordernissen des Wohlergehens der Tiere als fühlende Wesen in vollem Umfang Rechnung …« Vergleichbar mit dem Vorsorgeprinzip hat diese Vorgabe in der EU damit Verfassungsrang, der auch durch ein völkerrechtlich verbindliches Abkommen wie TTIP nicht zur Disposition gestellt werden kann. Es braucht keine große Expertise, um festzustellen: Weder in den USA noch in der EU werden Nutztiere als »fühlende Wesen« behandelt, deren »Wohlergehen« von Bauern beachtet und dem im Zweifel von Behörden konsequent »Rechnung getragen« wird.

Selbstredend gibt es Unterschiede in der Tierhaltung: In den USA sind Kälberboxen ebenso legal wie konventionelle Legebatterien und die Kastenhaltung von Sauen – Tierhaltungsformen, die in der EU verboten sind. Wie die US-Online-Zeitung *World Trade* Mitte 2014 auf der Grundlage geleakter Papiere und von Insiderinformationen berichtete, verwahrte sich das US-Landwirtschaftsministerium gegen Ideen aus der EU, auch bei den Standards für den Umgang mit Tieren eine möglichst weitgehende Annäherung anzustreben; dies sei für die Agrarindustrie »inakzeptabel«.

Und doch ist ein anklagender Fingerzeig über den großen Teich hinweg völlig unangebracht. Auch wenn ein Handelsabkommen mit den USA den Spielraum für bessere Standards zusätzlich verengen wird, stemmen sich die EU und ihre Mitgliedsstaaten selbst seit Jahren gegen dringend benötigte Reformen in der Nutztierhaltung. Wirtschaftliche Interessen werden hier wie dort über die Interessen der Tiere gestellt. Der Skandal bleibt: Die Bedürfnisse von Nutztieren werden missachtet; es ist geduldete Norm, dass sie innerhalb des Produktionssystems krank gemacht werden, und ebenso geduldet ist es, die Produkte dieser krank gemachten Tiere an Verbraucher in Europa und in den USA zu verkaufen. Nutztiere sind auf dem alten wie auf dem neuen Kontinent nicht mehr als Material, das mit möglichst geringem finanziellen Aufwand möglichst viel Ertrag bringen soll.

Wie werden zum Beispiel Zuchtsauen gehalten in Deutschland, das Europas größter Schweinefleischerzeuger ist und weltweit die Nummer drei nach China und den USA mit einem Produktionswert (2013) von 7,5 Milliarden Euro? Folgt man den offiziellen Verlautbarungen, könnte man glauben, alles sei bestens. »Das Staatsziel Tierschutz, das seit nunmehr zehn Jahren im Grundgesetz verankert ist, dient uns als verfassungspolitische Leitlinie. Für die Bundesregierung stehen die Tiergesundheit und das Wohlbefinden der Tiere in Verbindung mit höchsten Produktions- und Produktstandards und damit die Sicherheit für Mensch und Tier im Vordergrund«, schreibt das Bundeslandwirtschaftsministerium. »Nach den tierschutzrechtlichen Vorschriften darf niemand einem Tier ohne vernünftigen Grund Schmerzen, Leiden oder Schäden zufügen. Das Wohlergehen von Tieren und deren Haltung gilt es stets zu schützen und zu verbessern. Sinn und Zweck dieser Regelungen ist insbesondere, sicherzustellen, dass es Nutztieren möglich ist, ein nahezu natürliches der jeweiligen Tierart entsprechendes Verhalten auszuüben.«

Bis ins Jahr 2001 war es legal, Zuchtsauen ihr ganzes Leben lang abwechselnd in Kastenständen und Abferkelbuchten, das heißt in Konstruktionen zu halten, die den Bewegungsspielraum der Sauen auf Aufstehen, Hinlegen und Futteraufnahme beschränken. Dann beschloss die EU per neuer Schweinehaltungsverordnung, dass die Tiere wenigstens während der 115 Tage dauernden Trächtigkeit in Gruppen leben sollen. Sie gab den Tierhaltern für die Umstellung immerhin Zeit bis 2013. Dennoch musste sie nach der zwölfjährigen Übergangsfrist Anfang 2013 feststellen, dass 17 Mitgliedsstaaten, darunter Deutschland, die Vorschriften immer noch nicht oder nicht vollständig umgesetzt hatten, und kündigte Vertragsverletzungsverfahren an. Anfang 2014 ermahnte die Kommission schließlich die Nach-Nachzügler Belgien, Zypern, Griechenland, Frankreich, Slowenien und Finnland zur Einhaltung der Anforderungen, andernfalls könnten Klagen vor dem Gerichtshof der Europäischen Union erhoben werden.

Als vor fast zehn Jahren im österreichischen Nationalrat das Tierschutzgesetz beschlossen wurde, bestand parteiübergreifend Konsens, dass damit ein Meilenstein gesetzt worden sei. Ausdrücklich verboten ist es nach dem Gesetz, ein Tier einer Bewegungseinschränkung auszusetzen, die ihm Schmerzen, Leiden, Schäden oder schwere Angst zufügt. Die Tierhalter sollen auch dafür sorgen, dass Klima, Licht, Temperatur und die Möglichkeit zu Sozialkontakten der Tierart angemessen sein müssen. »Im Lichte dieser Gesetzeslage kann leicht der Eindruck entstehen, dass Österreich geradezu ein Tierparadies, jedenfalls ein Musterland des Tierschutzes geworden ist«, schreibt Martin Hensel von der österreichischen Volksanwaltschaft, die die öffentliche Verwaltung kontrolliert. Als er die Realität in den Ställen studierte, stellte er jedoch fest, dass österreichische Tierhalter gerade einmal die Minimalanforderungen der EU erfüllen. Und mit dem eigenen Tierschutzgesetz war die bis zu elf Wochen dauernde Haltung im Kastenstand überhaupt nicht vereinbar, weshalb Hensel juristisch dagegen vorging. Mit den Gutachten mehrerer Tierärzte erkämpfte er eine neue Rechtslage. Nach langwierigen Verhandlungen des Gesundheits- und des Landwirtschaftsministeriums gilt nun

eine angepasste Tierhaltungsverordnung – sie räumt den aller-
meisten Tierhaltern eine Übergangsfrist bis 2033 (!) ein, um
die Kastenstände abzuschaffen. Martin Hensel: »Bis dahin lautet die unrühmliche Devise: Tierschutz in der Verfassung ja, in
der Praxis aber bitte warten.«

Das klingt vertraut. In Deutschland wurde 2013 der Aus-
stieg aus der betäubungslosen Ferkelkastration eingeleitet –
mit einer Übergangszeit bis 2019. »Mittelfristig« solle auch auf
alle sogenannten nichtkurativen Eingriffe wie das Schwänze-
kupieren bei Ferkeln und das Schnabelkürzen bei Geflügel
»weitestgehend« verzichtet werden, teilt das Landwirtschafts-
ministerium in aller Vagheit und Unverbindlichkeit mit. Die
Kostenschraube zu Lasten der Tiere – sie übt schon jetzt in
jedem Winkel der deutschen und europäischen Agrarwirtschaft erbarmungslosen Druck aus. Mit TTIP wird sie noch
fester angezogen, und nur Naive glauben, es sei noch irgendetwas zu verbessern, wenn sich die Landwirtschaften der beiden
Agrarmächte USA und EU in eine Freihandels- und »Werte-
partnerschaft« begeben, die den Preiswettbewerb zur Maxime
erklärt.

Dem deutschen Tierschutzgesetz zum Trotz ist es »normal«, dass jedes Jahr rund fünfzig Millionen männliche Küken
direkt nach dem Schlüpfen vergast oder geschreddert werden.
Sie stellen schlichtweg keinen ökonomischen Wert dar. Lautet nicht Paragraf 1 des Deutschen Tierschutzgesetzes: »Niemand darf einem Tier ohne vernünftigen Grund Schmerzen,
Leiden oder Schäden zufügen«? Den weiblichen Küken wird
in allen konventionellen Haltungsformen in den ersten Tagen
nach dem Schlupf ihr wichtigstes Werkzeug und empfind-
lichstes Organ, der Schnabel, ohne Betäubung durch Infrarot-
bestrahlung oder Verbrennung amputiert oder verstümmelt,

so soll der Betrieb »optimiert« werden; ohne diese Behandlung würden sich die Hochleistungsrassen haltungsbedingt kannibalisieren.

Selbst Ökobetriebe bringen, den Marktgesetzen folgend, bis zu 40 000 Hochleistungslegehennen in einem Stall unter. Die von der ökologischen Landwirtschaft so heftig kritisierte »Massentierhaltung« hat längst von ihr selbst Besitz ergriffen. Ökoverordnung, Tierschutzgesetz, Nutztierhaltungsverordnungen – sie alle ändern nichts daran, dass Tiere nicht die Wirtschaftsinteressen zu stören haben – diese Wertigkeit transportiert auch das TTIP-Mandat. Während es »das höchstmögliche Maß an Rechtsschutz und -sicherheit für europäische Investoren in den USA« anstrebt, findet sich dort über den Tierschutz nur der ambitionslose Satz: »Das Abkommen sollte auch darauf abzielen, Mechanismen für die Zusammenarbeit zwischen den Vertragsparteien, mit denen unter anderem Gleichwertigkeit im Bereich des Tierschutzes erörtert wird, einzuführen.«

Derweil startet der deutsche Landwirtschaftsminister eine hilflose »Tierwohl-Initiative«, die bei der Umsetzung höherer Tierschutzstandards auf »verbindliche Freiwilligkeit« der Wirtschaft setzt. Die furchtbare Realität in den Ställen wird das nicht verbessern.

Gerade bei der Nutztierhaltung hätte die EU die Chance, aber auch die Verpflichtung, voranzugehen und endlich die Realität den verfassungsrechtlichen Vorgaben auf EU-Ebene und dem Geist der nationalen Tierschutzgesetze anzupassen. Doch es ist wie bei der übrigen landwirtschaftlichen Produktion: Ein besserer Tierschutz verteuert die Produktion auf dem gewinnträchtigen Fleischmarkt. Nutztiere als fühlende Wesen zu behandeln, ist ein Handelshemmnis. Die Agrarlobbys beiderseits des Atlantiks aber wollen Handelshemmnisse beseitigen und nicht errichten. Die Ansätze in Europa für eine tiergerechte Nutztierhaltung, mögen sie noch so ungenügend sein, würden durch TTIP erstickt. Ethisch vertretbare, dem europäischen Verfassungsanspruch genügende Zustände wird es in Europas Ställen nicht geben. Dafür wird TTIP sorgen.

9

Der Sog nach unten:
Die neue Arbeitswelt

An einem heißen Tag im Sommer 2012 steht der stellvertretende Aufsichtsratsvorsitzende der Deutschen Telekom AG Lothar Schröder in Wichita, Kansas, am Woodlawn Boulevard vor einem Firmengebäude von T-Mobile USA, einem Tochterunternehmen der Deutschen Telekom AG. Lothar Schröder, Vorstandsmitglied der deutschen Dienstleistungsgewerkschaft ver.di, hat zwei Anliegen: Er will vor dem Firmeneingang Gewerkschaftsflugblätter an Mitarbeiter von T-Mobile USA verteilen und – wie er es immer tut bei solchen Aktionen – das Management vorab darüber informieren; sein zweites Anliegen ist, dass er dringend zur Toilette muss. Schröder bekommt nur Sicherheitspersonal ans Telefon, die Männer an der Pforte bedeuten ihm, dass keiner der Verantwortlichen von T-Mobile USA mit ihm sprechen wolle. Damit wird auch nichts aus dem Gang zur Toilette im Firmengebäude, und so muss sich der stellvertretende Aufsichtsratsvorsitzende der Deutschen Telekom AG in einem nahe gelegenen Gebüsch erleichtern.

Die Reise Lothar Schröders im Sommer 2012 in die Mitte der USA ist nur eine Episode in einem seit Jahren währenden Kampf der amerikanischen Communications Workers of America (CWA) und ihrer deutschen Partnergewerkschaft ver.di um bessere Arbeitsbedingungen und ungehinderte gewerkschaftliche Betätigung der Beschäftigten bei T-Mobile USA. Lothar Schröder ist ein langgedienter Gewerkschafter. »Ich hab' viel erlebt«, sagt der gelernte Fernmeldehandwerker, »aber so etwas Unanständiges, Menschenunwürdiges im Umgang mit Personal war noch nicht dabei.« Auch nach Jahren der Auseinandersetzung mit T-Mobile USA und ihrer deutschen Mutter Telekom ist Schröder immer noch fassungslos: Was bringt ein deutsches Dax-Unternehmen, das zu knapp einem Drittel der Bundesrepublik Deutschland gehört, dazu, Mitarbeiter in Tochterunternehmen und Beteiligungsgesellschaften so zu behandeln? (Das ehemalige Tochterunternehmen ist inzwischen eine Aktiengesellschaft, an der die Telekom 67 Prozent hält.)

In den vergangenen Jahren haben CWA und ver.di Dutzende von Fällen aus allen Teilen der USA zusammengetragen, aus Callcentern, Handy-Läden, Technikerteams: Mitarbeiter mussten Eselskappen tragen und in einer Ecke sitzen als Zeichen dafür, dass sie ihre Zielvorgaben nicht erfüllt hatten; Vorgesetzte schrien Mitarbeiter an, rüttelten an ihren Stühlen, sie sollten »schneller arbeiten«; die Zahl der Toilettenbesuche von Mitarbeitern wurde gezählt, einer Schwangeren der Gang dorthin verweigert; bei Nichterfüllung der Vorgaben wurden Mitarbeiter wie ein Schulkind zur Besinnung nach Hause geschickt: Sie mussten aufschreiben, was sie falsch gemacht hatten, wie sie es in Zukunft besser machen wollten und warum sie den Job immer noch verdienten. »Das fehlende Anbieten eines Produkts gegenüber einem Kunden, der mit seiner Rechnung bereits im Rückstand war, kann zur Entlassung führen, ebenso die zu wenig gezeigte Reue über einen ›Fehler‹ oder einige Minuten Verspätung«, erzählt Lothar Schröder; es herrsche ein Klima der Angst und Einschüchterung, es gelte das Prinzip der Unterordnung anstelle von Partizipation. »Disziplinarische Maßnahmen, die in Deutschland unvorstellbar sind, gehören zum Alltag bei T-Mobile USA. Die Schikanierung von Mitarbeitern ist systematisch und landesweit. Zahlreiche Verfahren bei der Arbeitsbehörde zeigen: Seit mehr als zehn Jahren nimmt es T-Mobile selbst mit dem unzureichenden US-Arbeitsrecht nicht so genau.«

Man kann sich vorstellen, warum T-Mobile USA angesichts solcher Arbeitsbedingungen keine kritischen Zuschauer brauchen kann und deshalb alles unternimmt, gewerkschaftsfrei zu bleiben. CWA und ver.di haben Dutzende von Fällen dokumentiert, in denen Mitarbeiter zu langen Einzelgesprächen zitiert wurden (auch schon in Kellerräumen), sobald sie mit ihren Kollegen über Gewerkschaften sprachen oder Flyer austauschten; aus der Zentrale an der Westküste flogen dann umgehend Manager ein und erklärten in verpflichtenden Mitarbeiterversammlungen, warum Arbeitnehmervertretungen unnötig und schädlich sind. Wachpersonal an den Standorten nahm Mitarbeitern Flugblätter ab, notierte ihre Autokennzeichen, wenn sie auf dem Parkplatz vor der Firma anhielten, um mit Gewerkschaftern zu sprechen, oder auch nur Flugblätter durchs Autofenster entgegennahmen. Beschäftigte wurden gedrängt, den Vorgesetzten Kollegen zu melden, die mit der Gewerkschaft liebäugeln; wer offen über die Unions spricht, muss mit gestrichenen Prämien, Rügen, Überwachung von Gesprächen, Einschüchterungen oder Disziplinarverfahren wegen »fragwürdiger Loyalität« rechnen. Manager scannten Facebook-Seiten, um gewerkschaftliche Aktivitäten von Mitarbeitern frühzeitig zu entdecken. Zur Abwehr der Unions, berichtet Lothar Schröder, beauftrage T-Mobile auch Anwaltskanzleien, die auf das Einschüchtern gewerkschaftsfreundlicher Beschäftigter spezialisiert sind. »Bei den in den USA üblichen Beschäftigungsverhältnissen ›at will‹, die die beiderseitige Beendigung ohne Angabe von Gründen erlaubt, kann man jemanden rauswerfen, weil einem die Farbe der Turnschuhe nicht passt«, sagt Schröder und fragt: »Wie weist man dann nach, dass jemand gekündigt wurde, weil er Gewerkschaftsmitglied ist?«

Immer wieder reicht die US-Gewerkschaft Klagen wegen unlauterer Beschäftigungspraktiken vor der amerikanischen Regierungsbehörde für Arbeitsrechtsfragen (National Labor Relations Board, NLRB) ein; es geht dabei um das Recht der Mitarbeiter, über ihre Beschäftigungsbedingungen zu sprechen, um die Überwachung gewerkschaftlicher Aktivitäten und Eingriffe in das Recht der Vereinigungsfreiheit. Die Beschwerden führen häufig zu einer »Beilegung« des Streits, weil das Unternehmen Abfindungen an gekündigte Mitarbeiter zahlt oder zusagt, die angeprangerte Praxis zu beenden. »So gibt es nie ein Urteil der Behörde gegen T-Mobile. Aber das Unternehmen hält sich oft nicht an diese Zusagen und begeht dieselben Verstöße dann an anderen Standorten wieder«, sagt Schröder. 2014 hat sich die Arbeitsbehörde entschlossen, mit einer nationalen Sammelbeschwerde gegen T-Mobile USA vorzugehen, was im Frühjahr 2015 in elf von 13 Anklagepunkten zu einem Schuldspruch führte.

T-Mobile USA ist sehr »erfolgreich« in seinem Kampf gegen Arbeitnehmer, die sich organisieren wollen: Das Unternehmen beschäftigt mehr als 40 000 Mitarbeiter, aber nur an zwei Standorten in den USA sind die Gewerkschaften nach Wahlen als Vertreter von etwa zwei Dutzend Mitarbeitern anerkannt, also ein Anteil von weit unter einem Prozent. Das ist selbst für US-Verhältnisse, wo immerhin noch rund elf Prozent der

Beschäftigten einer Gewerkschaft angehören, verschwindend gering; beim T-Mobile-Konkurrenten AT & T beispielsweise gehören mehr als die Hälfte der 240 000 Mitarbeiter einer Gewerkschaft an, in Deutschland vertritt ver.di in vielen Telekom-Betrieben etwa zwei Drittel der Beschäftigten.

In der ARD-Talkshow Anne Will zum Thema TTIP hat der Deutsch-Amerikaner Martin Richenhagen, der in der Nähe von Atlanta den Landmaschinenkonzern AGCO führt, einen interessanten Vorschlag gemacht: Der TTIP-Befürworter meinte, Standardisierungen im Rahmen von TTIP müsse man »grundsätzlich so handhaben, dass die jeweils verbraucherfreundliche Regelung zwischen den USA und Europa übernommen wird«. In seinem Geschäft mit Landmaschinen beispielsweise gebe es unterschiedliche Abgasregelungen, da wäre es doch »ganz normal, dass die schärfere Abgasregelung die ist, die zum Standard wird für TTIP«. Das wäre ein brauchbarer Ansatz für sämtliche Bereiche, über die beim Freihandelsabkommen gesprochen wird: einen Anreiz für Unternehmen zu schaffen, der sie konkurrieren lässt um die jeweils besten Standards für Mitarbeiter und Lebensmittel, für die Umwelt und das Klima.

Doch das Beispiel T-Mobile USA zeigt, wie bereitwillig, ja begierig Unternehmen niedrigere Standards anwenden, sobald sich die Gelegenheit dazu bietet. Dann spielt offenbar keine Rolle mehr, ob man – wie die Deutsche Telekom – ein Unternehmen mit Weltruf ist, dazu ein ehemaliges deutsches Staatsunternehmen und Flaggschiff der deutschen Wirtschaft (das immer noch zu 31,7 Prozent der Bundesrepublik Deutschland gehört), das sich seiner »gesellschaftlichen Verantwortung« rühmt, das in vielen Ländern Tarifverträge mit Gewerkschaften aushandelt und Betriebsräte kennt, das eine Sozialcharta verabschiedet hat und in dessen Aufsichtsrat ein deutscher Finanzstaatssekretär und ein Vertreter der staatlichen Förderbank KfW sitzen – neben zehn Vertretern der Belegschaft und der Gewerkschaft wie Lothar Schröder.

Die Möglichkeit, sich in den USA diametral dazu verhalten zu können, ist offenbar so verlockend, der Sog nach unten so unwiderstehlich, dass selbst ein deutsches Vorzeigeunternehmen wie die Telekom dafür lieber eine jahrelange Auseinandersetzung mit Gewerkschaften und schlechte Presse in Kauf nimmt. Und es sind nicht nur Arbeitnehmer, Gewerkschaften und Medien, die die Zustände bei T-Mobile USA kritisieren: US-Senatoren, Kongressabgeordnete und ehemalige US-Arbeitsminister haben sich an T-Mobile USA gewandt, manche demonstrierten sogar vor den Werkstoren; 2012 veröffentlichten mehrere Dutzend Bundestagsabgeordnete, ehemalige Bundesminister und Bundesrichter in der *New York Times* einen offenen Brief, den damals auch der SPD-Vorsitzende Sigmar Gabriel unterzeichnet hat. Selbst das US-Außenministerium bemühte sich bereits um eine Vermittlung. Der jüngste Versuch, die Deutsche Telekom zu einer anderen Arbeitnehmerpolitik in den USA zu bewegen, war eine von ver.di im August 2015 eingebrachte Petition an den Deutschen Bundestag, die fast 45 000 Menschen unterzeichneten. Darin wird die Bundesregierung als größter Anteilseigner der Deutschen Telekom aufgefordert, dafür zu sorgen, dass Arbeitnehmerrechte und internationale Arbeitsstandards auch bei ausländischen Tochterunternehmen und Beteiligungsgesellschaften wie T-Mobile USA eingehalten werden.

Es ist bei TTIP viel von der Harmonisierung und Angleichung von Standards die Rede, das schaffe Wachstum und Jobs. Aber man hat von deutschen Wirtschaftsvertretern noch kein

Wort dazu gehört, dass mit TTIP auch die Chance verbunden sein könnte, Arbeitsstandards anzugleichen. Im Gegenteil, plötzlich verstecken sich Unternehmen wie die Telekom hinter formelhaften Erklärungen, man müsse »nationale Besonderheiten berücksichtigen«: »Zum Teil bestehen deutliche Unterschiede hinsichtlich Wertevorstellungen, Kultur, Arbeits- und Geschäftswelt ... Die Deutsche Telekom muss durch ihre weltweite Präsenz ... den jeweiligen nationalen Gesetzen Rechnung tragen. Nationale Gesetze begründen Arbeitsstandards aus zum Teil deutlichen kulturellen und historischen Prägungen, sie können nicht überall einheitlich sein.« Man fragt sich, wie tief hinunter die Telekom bereit wäre zu gehen: Was, wenn in einem der rund fünfzig Länder, in denen das Unternehmen operiert, Kinderarbeit legal wäre?

In den USA jedenfalls nutzt der deutsche Konzern diese »deutlichen Unterschiede hinsichtlich Wertevorstellungen, Kultur, Arbeits- und Geschäftswelt«, um seine Landesgesellschaft mit allen Mitteln gewerkschaftsfrei zu halten, und toleriert miserable Arbeitsbedingungen. 2011 hat das Unternehmen eine Konzernrichtlinie verfasst, die die Beziehung von Mitarbeitern und Unternehmen regelt; Ziel der Richtlinie sei es, »einen verbindlichen Rahmen zu schaffen, so dass die Landesgesellschaften in ihrem jeweiligen nationalen Kontext agieren können und die Arbeitsbeziehungen konzernweit möglichst produktiv ausgestaltet werden«. Genau darum scheint es der Telekom vor allem zu gehen: um das Ausnutzen nationaler Gesetze zum Vorteil des Unternehmens und im Zweifel zum Nachteil der Beschäftigten, egal, wie sehr diese »nationalen Gesetze« der sonstigen Praxis des Konzerns zuwiderlaufen.

Das European Services Forum (ESF), ein Dienstleisternetzwerk, dem neben der Deutschen Telekom auch Konzerne wie Siemens, DHL, IBM, Microsoft, Deutsche Bank und viele andere Finanzdienstleister angehören, setzt sich stark für TTIP und die »Liberalisierung des internationalen Handels« ein und warnt, ein Freihandelsabkommen »ohne starke regulatorische Kooperation bei Dienstleistungen würde nicht viel Sinn machen in unseren modernen Volkswirtschaften«. Einheitliche Standards von Telefonbuchsen bis zur Netzspannung dank TTIP – das nähme man gerne. Bei einheitlichen Standards für den Umgang mit Arbeitnehmern aber duckt man sich wohl – wie die Telekom AG – hinter »nationalen Gesetzen« und »kulturellen Prägungen« weg. Auch unter TTIP-Bedingungen würde der Vorstand der Deutschen Telekom weiter unbekümmert in den zwei Welten der gemeinsamen »Freihandelszone EU-USA« agieren: Während man morgens in einer Aufsichtsratssitzung in Bonn den Gewerkschaftern und Betriebsräten auf kritische Fragen antwortet und dabei vielleicht noch den Teller mit dem Süßgebäck auf die andere Tischseite schiebt, besucht man nach einem Achtstundenflug gen Westen am selben Tag einen Telekom-Standort in den USA, in dem man solchen Arbeitnehmervertretern nicht mal die Tür und die Toilette öffnet. Die zu Hause gern behauptete »Mitbestimmungs- und Dialogkultur« verflüchtigt sich im Lauf eines Transatlantikflugs nach dem Motto: ein Markt, zwei Arbeitswelten.

Über diese zwei Arbeitswelten ist der Bundesvereinigung Logistik (BVL) ein entlarvendes Statement herausgerutscht, das in jeder Pressestelle eines deutschen Automobilherstellers oder eines Industrieverbands sofort abgefangen worden wäre. Die Bundesvereinigung Logistik ist ein offenes Netzwerk für mehr als 10 000 Fach- und Führungskräfte aus allen Branchen, die »für ein effizientes Miteinander in der globalisierten Wirtschaft eintreten«. Sie arbeiten für Lufthansa und BASF, für die Deutsche Post und ThyssenKrupp, für die Deutsche Bahn und die DZ Bank; zu ihren »Partnern« zählen der Bundesverband der Deutschen Industrie und die deutschen Maschinen- und Anlagenbauer. Über die »Chancen und Herausforderungen für deutsche Unternehmen in den USA« schrieb die Pressestelle der Logistik-Vereinigung: »In den Staaten im Südosten der USA … hat vor allem die logistikintensive Automobilindustrie für neue, gut ausgebaute Verkehrswege gesorgt. Hinzu kommen die Nähe zu großen Seehäfen, ein niedriger gewerkschaftlicher Organisationsgrad und eine gute Hochschulland-schaft. Daimler, Volkswagen und BMW zum Beispiel haben dort ihre wichtigsten Produktionsstandorte auf- und ausgebaut.« Schwache Gewerkschaften als Standortvorteil neben guten Hochschulen und einem ordentlichen Straßennetz – das macht für deutsche Investoren ganz offensichtlich den Reiz des Südostens der USA aus.

Ähnlich ließ sich Germany Trade & Invest, die Gesellschaft der Bundesrepublik Deutschland für Außenwirtschaft und Standortmarketing, über diesen Teil der USA aus: Der Südosten sei für die deutsche und ausländische Kfz-Branche sehr »attraktiv« wegen der Investitionsanreize (wie Steuervorteile oder günstige Grundstücke), »darüber hinaus locken die verglichen mit anderen Landesteilen noch recht moderaten Lohnkosten«. Vorteilhaft sei außerdem »die gute Erreichbarkeit des NAFTA-Partnerlandes Mexiko, das zusätzliche Optionen zur Auslagerung besonders arbeitskostenintensiver Prozesse bietet«. Klarer kann man es nicht formulieren: Mit Hilfe von TTIP würde die Freihandelszone EU-USA bis ins Billiglohnland Mexiko ausgeweitet, mit dem die USA schon vor mehr als zwanzig Jahren das Freihandelsabkommen NAFTA aushandelten und von dem aus die Waren zollfrei in die USA gelangen.

In ihrem Argumentationspapier pro TTIP schreibt die CDU: »Das Freihandelsabkommen mit den USA bietet Europa die Chance, weltweit Standards mitzuprägen ... Es geht dabei bis hin zu der Frage, wie viel Mitbestimmungsrecht Arbeitnehmer haben ... Nur mit einem solchen Abkommen können wir auch langfristig ermöglichen, dass europäische Standards nicht ausgehöhlt werden.« Die Partei übersieht ganz offensichtlich, dass es gesetzlich garantierte Mitbestimmungsrechte wie in Deutschland in den USA so gut wie gar nicht gibt. In Wahrheit ist es deshalb genau umgekehrt: TTIP würde die Fiktion nähren, die USA und Europa hätten bereits vergleichbare Arbeitsstandards; tatsächlich setzt TTIP europäische Unternehmen, die sich in der Heimat eine Mitbestimmungs- und Dialogkultur »leisten«, unter verstärkten Vergleichsdruck mit Firmen, die sich das noch nie »geleistet« haben, ob in den USA oder in Mexiko. TTIP verhindert also nicht nur *nicht*, dass Arbeitsstandards gesenkt werden, das Abkommen macht den Sog nach unten in einem gemeinsamen Markt sogar noch stärker.

Der deutsche Hersteller Volkswagen, zu dessen »wesentlichen Erfolgsfaktoren« auch der ehemalige VW-Chef Martin Winterkorn die »Mitbestimmungskultur« zählte, hat Anfang 2014 erneut die tiefe Kluft zwischen den Arbeitswelten in Europa und den USA erfahren. Beim Versuch, im VW-Werk in Chattanooga im US-Bundesstaat Tennessee einen Betriebsrat zu gründen, was dort nur über eine Gewerkschaft möglich ist, erlebte die amerikanische Autogewerkschaft UAW eine bittere Niederlage. In Probeabstimmungen hatte die Belegschaft zuvor mehrheitlich für einen Betriebsrat votiert, doch dann meldeten sich US-Politiker drohend zu Wort: Ein Sena-

tor behauptete kurz vor der Wahl, der Zuschlag für die Produktion einer neuen Modellreihe in Chattanooga sei gefährdet,
wenn die Arbeiter für die Gewerkschaft stimmten – was das
VW-Management dementierte. »Niemand von uns war auch
nur annähernd darauf vorbereitet, dass höchste Repräsen-
tanten geradeheraus lügen würden, nur um die Gewerkschaften draußen zu halten«, sagt Horst Mund, Leiter des Bereichs
Internationales bei der IG Metall, die die Wahl unterstützte.
Doch die Lüge verfing, die Abstimmung ging mit 86 Stimmen
knapp verloren, der Standort bleibt damit unter rund hundert
VW-Standorten weltweit der einzige große ohne eine Arbeit-
nehmervertretung.

Gewerkschaftsfrei ist auch die Daimler AG seit fast zwanzig
Jahren in ihrem Werk in Tuscaloosa, Alabama. Bisher hat der
schwäbische Konzern alle Versuche vereitelt, dass seine Mitarbeiter einen Betriebsrat wählen. Das Unternehmen geht dabei
nur etwas geräuschloser vor als T-Mobile USA, aber mit vergleichbaren Mitteln der Einschüchterung: Mitte 2014 urteilte
die US-Bundesbehörde für Arbeitsrechtsfragen (NLRB), Mercedes-Benz habe Arbeitnehmerrechte verletzt, als es Mitarbeitern verbot, in der Mittagspause in der Kantine Gewerkschafts-
material auszutauschen. Ein betroffener Mitarbeiter ärgerte
sich zu Recht: »Schließlich dürfen wir im Pausenraum auch
über Religion, Football und alles Mögliche reden. Man wollte
uns einschüchtern, damit wir uns nicht zusammenschließen.«
Die Daimler AG hat einen einflussreichen Konzern-, einen
Europa-, sogar einen Weltbetriebsrat, aber in Tuscaloosa, Alabama, stemmt sie sich seit bald zwei Jahrzehnten gegen einen
kleinen Werksbetriebsrat – einfach, weil es hier möglich ist,
weil es die Tradition und die Gesetze im Südosten der USA
hergeben. Selbst im indischen Daimler-Werk ist inzwischen

eine Interessenvertretung für die Arbeitnehmer auf den Weg gebracht, die Fabrik in Alabama ist die einzige ohne Betriebsrat in der Welt des stolzen Global Player Daimler.

Führende Firmen aus Europa und Deutschland würden sich in den USA »oft Dinge erlauben, über die sie zu Hause nicht einmal nachdenken«, giftete die *Los Angeles Times* schon vor einigen Jahren. In den Augen von BMW, Daimler, Siemens oder Ikea seien die USA dank des billigen Südens »das neue China« geworden, die ausländischen Investoren seien die neuen »Slumlords« Amerikas. Im Süden der USA arbeiten immerhin rund 100 000 Beschäftigte allein bei deutschen Metallunternehmen, darunter Autokonzerne wie VW, BMW und Daimler, ebenso ihre nachgereisten Zulieferer. Zusammen haben sie Milliarden von Dollar investiert und wollen es dort – oder im nahen Mexiko – weiterhin tun. Zu ihrem »business model« gehören – neben den Subventionen – geringere Löhne, schlechtere Arbeitsbedingungen und die Abwesenheit von Gewerkschaften. In etwa der Hälfte der US-Bundesstaaten, vornehmlich jenen im Süden, helfen ihnen dabei sogenannte »Right-to-work«-Gesetze. Sie garantieren nicht etwa ein »Recht auf Arbeit«, sondern greifen massiv ins Streikrecht und in die Finanzierungsmöglichkeiten der Gewerkschaften ein.

Durch TTIP befürchten amerikanische Gewerkschafter nun einen weiteren Schritt hin zu noch schlechteren Arbeitsbedingungen, und zwar durch das Klagerecht für ausländische Investoren, wie es TTIP vorsieht: Viele europäische Einzelhandelsunternehmen haben in den vergangenen Jahren Läden in den USA eröffnet, in denen sie ihren Beschäftigten den in allen US-Bundesstaaten gültigen Mindeststundenlohn von 7,25 Dollar zahlen (für Arbeitnehmer in Firmen, die Aufträge von Bundesbehörden ausführen, gelten seit 2015 10,10 Dollar). Doch gleichzeitig haben in jüngster Vergangenheit zahlreiche Bundesstaaten, Städte und Landkreise ihren eigenen Mindestlohn (»living wage«) auf Beträge von acht bis zu fünfzehn Dollar pro Stunde erhöht, also auf einen Wert, der deutlich über dem bundesweit gültigen liegt. Auf der Grundlage einer Investitionsschutzklausel in TTIP, das ein völkerrechtlicher Vertrag ist und deshalb über den bundesstaatlichen oder lokalen Regelungen steht, könnten nun europäische Einzelhandelsfirmen – anders als ihre amerikanischen Konkurrenten – gegen die höheren Mindestlöhne klagen, wenn diese ihre erwarteten Gewinne schmälern.

In umgekehrter Richtung ist nicht auszuschließen, dass die USA im Streikrecht, wie es in europäischen Ländern ausgeübt wird, einen Verstoß gegen TTIP sehen könnten; auch das Recht, Betriebsräte zu wählen, könnten sie als Handelshemmnis betrachten und vor einem Schiedsgericht der Vertragspartner dagegen angehen. Denkbar sind auch Klagen amerikanischer Konzerne gegen sozial- und arbeitsrechtliche Regelungen der deutschen Gesetzgebung, etwa gegen neue Arbeitsgesetze oder wenn Tarifverträge vom Bundesarbeitsministerium »im öffentlichen Interesse« für allgemeinverbindlich erklärt werden, also auch für Arbeitgeber gelten, die gar nicht tarifgebunden sind. Wie realistisch solche Szenarien sind, ist heute schwer zu sagen; völlig aus der Welt sind sie nicht, wenn man bedenkt, dass mit TTIP ein Vertrag mit einem Land geplant ist, dessen Unternehmen und Anwälte als ausgesprochen klagefreudig gelten. Und immerhin wurden vor dem internationalen Schiedsgericht für Investor-Staat-Klagen (ICSID) in Washington schon mehrfach Arbeitsrechtskonflikte ausgetragen. So verklagte 2001 der US-Rohstoffkonzern

Noble Ventures Rumänien: Noble Ventures hatte ein ehemaliges Staatsunternehmen gekauft, dessen Privatisierung sich durch Proteste verteuert hatte; die amerikanischen Investoren waren der Ansicht, dass die rumänischen Behörden sie nicht ausreichend vor Streiks und Betriebsbesetzungen gewarnt hätten. Und seit 2012 verklagt das französische Versorgungsunternehmen Veolia den Staat Ägypten auf der Basis eines bilateralen Investitionsabkommens zwischen den beiden Ländern, weil die Stadt Alexandria einen Vertrag zur Müllentsorgung verletzt haben soll; es geht dabei auch um die Einführung eines Mindestlohns, der – so der französische Veolia-Konzern – die Kalkulation der Investition infrage stelle.

Es muss nicht so weit kommen zwischen den potenziellen TTIP-Partnern USA und Europa, aber angesichts fundamentaler Unterschiede im Bereich der Arbeitnehmerrechte liegen solche Szenarien nahe. Denn es ist so, wie es die Deutsche Telekom zur Rechtfertigung ihrer unsäglichen Praktiken in den USA darstellt: Es gelten dort andere Gesetze, denen deutlich andere »kulturelle und historische Prägungen« zugrunde liegen. Eine Annäherung wäre hier ungleich wichtiger als bei Vorschriften für Autoblinker und Kabelbäume; doch die Positionen sind in Wahrheit so weit auseinander, dass sie unvereinbar sind, und die Versuche europäischer TTIP-Verhandler, eine Annäherung in Aussicht zu stellen, sind eine Täuschung der Menschen. Konkret zeigt sich diese Kluft beim Umgang mit den acht Kernarbeitsnormen der Internationalen Arbeitsorganisation (International Labor Organization, ILO). Sie ist eine Sonderorganisation der Vereinten Nationen in Genf und soll weltweit Arbeits- und Sozialnormen formulieren und durchsetzen – insbesondere eben jene Kernarbeitsnormen: die Koalitionsfreiheit (also das Recht von Beschäftigten, sich

in Gewerkschaften zu organisieren), das Recht auf kollektiv
verhandelte Tarifverträge, die Abschaffung der Zwangs- und
Pflichtarbeit, gleichen Lohn für gleiche Arbeit von Männern
und Frauen, ein Mindestalter für den Eintritt in ein Arbeits-
verhältnis, das Verbot der Diskriminierung in der Arbeitswelt
wegen Rasse, Hautfarbe, Geschlecht, Religion, politischer Meinung, nationaler und sozialer Herkunft sowie das Verbot der
»schlimmsten Formen« von Kinderarbeit.

Die USA sind in mehrerlei Hinsicht ein besonderes Mitglied
der Weltarbeitsorganisation. Sie sind einerseits deren größter
Geldgeber, wie auf der ILO-Website betont wird, andererseits
verabschiedeten sie sich Ende der 1970er Jahre für drei Jahre
aus der Organisation; die USA haben auch nur 14 der 189 ILO-
Konventionen ratifiziert, und von den acht Kernarbeitsnormen, den Grundprinzipien der ILO, hat das Land sogar nur
zwei anerkannt: die Übereinkommen zur Abschaffung der
Zwangsarbeit sowie zur Abschaffung der schlimmsten Formen der Kinderarbeit (andere Formen der Kinderarbeit sind
erlaubt). Nicht ratifiziert sind unter anderem die Normen zur
Vereinigungsfreiheit und das Recht auf Kollektivverhandlungen. Auch Kanada hat diese beiden besonders für die europäischen Arbeitnehmer und Gewerkschaften zentralen Kernarbeitsnormen bisher nicht rechtlich anerkannt.

Mit ihrer ILO-Ratifizierungspraxis unterscheiden sich die
USA vom großen Rest der Welt: Nur das Sultanat Brunei hat
ebenfalls lediglich zwei der acht ILO-Kernnormen unterzeichnet, Myanmar schon drei, Oman, China und Indien vier, der
Iran, Katar und Surinam fünf; alle EU-Staaten haben sämtliche
acht Kernarbeitsnormen ratifiziert.

In einem Positionspapier zu TTIP erklärte die Bundesvereinigung der deutschen Arbeitgeberverbände (BDA), die

Ratifizierung sei eine Formalie, de facto würden sich die USA als ILO-Mitgliedsstaat automatisch zu den Kernarbeitsnormen bekennen. In derselben Erklärung räumte die BDA aber ein, dass eine Ratifizierung ein »hochkomplizierter Vorgang« sei, der zu Konflikten zwischen den Rechtsebenen des Bundes und der einzelnen US-Bundesstaaten führen würde; selbst der amerikanische Gewerkschaftsdachverband AFL-CIO bestehe deshalb nicht auf einer Ratifizierung. Auf Nachfrage korrigiert der Gewerkschaftsverband diese Behauptung: »Der US-Senat kann und sollte alle acht ILO-Kernnormen ratifizieren.« Tatsächlich hätte eine Ratifizierung zur Folge, dass Bundesgesetze und Bundesstaatsgesetze geändert werden müssten, wie der US-Arbeitgeberverband USBIC erklärt. Und das ist ganz offensichtlich nicht erwünscht. Besonders drastisch wären nach einer Ratifizierung die notwendigen rechtlichen und praktischen Anpassungen bei den ILO-Normen zur Vereinigungsfreiheit und zum Recht auf Kollektivverhandlungen. Genau das – Beschäftigte, die sich zusammenschließen, über Tarifverträge verhandeln und im Ernstfall auch streiken – wollen die Arbeitgeber nicht, die sich selbst übrigens gern zu Branchen-, Industrie-, Lobby- und sonstigen Verbänden und Gruppen zusammenschließen, wann immer es ihren Interessen dienlich erscheint.

Die Frage, wie wahrscheinlich eine Ratifizierung aller ILO-Kernnormen durch die USA ist, ist freilich halb so erhellend wie der Blick auf die Praxis. Und der lässt die Kluft zwischen den Arbeitswelten noch viel tiefer erscheinen. Wie die Juristin Claudia Hofmann von der rechtswissenschaftlichen Fakultät der Universität Regensburg schreibt, eskalierte 2012 in der ILO ein Konflikt um das Streikrecht: Arbeitgebervertreter zweifelten an, dass dem ILO-Übereinkommen Nr. 87 über die Vereinigungsfreiheit von Arbeitnehmern, einer der Kern-

arbeitsnormen, ein Streikrecht zu entnehmen sei. Diese Einschätzung, betont Claudia Hofmann, sei über Jahrzehnte
unbestritten gewesen. Die Vorgehensweise der Arbeitgebervertreter sei »beispiellos in der Geschichte« der ILO und »von
nicht gering zu achtender potenzieller Sprengkraft für … die
Arbeitsweise dieser Organisation«, nicht zuletzt im Hinblick
auf die »effektive Durchsetzung internationaler Arbeits- und
Sozialnormen in internationalen Freihandelsabkommen«.
»Dennoch scheint es weiterhin Ziel der Arbeitgebervertreter
zu sein, ein Streikrecht in Übereinkommen Nr. 87 gänzlich
wegdiskutieren zu wollen.«

Der Berliner Rechtsanwalt Norbert Schuster ist als juris-
tischer Berater des Deutschen Gewerkschaftsbundes selbst
seit Jahren bei der jährlichen Arbeitskonferenz der ILO in
Genf dabei und hat jene denkwürdigen Auftritte der Arbeitgebervertreter erlebt, die das Streikrecht nun auch international attackieren und damit schon für mehrere Eklats bei
der ILO-Konferenz gesorgt haben. Wortführer waren dabei
in erster Linie drei Anwälte von Großkanzleien aus den USA,
Kanada und Großbritannien. Der amerikanische Jurist, der
zur US-Delegation bei der ILO gehörte, rühmte sich im Inter-
net, er liebe es, »vor allen möglichen Gerichten zu verhandeln, inklusive Schiedsgerichte«. Es braucht nicht viel Fan-
tasie, um sich vorzustellen, dass solche Juristen unter einem
TTIP-Regime in absehbarer Zeit auch Investor-Staat-Klagen anstrengen oder TTIP-Schiedsstellen anrufen, weil ihnen
streikende oder sonst wie renitente europäische Arbeitnehmer als Handelshemmnis erscheinen, als Figuren, die legitime Gewinnerwartungen von Konzernen durchkreuzen.

Vollends plausibel werden solche Szenarien, wenn man
jüngste Entwicklungen in den USA zur Kenntnis nimmt. Wie

die *New York Times* Ende 2014 berichtete, »eröffnen konservative Gruppen eine neue Front in ihrem Versuch, amerikanische Arbeitsgesetze umzuschreiben«. Sie überreden einzelne Kleinstädte und Landkreise dazu, Verordnungen zu verabschieden, die es Gewerkschaften noch schwerer machen, Betriebsräte wählen zu lassen und Tarifverhandlungen zu führen – derlei Rechtssetzung galt bislang als das Vorrecht der US-Bundesstaaten. Indem diese Gruppen nun auf die untersten kommunalen Ebenen zielen, wollen sie auch regionale oder bundesstaatliche Mindestlöhne aushebeln. »Für unsere Initiative gibt es buchstäblich Tausende von Zielen im ganzen Land«, schwärmte ein Jurist und Anti-Gewerkschaftsberater der Organisation.

Vor dem Hintergrund solcher Entwicklungen in den USA nehmen sich Beteuerungen der EU-Kommission geradezu lächerlich aus, sie würde die USA bei den TTIP-Verhandlungen auf eine Stärkung internationaler Arbeitsstandards drängen. In einem Positionspapier heißt es dazu: »Die EU betrachtet die ILO-Kernarbeitsnormen, die international als fundamentale Arbeitsrechte anerkannt sind, als wesentliche Elemente, die in ein Handelsabkommen zu integrieren sind.« Ähnlich unverbindlich sind Antworten der EU auf entsprechende Anfragen: »Für die Kommission sind international vereinbarte Prinzipien wie etwa das ILO-Übereinkommen ein wesentlicher Orientierungspunkt. Auch die USA sind ILO-Mitglied und treffen derzeit Vorkehrungen, um die Ratifizierung des ILO-Übereinkommens in Gang zu setzen. Die EU will sicherstellen, dass sich dies auch in TTIP widerspiegelt, und sie hat nicht die Absicht, von ihrem Vorhaben abzuweichen.« Es folgt der Zusatz: »Allerdings dauert so ein Ratifizierungsprozess innerhalb der USA eine gewisse Zeit und funktioniert nicht von heute auf morgen.«

Das ist eine Formulierung, die nicht mehr nur beschönigend ist, sondern irreführend: Es soll der Eindruck erweckt werden, die USA würden sich bei den Arbeitnehmerrechten wegen TTIP in Richtung der europäischen Praxis bewegen. Fakt ist jedoch, dass es die von den USA nicht ratifizierten ILO-Kernarbeitsnormen seit vielen Jahrzehnten gibt (sie entstanden zwischen 1930 und 1973) und es offensichtlich dem politischen Willen entspricht, sie nicht in nationales Recht umzusetzen. Fakt ist außerdem, dass die USA das Streikrecht auf internationaler Ebene bei der Weltarbeitsorganisation angreifen und es im eigenen Land auf dünnen Füßen steht und weiter geschwächt wird. Der Berliner Rechtsanwalt und ILO-Kenner Norbert Schuster bezeichnet die Beteuerungen der EU deshalb zu Recht als Spiegelfechterei: »Selbst unter den demokratischen Präsidenten Carter, Clinton und Obama, die eher einen Blick auf das Thema Arbeitnehmerrechte hatten und haben, wurden die sechs ILO-Kernnormen nicht ratifiziert. Warum sollte das nun ausgerechnet jetzt gelingen?« Mehr als ein paar unverbindliche Bezüge zu den ILO-Normen, wie sie auch schon in Freihandelsabkommen der USA mit anderen Ländern stehen, darf niemand erwarten, alles andere ist politische Träumerei. Und die EU hilft dabei, diese naiven Träume am Leben zu halten, um TTIP in ein besseres Licht zu stellen.

Das hat erhebliche Konsequenzen. Die Harmonisierung technischer Standards im Rahmen von TTIP macht das Kapital noch flexibler: Dort zu investieren, wo die Kosten am niedrigsten sind, zum Beispiel weil es keine Gewerkschaften gibt, wird zusätzlich profitabel. Darin liegt die Attraktivität von TTIP etwa für die Automobilindustrie – so spart sie Kosten nicht nur durch die Vereinheitlichung von Blinkerfarben, sondern auch durch die Schwächung der Arbeitnehmerrechte ihrer weltweiten Belegschaft.

Die ILO selbst übrigens, immerhin eine unabhängige Organisation der Vereinten Nationen, beantwortet schriftliche Fragen zum Mitglied USA nicht. Nur hinter vorgehaltener Hand erfährt man aus ILO-Kreisen, die USA seien eben prinzipiell sehr zurückhaltend gegenüber multilateralen Organisationen und internationaler Rechtssetzung, so wie das Land auch in der Außenpolitik bekanntermaßen eher unilateral agiere. Diese Einschätzung ist sicherlich zutreffend, aber sie führt unweigerlich zu der Frage, welchen Sinn ein Freihandelsabkommen mit einem Partner haben soll, der die Dinge am liebsten ganz für sich allein entscheidet.

Fazit:
TTIP und CETA stoppen

Nach dem, was wir in diesem Buch an Fakten und Argumenten zusammengetragen haben, sind zwei Konsequenzen zwingend geboten: Das Freihandels- und Investitionsschutzabkommen TTIP zwischen den USA und der Europäischen Union muss gestoppt, ein neues Verhandlungsmandat muss aufgesetzt werden; und das europäisch-kanadische Freihandelsabkommen CETA darf nicht ratifiziert werden. Wer das fordert, ist weder grundsätzlich gegen Freihandel noch leiten ihn Antiamerikanismus oder antieuropäische Absichten.

Wenn die Europaabgeordneten ihre Resolution vom Sommer 2015 ernst nehmen, müssen sie CETA und TTIP ablehnen. Denn dort erklärten sie, sie würden TTIP – und damit auch CETA – nur zustimmen, wenn Standards nicht gesenkt und ohne Einschränkungen auch erhöht werden könnten, wenn das Vorsorgeprinzip geachtet und der Einfluss der Parlamente nicht geschwächt würde – und wenn Investitionsschiedsgerichte keine Paralleljustiz etablieren. Nichts von alledem ist, soweit man es heute von CETA und von TTIP weiß, gewährleistet.

Mit TTIP und CETA, so wie sie sich jetzt darstellen, wollen globale Konzerne ein Regelwerk etablieren, das fast ausschließlich ihren Interessen dient, das zu Lasten von Verbrauchern, Arbeitnehmern und vielen kleinen und mittleren

Unternehmen geht, zu Lasten der Umwelt, der Souveränität der Länder. Die Abkommen wären ein weiterer verhängnisvoller Schritt in Richtung jener »marktkonformen Demokratie«, in der sich alles den Freiheits- und Gestaltungsansprüchen globaler Konzerne unterordnen soll.

Wir brauchen aber das Gegenteil: Wir brauchen starke Zivilgesellschaften und starke Parlamente, die auf der Grundlage eines fairen Interessenausgleichs transparent debattieren und dann entscheiden, nach welchen Regeln internationaler und fairer Handel im 21. Jahrhundert funktionieren soll.

Wer die Debatte um die Abkommen verfolgt, dem fällt auf, dass ihre Befürworter nie davon sprechen, dass Standards verbessert werden könnten. Politiker und Wirtschaftsvertreter lassen sich immer nur mit der Aussage zitieren, *bestehende* Verbraucher-, Umwelt- und Sozialstandards seien nicht gefährdet. Das ist entlarvend und empörend, denn ganz offenkundig wollen sie sich damit begnügen, den Status quo zu erhalten. Wenn aber der Status quo angeblich schon ausreicht, brauchen wir keine gewählten Parlamentarier mehr, dann genügen Behörden, die den Status quo nur noch verwalten. Wir wollen aber keine »eingefrorene« Demokratie, keine degradierten, entmachteten Parlamente, nicht in Europa und nicht in den USA und Kanada.

Die europäische und die deutsche chemische Industrie wären heute nicht so wettbewerbsfähig und erfolgreich ohne das vor einigen Jahren verabschiedete, ambitionierte Standards setzende Chemikaliengesetz REACH, das in einer jahrzehntelangen parlamentarischen und gesellschaftlichen Auseinandersetzung mit Umweltverbänden und anderen Interessengruppen erkämpft wurde. Autos würden heute mehr CO_2, Stickoxide und Feinstaub ausstoßen, wenn die Hersteller nicht durch Gesetze gezwungen worden wären, die Emissionen immer weiter zu reduzieren. Der Skandal um die manipulierten Abgaswerte bei VW hat gezeigt, wozu Konzerne bereit sind, um Regulierungen zu umgehen, die ihren Kostenberechnungen entgegenstehen – ohne Rücksicht auf die Gesundheit der Menschen und den Schutz der Umwelt. Umso dringender ist es jetzt, die Emissionen von Autos und Kraftwerken weiter zu reduzieren, neue wissenschaftliche Erkenntnisse über die Gefahren durch Chemikalien in neuen Regeln fortzuschreiben.

Auch die Lebensmittelgesetze in Deutschland, Europa und Nordamerika sind alles andere als gut, viele Informationsregeln für Behörden und Unternehmen sind geradezu vordemokratisch. Verbraucher werden systematisch getäuscht, wider das Transparenzgebot werden ihnen Informationen für eine selbstbestimmte Entscheidung vorenthalten, etwa bei gentechnisch veränderten Lebensmitteln. In der Landwirtschaft, vor allem in der Tierhaltung, sind manche Regeln katastrophal schlecht, Tierrechte stehen lediglich auf dem Papier: Anstatt die Haltungsbedingungen den Tieren anzupassen, werden die Tiere dem System angepasst, die Praxis ist oftmals reine Tierquälerei. Seit Jahrzehnten doktert die erbärmliche europäische Agrarpolitik an Symptomen herum und forciert mit den Handelsabkommen nun einen Wettbewerb, der möglichst billige exporttaugliche Lebensmittel hervorbringen soll auf Kosten von Böden, Wasser, Tieren und Menschen. Für die Reparatur der Schäden muss dann am Ende – siehe Finanzkrise – wieder die Allgemeinheit geradestehen.

Nach unserer Analyse sind TTIP und CETA vor allem darauf angelegt, durch eine »Annäherung der Gesetzgebung« in Europa und Nordamerika jeden neuen regulatorischen Eingriff abzuwürgen, zu verwässern, zu verzögern. Dringend erforderliche neue Gesetze und Regelungen werden dann nur noch Gültigkeit erlangen, wenn sie konform mit den Handelsabkommen sind, wenn sie die Handelsinteressen europäischer und nordamerikanischer Konzerne nicht einengen. Die Quasi-Abschaffung des Vorsorgeprinzips bei TTIP und CETA steht beispielhaft für diese katastrophale Entwicklung. Dafür bekommen die global agierenden Unternehmen zusätzliche rechtliche Möglichkeiten in die Hand: Mit der nach Abschluss der Abkommen institutionalisierten Zusammenarbeit der Regulierungsbehörden beiderseits des Atlantiks in Regulierungsgremien wird ein großes Einfallstor für die Konzernlobbys geschaffen – und die Rechtssetzung an ihren Interessen ausgerichtet; und mit den nicht staatlichen Schiedsgerichten zum exklusiven Schutz ausländischer Investoren, die sich jetzt irreführend »Investitionsgerichtshöfe« nennen, erhalten sie abschreckende Klagemöglichkeiten gegen gesetzliche Maßnahmen im Sinne des Allgemeinwohls. Kurz gesagt: Mit TTIP und CETA würden sich Europäer, US-Amerikaner und Kanadier die Verrechtlichung von Konzerninteressen und eine weitere Ökonomisierung gesellschaftlicher Entscheidungsprozesse einhandeln.

In ihren Aussagen bedienen sich die Befürworter der Abkommen einer Täuschung: Sie erzählen die »gute Story« von der Angleichung technischer Vorschriften hüben wie drüben, mal werden unterschiedliche Farben bei Autorückblinkern bemüht, mal unnötige doppelte Zertifizierungen für diverse Geräte. Gegen die Vereinheitlichung technischer Standards kann vernünftigerweise kein Mensch argumentieren, solange damit nicht geringere Sicherheit oder schlechtere Qualität erkauft wird; wenn die Unternehmen auf diese Weise Kosten sparen, die sie in niedrigeren Preisen an die Verbraucher weitergeben – umso besser. Für eine solche Angleichung von Standards bedarf es aber keiner völkerrechtlichen Verträge, die im Streitfall europäisches, kanadisches oder US-Recht aushebeln können; dafür genügen Abkommen zwischen Interessen- und Branchenverbänden, moderiert von Ministerien und Fachbehörden, wie sie schon in der Vergangenheit abgeschlossen wurden.

In diesem Zusammenhang wird gerne der europäische Binnenmarkt als »Kronzeuge« herangezogen, schließlich sei es ja auch bei seiner Entwicklung nicht zu einer Absenkung von Standards gekommen, im Gegenteil seien viele Standards sogar erhöht worden. Doch dieser Vergleich hinkt. Der Europäische Binnenmarkt hat sich unter einem rechtlichen Rahmen entwickelt, der den Schutz der Bürger in der Sozial-, Umwelt-, Gesundheits- und Verbraucherpolitik gewährleistet, unter Mitwirkung von eigens geschaffenen Institutionen wie des EU-Parlamentes, der EU-Kommission und europäischer Behörden. Dieser Schutzschirm würde unter den Bedingungen eines transatlantischen Binnenmarktes entscheidend geschwächt.

Die »gute Story« von der Harmonisierung technischer Standards wird zur schlechten, ja zur falschen Story, wenn sie die technischen Standards in einen Topf rührt mit gesellschaftlichen Meinungsbildungs- und Entscheidungsfindungsprozessen, kurzum mit demokratischen Standards. Keine Frage: Umweltschutzgesetze, Arbeitnehmer-, Verbraucher- oder Tierschutzrechte kosten auch, aber ihre Dimension reicht weit über eine reine Kostenbetrachtung hinaus. Das Diktat der Kostenrechner darf nicht nahtlos von den Vorstandsbüros an die Parlamente durchgereicht werden. Die Politik muss auch in Zukunft die Freiheit haben, Entscheidungen zu treffen, die etwas »kosten«, weil wir es uns leisten müssen oder wollen.

Auch die Befürworter der Abkommen in Politik und Wirtschaft müssen die Europäische Union beim Wort nehmen, sprich bei den Zahlen: Die im Auftrag der EU-Kommission errechneten Zuwächse bei Wachstum und Jobs basieren auf Gutachten, die wissenschaftliche Husarenstücke sind, ihre Prognosen sind im besten Fall höchst bescheiden, Arbeitsplatzverluste sogar wahrscheinlich. Von den Befürwortern muss man erwarten können, dass sie in einem rationalen Diskurs diese bestenfalls bescheidenen Vorteile gegen die gravierenden Nachteile für die Demokratie abwägen. So war weder die Aufnahme der Verhandlungen über TTIP und CETA ausreichend demokratisch legitimiert, noch wird das Demokratieprinzip während der Verhandlungsführung beachtet. Der Einfluss von Wählern und Abgeordneten auf die zukünftige Regelsetzung wird durch TTIP und CETA nicht größer, sondern kleiner, weil wichtige Regeln ohne Beteiligung der Parlamente verabschiedet werden können. Überdies haben die Parlamente bei der Verabschiedung der Abkommen nur eingeschränkte Rechte.

Und nicht zuletzt dürfen angesichts neuester Entwicklungen des Terrors und der Flüchtlingsströme auch die Handelsumleitungseffekte derartiger Abkommen nicht unter den Teppich gekehrt werden. Wer TTIP und CETA mit ihrer geostrategischen Bedeutung rechtfertigt, darf nicht ignorieren, dass zum Beispiel der Maghreb in Nordafrika wirtschaftlich durch TTIP benachteiligt wird und damit weite Teile der Bevölkerung von möglichen wirtschaftlichen Verbesserungen ausgeschlossen bleiben. Im Vorwort habe ich das Beispiel des Olivenöls aus Tunesien erwähnt, das nur in geringen Mengen zollfrei in die EU eingeführt werden darf, damit die subventionierte Olivenproduktion im europäischen Mittelmeerraum von Konkurrenz aus Nordafrika verschont bleibt. Wohl auch unter dem Eindruck der Flüchtlingskrise und weil stets die »Bekämpfung der Fluchtursachen« bemüht wird, hat die Europäische Kommission im September 2015 ihre Pläne veröffentlicht, aus »Solidarität« mit Tunesien die zollfrei erlaubte Einfuhrmenge von Olivenöl zu erhöhen – allerdings nur zeitlich befristet bis Ende 2017. Das Beispiel zeigt, welche Interessen diejenigen in Wahrheit verfolgen, die bei TTIP und CETA so gern das große Wort vom Freihandel führen und Kritiker als Anti-Freihändler verleumden.

Es braucht deshalb ein neues TTIP-Mandat, eines, das auf Fairness und Transparenz, auf Ehrlichkeit und Ausgleich gesellschaftlicher Interessen gründet, ein Mandat mit parlamentarischer Rückbindung, die gewährleistet, dass die Gestaltung gesellschaftspolitischer Standards auch in Zukunft nicht behindert und demokratisch entschieden wird. Derselbe Anspruch muss für CETA gelten.

Seit Erscheinen der ersten Auflage dieses Buches treiben mich zwei Fragen um: Warum lassen sich unsere Volksvertreter durch Freihandelsabkommen in ihren demokratischen Rechten so sehr einschränken, ja entmachten? Und warum unterstützen so viele mit einem befremdlichen Sendungsbewusstsein und Enthusiasmus zwei Projekte, die so viele substanzielle Risiken und Unwägbarkeiten mit sich bringen, aber so wenig belegbare Vorteile? Manche Abgeordnete des Bundestags, so mein Eindruck, haben sich dafür entschieden, die Interessen der Wirtschaft über die des Gemeinwohls zu stellen, und vertreten das mehr oder weniger offen. Ein anderer, wachsender Teil jedoch zweifelt immer stärker am Sinn der Abkommen. Diese Abgeordneten müssen wir auffordern, die Projekte zu stoppen. Weil TTIP und CETA die Stimme der Bürger und ihrer Vertreter schwächen. Weil sie die Demokratie beschädigen.

Dank

Ohne den Wunsch und das Drängen von Förderern, Mitglie-dern und Mitarbeitern sowie des Aufsichtsrates hätte sich foodwatch nicht des Themas TTIP angenommen und dieses Buch wäre wohl nicht entstanden. Dafür bin ich sehr dank-bar. An der Idee, es zu schreiben, hatte auch Barbara Wenner maßgeblichen Anteil, die den gesamten Prozess der Fertigstel-lung strategisch und organisatorisch von Anfang an effektiv begleitet und unterstützt hat. Ihr schulde ich ebenso großen Dank wie Stefan Scheytt, der mit seinem besonderen Talent, komplexe Sachverhalte in spannenden Geschichten zu erzäh-len, an diesem Buch entscheidend mitgewirkt hat. Ich danke Matthias Wolfschmidt und Martin Rücker vom foodwatch-Team, die mitgeholfen haben, in diesem Buch entwickelte The-sen zu präzisieren und zu schärfen. Und Karin Kiehn bin ich sehr dankbar für ihre wertvollen Anregungen aus der »Pers-pektive der Leser«. Diejenigen namentlich zu nennen, Wissen-schaftler, Journalisten, Kollegen und Freunde, die in Gesprä-chen und Expertisen mitgeholfen haben, aus einer Idee ein Buch zu machen, würde den Rahmen sprengen. Aber ihnen allen möchte ich an dieser Stelle meinen aufrichtigen Dank aussprechen.

Th. B.

ANHANG

Chronologie:
Der lange Weg der TTIP- und CETA-Verhandlungen

1990: *Transatlantische Erklärung:* Europäische Gemeinschaft und USA vereinbaren eine Vertiefung ihrer Handelspartnerschaft.

1995: Der deutsche Außenminister Klaus Kinkel und andere europäische Politiker lancieren die Idee einer *Transatlantic Free Trade Area* (TAFTA), einer transatlantischen Freihandelszone.

1995: *Neue Transatlantische Agenda* (NTA): EU und USA verabreden den weiteren Ausbau des transatlantischen Handels sowie eine enge Regulierungskooperation.

April 2004: CETA-Verhandlungsmandat erteilt.

2007: EU-USA-Gipfel: EU-Kommissionspräsident José Manuel Barroso, Bundeskanzlerin Angela Merkel als EU-Ratsvorsitzende und US-Präsident George W. Bush beschließen die Gründung des *Transatlantic Economic Council* (TEC, Transatlantischer Wirtschaftsrat), der fünf Jahre lang Hürden für den transatlantischen Handel analysieren wird. In einer *Rahmenvereinbarung zur Vertiefung der transatlantischen Wirtschaftsintegration* heißt es: »Wir bekennen uns zum Abbau von Hemmnissen im transatlantischen Handel, ... zur Herbeiführung einer wirksameren, systematischeren und transparenteren regulatorischen Zusammenarbeit ..., zur Beseitigung unnötiger Unterschiede zwischen unseren Regulierungssystemen ...« Zu den Beratern des TEC gehören unter anderem die US-Handelskammer, der europäische Arbeitgeberverband Businesseurope und die Bertelsmann Stiftung.

2009: Beginn der Verhandlungen über das europäisch-kanadische Freihandelsabkommen CETA *(Comprehensive Economic and Trade Agreement)* – die Blaupause für TTIP.

2011: Der EU-USA-Gipfel beauftragt TEC, eine *High Level Working Group on Jobs and Growth* (HLWG, hochrangige Arbeitsgruppe zu den Themen Arbeitsplätze und Wachstum) einzurichten. Sie soll Vorschläge zum Ausbau des transatlantischen Handels und von Investitionspartnerschaften erarbeiten.

13. Februar 2013: Auf Basis des Abschlussberichts der HLWG verkünden US-Präsident Barack Obama, EU-Ratspräsident Herman Van Rompuy und EU-Kommissionspräsident José Manuel Barroso die Aufnahme von Verhandlungen über eine Freihandelszone.

14. Juni 2013: Der Handelsministerrat erteilt der Europäischen Kommission einstimmig ein Mandat für die Verhandlungen »über ein umfassendes Handels- und Investitionsabkommen« (TTIP).

8. Juli 2013: Beginn der ersten TTIP-Verhandlungsrunde in Washington, D.C.

September 2014: Registrierung einer Unterschriftensammlung gegen TTIP als »Europäische Bürgerinitiative« von EU-Kommission zurückgewiesen. Organisationsbündnis legt Einspruch beim EuGH ein.

Oktober 2014: Organisationsbündnis beginnt als »inoffizielle Bürgerinitiative« Unterschriften zu sammeln (bis zum 6. Oktober 2015).

Oktober 2014: Nach langem öffentlichem Druck veröffentlicht der Rat der EU kurz nach der 7. Verhandlungsrunde das bislang geheim gehaltene TTIP-Verhandlungsmandat.

Juli 2015: Nach einem gescheiterten Versuch im Juni 2015 spricht sich das EU-Parlament in einer Resolution für TTIP aus und fordert darin eine Reformierung der nicht-staatlichen Schiedsgerichte (ISDS) zu einem neuartigen Investitionsgerichtshof.

16. September 2015: Die EU-Kommission legt ihren Vorschlag für einen Investitionsgerichtshof vor.

Oktober 2015: Übergabe der Unterschriften der inoffiziellen Bürgerinitiative an die Kommission: (genaue Zahl der Unterschriften: 3 284 289).

Oktober 2015: foodwatch veröffentlicht das unter Verschluss gehaltene europäische Verhandlungsmandat für das CETA-Abkommen mit Kanada.

Oktober 2015: 250 000 Menschen protestieren in Berlin gegen TTIP und CETA.

Februar 2016: Der Deutsche Richterbund lehnt den von der EU-Kommission im Rahmen von TTIP vorgeschlagenen Investitionsgerichtshof ab: »Die Schaffung von Sondergerichten für einzelne Gruppen von Rechtsuchenden ist der falsche Weg.«

Februar 2016: Die EU-Kommission veröffentlicht den finalen Abkommenstext für CETA. Der EU-Rat könnte im Herbst 2016 die vorläufige Anwendung jener Vertragsteile beschließen, die in die ausschließliche Zuständigkeit der EU fallen. Die Teile des Abkommens, die in der Zuständigkeit der Mitgliedsländer liegen, können erst nach Ratifizierung durch die nationalen Parlamente der Mitgliedsstaaten in Kraft treten.

April 2016: Demonstration in Hannover (vom Bündnis kommunizierte Teilnehmerzahl: 90 000)

Mai 2016: ARD-Umfrage zu TTIP (durchgeführt von infratest dimap): Nur noch 17 Prozent der Bevölkerung sehen TTIP als eher vorteilhaft an.

Mai 2016: Greenpeace Leaks: Veröffentlichung vertraulicher Verhandlungsdokumente

30. Mai 2016: Die Organisationen Campact, foodwatch und Mehr Demokratie kündigen in Berlin an, Verfassungsbeschwerde gegen den CETA-Vertrag einzulegen.

TTIP-Verhandlungen und
TTIP/CETA-Entscheidungsprozesse

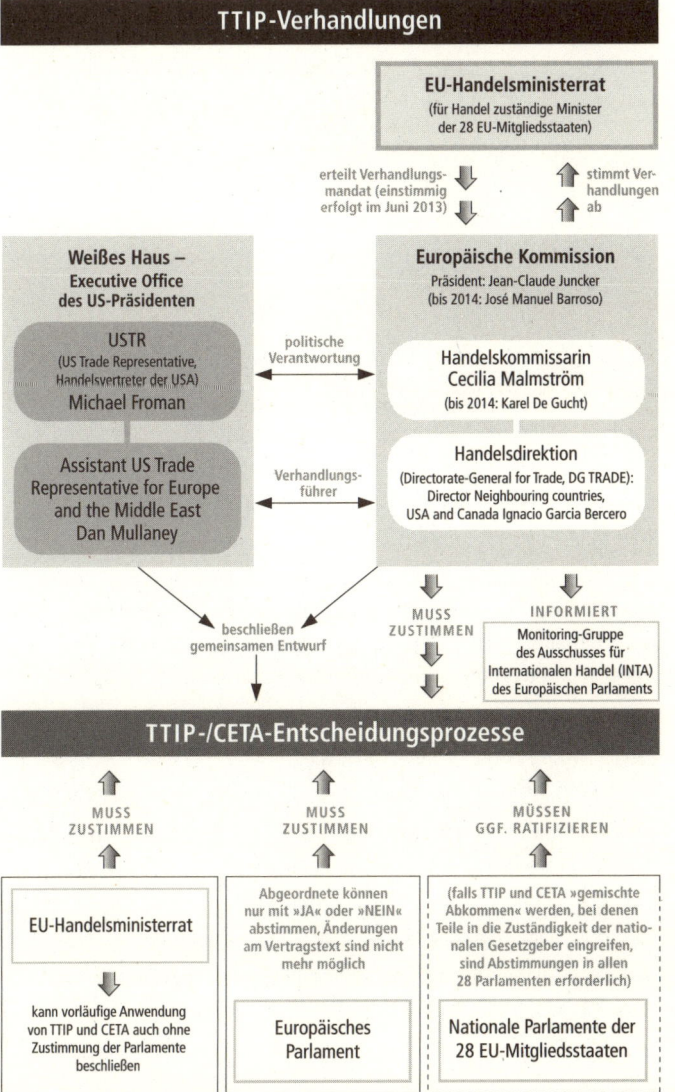

TTIP-Verhandlungen

EU-Handelsministerrat
(für Handel zuständige Minister
der 28 EU-Mitgliedsstaaten)

erteilt Verhandlungs-
mandat (einstimmig
erfolgt im Juni 2013)

stimmt Ver-
handlungen
ab

**Weißes Haus –
Executive Office
des US-Präsidenten**

USTR
(US Trade Representative,
Handelsvertreter der USA)
Michael Froman

politische
Verantwortung

Europäische Kommission
Präsident: Jean-Claude Juncker
(bis 2014: José Manuel Barroso)

Handelskommissarin
Cecilia Malmström
(bis 2014: Karel De Gucht)

Assistant US Trade
Representative for Europe
and the Middle East
Dan Mullaney

Verhandlungs-
führer

Handelsdirektion
(Directorate-General for Trade, DG TRADE):
Director Neighbouring countries,
USA and Canada Ignacio Garcia Bercero

beschließen
gemeinsamen Entwurf

MUSS
ZUSTIMMEN

INFORMIERT

Monitoring-Gruppe
des Ausschusses für
Internationalen Handel (INTA)
des Europäischen Parlaments

TTIP-/CETA-Entscheidungsprozesse

MUSS
ZUSTIMMEN

MUSS
ZUSTIMMEN

MÜSSEN
GGF. RATIFIZIEREN

EU-Handelsministerrat

kann vorläufige Anwendung
von TTIP und CETA auch ohne
Zustimmung der Parlamente
beschließen

Abgeordnete können
nur mit »JA« oder »NEIN«
abstimmen, Änderungen
am Vertragstext sind nicht
mehr möglich

Europäisches
Parlament

(falls TTIP und CETA »gemischte
Abkommen« werden, bei denen
Teile in die Zuständigkeit der nationalen Gesetzgeber eingreifen,
sind Abstimmungen in allen
28 Parlamenten erforderlich)

Nationale Parlamente der
28 EU-Mitgliedsstaaten

Quellenverzeichnis

Vorwort

Das TTIP-Verhandlungsmandat, http://www.bmwi.de/BMWi/Redaktion/PDF/S-T/ttip-mandat,property=pdf,bereich=bmwi2012,sprache=de,rwb=true.pdf.

Teil I
1. Schönredner und Angstmacher

TTIP Aktivisten heizen Gabriel, Froman und De Gucht ein, 5. Mai 2014, http://blog.campact.de/2014/05/ttip-aktivisten-heizen-gabriel-froman-und-de-gucht-ein/.

»Mit Haut und Haaren«: Merkel will TTIP gegen alle Widerstände durchkämpfen, 16. Dezember 2014, http://deutsche-wirtschafts-nachrichten.de/2014/12/13/mit-haut-und-haaren-merkel-will-ttip-gegen-alle-widerstaende-durchkaempfen/.

Gabriel will CETA und TTIP: Freie Fahrt für den Freihandel, 27. November 2014, http://www.tagesschau.de/wirtschaft/ttip-ceta-gabriel-101.html.

»Europa braucht TTIP«, 19. November 2014, http://www.swp.de/ulm/nachrichten/wirtschaft/Europa-braucht-TTIP;art4325,2906389.

»Damit würden wir uns ins eigene Knie schießen«, 17. Dezember 2013, http://www.handelsblatt.com/politik/deutschland/anti-usa-vorstoss-damit-wuerden-wir-uns-ins-eigene-knie-schiessen/9226544-2.html.

US Ambassador: Beyond Growth, TTIP Must Happen For Geostrategic Reasons, 16. Juli 2014, http://www.euractiv.com/sections/trade-industry/us-ambassador-eu-anthony-l-gardner-beyond-growth-ttip-must-happen.

George Miller an Barack Obama zum »Fast-Track«-Gesetz, http://delauro.house.gov/index.php?option=com_content&view=article&id=1455:delauro-miller-lead-151-house-dems-telling-president-they-will-not-support-outdated-fast-track-for-trans-pacific-partnership&catid=37&Itemid=148.

Feuer unter Freunden, 4. Februar 2014, http://www.sueddeutsche.de/wirtschaft/freihandelsabkommen-ttip-feuer-unter-freunden-1.1879211.

»Neue Jobs? Ein Märchen!«, Interview mit George Miller, 7. Juli 2014, http://m.taz.de/US-Kongressabgeordneter-ueber-TTIP/!141867;m/.

Der Traum von der Wirtschafts-Nato, 12. Februar 2013, http://www.zeit.de/wirtschaft/2013-02/usa-eu-freihandelsabkommen.

Bloomberg Opposes TPP's Threats to Public Health and Sovereignty, 23. August 2013, http://www.flushthetpp.org/bloomberg-opposes-tpps-threats-to-public-health-and-sovereignty/.

WHO-Generaldirektorin Margaret Chan über TTIP, 19. Mai 2014, http://www.who.int/dg/speeches/2014/wha-19052014/en/.

Rewe fürchtet die Chlor-Hühnchen aus USA, 15. Mai 2014, http://www.welt.de/print/die_welt/wirtschaft/article128019070/Rewe-fuerchtet-die-Chlor-Huehnchen-aus-USA.html.

Joseph Stiglitz zu den Gefahren von Freihandelsabkommen, 15. März 2014 http://opinionator.blogs.nytimes.com/2014/03/15/on-the-wrong-side-of-globalization/?module=Search&mabReward=⊠relbias%3Ar%2C%7B%222%22%3A%22RI%3A16%22%7D.

»TTIP bedient vor allem Großkonzerne«, Interview mit Christoph Scherrer, 22. Mai 2014, http://www.dw.de/scherrer-ttip-bedient-vor-allem-großkonzerne/a-17654424.

TTIP-Positionspapier des Deutschen Städtetages u.a., 1. Oktober 2014, http://www.staedtetag.de/presse/mitteilungen/071024/index.html.

Die Erklärung von DGB und CLC zu CETA, 23. Oktober 2015, http://www.dgb.de/presse/++co++9989154c-7966-11e5-ab00-52540023ef1a

Kardinal Marx schaltet sich in Debatte ein, 17. Mai 2014, http://www.t-online.de/wirtschaft/id_69471806/debatte-um-freihandels-abkommen-jetzt-spricht-kardinal-marx.html.

EU-Kommissar Oettinger verhöhnt TTIP-Kritiker, 29. September 2014, http://deutsche-wirtschafts-nachrichten.de/2014/09/29/eu-kommissar-oettinger-verhoehnt-ttip-kritiker-bischoefe-ngos-ami-go-home-altgruppen/.

Sven Giegold über TTIP, 13. Oktober 2014, http://www.zeit.de/wirtschaft/2014-10/ttip-fehlende-transparenz-eu-parlament.

Jeder zweite Deutsche findet TTIP gut, 31. Oktober 2014, http://www.spiegel.de/wirtschaft/soziales/ttip-haelfte-der-deutschen-findet-frei-handelsabkommen-mit-usa-gut-a-1000224.html.

Zustimmung zu TTIP sinkt, 23. Februar 2015, http://www.foodwatch.org/de/presse/pressemitteilungen/pressemitteilung-emnid-umfrage-zustimmung-zu-ttip-deutlich-gesunken-buerger-lehnen-einschraen-kung-der-gesetzgebungskompetenz-ab-heutige-spd-konferenz-geht-an-wesentlichen-themen-vorbei/

Jens Spahns Plädoyer für TTIP, 10. September 2014, http://www.jens-spahn.de/lokal_1_1_701_Clorhuhnangstsuppe--ein-Plaedoyer-fuer-das-TTIP.html.

ARD-Umfrage zu TTIP (durchgeführt von infratest dimap): http://www.infratest-dimap.de/umfragen-analysen/bundesweit/ard-deutschlandtrend/2016/mai/

2. Der geheime Deal

Der österreichische Bundesrat für eine transparente Verhandlungs-führung, http://www.ots.at/presseaussendung/OTS_20140708_OTS0173/bundesrat-formuliert-eckpunkte-fuer-ttip-verhandlungen.

Die EU-Bürgerbeauftrage für mehr Transparenz in den Verhandlungen, http://www.ombudsman.europa.eu/press/release.faces/en/54636/html.bookmark und http://ttip2014.eu/blog-detail/blog/Ombudsman%20Transparency.html.

TTIP – Wie demokratisch sind die Verhandlungen?, 21. Mai 2014, http://www.boell.de/de/2014/05/12/10-wie-demokratisch-sind-die-verhandlungen-wer-muss-welcher-stelle-zustimmen.

Bundesministerium für Wirtschaft und Energie (BMWi) beantwortet häufige Fragen zu TTIP, http://www.bmwi.de/DE/Themen/Aussenwirtschaft/Freihandelsabkommen/ttip.html.

Chronik der TTIP-Verhandlungen ab November 2011, https://www.lobbypedia.de/wiki/Chronik_der_TTIP-Verhandlungen.

European Commission Publishes TTIP Legal Texts as Part of Transparency Initiative, EU-Kommission, 7. Januar 2015, http://europa.eu/rapid/press-release_IP_15_2980_en.htm.

EU-Kommission scheitert mit Transparenz-Initiative, 8. Januar 2015, http://www.berliner-zeitung.de/wirtschaft/transatlantisches-freihandelsabkommen--eu-kommission-scheitert-mit-transparenz-initiative,10808230,29510894.html.

Schweigepflicht für Abgeordnete, Interview mit Helmut Scholz, 4. August 2014, http://www.neues-deutschland.de/artikel/941259.schweigepflicht-fuer-abgeordnete.html?sstr=TTIP|Scholz.

Zur Frage der Transparenz und der Leseräume, 25. September 2015, http://www.zeit.de/wirtschaft/2015-09/freihandelsabkommen-norbert-lammert-zugang-abgeordnete.
23. Oktober 2015, http://www.sueddeutsche.de/politik/umstrittenes-freihandelsabkommen-abgeordnete-duerfen-ttip-dokumente-doch-nicht-einsehen-1.2703571.
»Andere Länder, bessere Rechte«, *Süddeutsche Zeitung,* 12. November 2015, S. 7.
13. November 2015, https://correctiv.org/recherchen/ttip/blog/2015/11/13/minifortschritt-bei-leseraeumen/.

25. November 2015, http://www.euractiv.de/sections/eu-innenpolitik/
bundestagsabgeordnete-sollen-zugang-zu-ttip-unterlagen-
bekommen-319811.

2. Dezember 2015, https://correctiv.org/recherchen/ttip/
blog/2015/12/02/leseraeume-ja-oder-nein/.

3. Dezember 2015, https://www.boerse-go.de/nachricht/eu-
handelskommissarin-leseraeume-fuer-ttip-dokumente-
kommen,a4424145.html.

26. Januar 2016, https://correctiv.org/recherchen/ttip/blog/2016/01/26/
exklusiv-leserechte-auf-widerruf/.

27. Januar 2016, http://m.tagesspiegel.de/politik/casdorffs-agenda-
kann-ein-leseraum-die-skepsis-gegenueber-ttip-abbauen/12883984.
html.

28. Januar 2016, http://m.tagesspiegel.de/politik/ein-bisschen-
weniger-geheim-abgeordnete-duerfen-ttip-unterlagen-lesen/12878770.
html.

»Was ist Ihr Alptraum?«, Interview mit Karel de Gucht, 27. Mai 2014,
http://m.taz.de/Karel-de-Gucht-ueber-TTIP/!139157;m/.

TTIP: Wer gewinnt, wer verliert?, 14. Juli 2014, http://www.dw.de/ttip-
wer-gewinnt-wer-verliert/a-17783801.

TTIP-Analyse der Grünen im EU-Parlament, Januar 2014, http://
www.martin-haeusling.eu/images/attachments/Broschuere_TTIP_
web_jan14.pdf (S. 14–19).

Bundesrat fordert transparentere Verhandlungen, 11. Juli 2014, http://
www.bundesrat.de/DE/plenum/plenum-kompakt/14/924/924-pk.
html#top-55.

Demokratie vs. Europäische Integration? Zum Stopp der Bürgerinitiative gegen TTIP, 15. September 2014, http://www.euractiv.de/sections/
verbraucherschutz/demokratie-vs-europaeische-integration-zum-
stopp-der-buergerinitiative.

TTIP: Die Macht der Lobby, 8. Juli 2014, http://www.zeit.de/wirt-
schaft/2014-07/freihandelsabkommen-lobby-eu.

Homepage des NGO-Bündnisses gegen TTIP, http://www.ttip-unfair-handelbar.de/start/ebi/.

EU-Kommission über die europäische Bürgerinitiative, http://ec.europa.eu/citizens-initiative/public/basic-facts.

Gabriel: TTIP-Mandat endlich veröffentlicht, BMWi, 9. Oktober 2014, http://www.bmwi.de/DE/Presse/pressemitteilungen,did=662344.html.

TTIP-Beirat im BMWi, http://www.bmwi.de/DE/Ministerium/beiraete,did=639536.html und http://www.bmwi.de/BMWi/Redaktion/PDF/B/beiratsmitglieder-ttip,property=pdf,bereich=bmwi2012,sprache=de,rwb=true.pdf

Darum geht der Freihandels-Streit, 19. Mai 2014, http://www.faz.net/aktuell/wirtschaft/wirtschaftspolitik/ttip-die-wichtigsten-fragen-und-antworten-zum-freihandelsabkommen-12945736.html.

Nationale Parlamente ausschalten, 29. April 2014, http://www.taz.de/!137588/.

Die sechs Täuschungsmanöver der Bundesregierung, 21. Oktober 2014, http://www.foodwatch.org/de/informieren/freihandelsabkommen/mehr-zum-thema/wie-die-bundesregierung-taeuscht/.

TTIP und CETA: Gabriel verärgert sein Beratergremium, 7. Januar 2015, http://www.euractiv.de/sections/finanzen-und-wirtschaft/ttip-und-ceta-gabriel-veraergert-sein-beratergremium-311074.

TTIP – Die Geburt eines Monsters, 12. Januar 2015, http://www.tagesspiegel.de/themen/agenda/freihandelsabkommen-zwischen-eu-und-den-usa-ttip-die-geburt-eines-monsters/11219488.html.

Die an den TTIP-Verhandlungen beteiligten Akteure in Europa und den USA, http://www.bmwi.de/DE/Themen/Aussenwirtschaft/Freihandelsabkommen/TTIP/verhandlungsprozess.html und http://www.ustr.gov/sites/default/files/lead%20negotiators%20list%20TTIP.pdf.

Bernd Lange über TTIP, 30. August 2014, http://www.ipg-journal.de/kommentar/artikel/die-roten-linien-von-ttip-559/.

USA und gesamte EU würden von transatlantischem Freihandels-abkommen erheblich profitieren, 17. Juni 2013, https://www.bertels-mann-stiftung.de/de/presse-startpunkt/presse/pressemitteilungen/pressemitteilung/pid/usa-und-gesamte-eu-wuerden-von-transatlanti-schem-freihandelsabkommen-erheblich-profitieren/.

Who Lobbies Most on TTIP?, 8. Juli 2014, http://corporateeurope.org/international-trade/2014/07/who-lobbies-most-ttip.

Agribusiness Is the Biggest Lobbyist on the EU-US Trade Deal, 8. Juli 2014, http://corporateeurope.org/pressreleases/2014/07/agribusiness-biggest-lobbyist-eu-us-trade-deal-new-research-reveals.

Sturm der Lobbyisten, 8. Juli 2014, http://www.sueddeutsche.de/wirt-schaft/freihandelsabkommen-ttip-sturm-der-lobbyisten-1.2036565.

Regulation – None of our Business?, 16. Dezember 2013, http://corpo-rateeurope.org/trade/2013/12/regulation-none-our-business.

European Officials Consulted Business Leaders on Trade Pact, 8. Oktober 2013, http://www.nytimes.com/2013/10/09/business/interna-tional/european-officials-consulted-business-leaders-on-trade-pact-with-us.html?pagewanted=2&_r=1&pagewanted=all&.

Liste der Lobbyisten, die sich zwischen Januar 2012 und April 2013 mit der EU-Handelsdirektion trafen, http://www.asktheeu.org/de/request/473/response/2049/attach/4/List%20of%20meetings%20with%20stakeholders.pdf.

Transparenz-Register der EU, http://ec.europa.eu/transparencyre-gister/info/your-organisation/whoRegister.do?locale=de.

Anfrage an die EU-Kommission zur Offenlegung von TTIP-Doku-menten, 24. Januar 2014, http://corporateeurope.org/sites/default/files/confirmatory_application_ttip_meetings.pdf.

Industry Voices Dominate the Trade Advisory System, Interaktive Grafik, 27. Februar 2014, http://www.washingtonpost.com/wp-srv/special/business/trade-advisory-committees/index.html.

Wie die Gentech-Lobby Freihandelsgespräche ausnutzt, 11. November 2013, http://www.sueddeutsche.de/wirtschaft/ttip-abkommen-

zwischen-eu-und-usa-wie-die-gentech-lobby-freihandelsgespraeche-
ausnutzt-1.1811693.

Banken zahlen Millionen an TTIP-Verhandler, 25. Februar 2014,
http://www.neopresse.com/finanzsystem/banken-zahlen-millionen-
ttip-verhandler/.

Über den Wechsel von Lobbyist Islam Siddiqui in die Politik, http://
www.rediff.com/news/report/islam-isi-siddiqui-quits-obama-admi-
nistration/20131226.htm und http://www.organicconsumers.org/
articles/article_20276.cfm.

TTIP: Tausche Äpfel und Birnen gegen Gentechnik, 23. Oktober 2014,
http://www.keine-gentechnik.de/news-gentechnik/news/de/29906.
html.

EU-Kommission zur Transparenz in Handelsangelegenheiten, http://
trade.ec.europa.eu/doclib/docs/2013/june/tradoc_151381.pdf (S. 4).

Protokoll des Treffens der EU-Kommission in Straßburg am
16. September 2014, http://ec.europa.eu/transparency/regdoc/
rep/10061/2014/EN/10061-2014-2098-EN-F1-1.Pdf (S. 13ff.).

Fracking-Boom – USA exportieren wieder Öl in großem Stil, 26. Juni
2014, http://www.welt.de/wirtschaft/energie/article129496586/USA-
exportieren-wieder-Oel-in-grossem-Stil.html.

Greenpeace-Presseerklärung zu geleakten Dokumenten, https://
www.greenpeace.de/presse/presseerklaerungen/ttip-leaks-handelsab-
kommen-koennte-umweltstandards-auch-rueckwirkend.

Die TTIP-Leaks-Seite: https://www.ttip-leaks.org/

3. Das Märchen vom Wachstum

Zu den gesenkten Wachstumsprognosen im Herbst 2014, http://
www.zeit.de/wirtschaft/2014-10/herbstgutachten-konjunktur-brut-
toinlandsprodukt-wirtschaftswachstum, http://www.tagesschau.de/
wirtschaft/herbstgutachten-109.html und http://www.spiegel.de/

wirtschaft/wolfgang-muenchau-ueber-fehler-in-prognosen-der-oeko-nomen-a-986405.html.

Was bringt der Freihandel wirklich?, 9. April 2014, http://www.zeit.de/wirtschaft/2014-04/ttip-freihandelsabkommen.

Der große Deal – Geheimakte Freihandelsabkommen, TV-Reportage von Stephan Stuchlik und Kim Otto, August 2014, http://programm.ard.de/TV/daserste/exclusiv-im-ersten--der-gro-e-deal/eid_2810612557742056 und http://www.sueddeutsche.de/medien/ttip-doku-der-grosse-deal-im-ersten-angst-vor-dem-geheimen-1.2076071.

CEPR-Studie im Auftrag der EU, http://trade.ec.europa.eu/doclib/docs/2013/march/tradoc_150737.pdf.

Merkel: Freihandel TTIP hat »unschätzbaren Wert«, 19. September 2014, http://www.deutsche-mittelstands-nachrichten.de/2014/09/66604/.

TTIP – Das Märchen vom Wachstums- und Beschäftigungsmotor, Friedrich-Ebert-Stiftung, Oktober 2014, http://library.fes.de/pdf-files/wiso/10969.pdf.

TTIP: The Economic Analysis Explained, EU-Kommission, September 2013, http://trade.ec.europa.eu/doclib/docs/2013/september/tradoc_151787.pdf#Explanatory.

Bundesarbeitskammer Österreich zu den ökonomischen Folgen eines TTIP-Abkommens, 29. Januar 2014, http://akeuropa.eu/_includes/mods/akeu/docs/main_report_de_325.pdf.

Dimensionen und Auswirkungen eines Freihandelsabkommens zwischen der EU und den USA, Studie im Auftrag des BMWi, Januar 2013, http://www.bmwi.de/DE/Mediathek/publikationen,did=553962.html.

Studien zum Freihandelsabkommen – Malen nach Zahlen, 13. August 2014, http://www.sueddeutsche.de/wirtschaft/studien-zum-freihan-delsabkommen-malen-nach-zahlen-1.2085879.

Mehr Wachstum durch TTIP ist ein Märchen, 12. November 2014, http://www.zeit.de/wirtschaft/2014-11/ttip-freihandelsabkommen-arbeitsplaetze.

Der Bundesverband der Deutschen Industrie informiert über TTIP, http://www.bdi.eu/TTIP.htm und http://bdi.eu/media/themenfelder/aussenwirtschaftspolitik/TTIP/downloads/AW-Report_3_2014_small.pdf (S. 11).

BDI drängt auf Abbau von Zöllen bei Freihandelsgesprächen, 19. Mai 2014, http://www.spiegel.de/wirtschaft/unternehmen/ttip-bdi-will-abbau-von-zoellen-bei-freihandelsgespraechen-vor-ziehen-a-970210.html.

Karel de Gucht über TTIP, 10. Oktober 2013, http://trade.ec.europa.eu/doclib/docs/2013/october/tradoc_151822.pdf.

Heiner Flassbeck zu den negativen Auswirkungen eines Freihandels-abkommens, 12. Juli 2013, http://www.flassbeck-economics.de/abo-artikel-der-freihandel-bringt-millionen-neue-jobs-oder-wie-man-sich-selbst-in-die-tasche-lugt-und-das-volk-wunderbar-verwirrt/.

Gabriel Felbermayr et al., »Dimensionen und Effekte eines transatlantischen Freihandelsabkommens«, *ifo Schnelldienst 4/2013*, S. 22–31, http://www.cesifo-group.de/de/ifoHome/publications/journals/ifo-Schnelldienst/Archiv/sd2013.html.

»*Freier Handel führt zu Ungleichheit*«, Interview mit Gabriel Felbermayr, 18. Februar 2014, http://www.cesifo-group.de/de/ifoHome/policy/Staff-Comments-in-the-Media/Interviews-in-print-media/Archive/Interviews_2014/medienecho_ifointerview-ntv_18-02-2014.html.

Norbert Häring über TTIP, 29. Dezember 2014, http://norberthaering.de/index.php/de/newsblog2/27-german/news/200-wie-die-wirtschaftsweisen-tricksen-und-taeuschen-teil-7-ttip-nuetzt-allen#1-weiterlesen.

Sachverständigenrat zur Begutachtung der gesamtwirtschaftlichen Entwicklung, Jahresgutachten 2014/2015, http://www.sachverstaendi-

genrat-wirtschaft.de/fileadmin/dateiablage/gutachten/jg201415/JG14_
ges.pdf (S. 41).

Sachverständigenrat zur Begutachtung der gesamtwirtschaftlichen
Entwicklung, Jahresgutachten 2015/2016, http://www.sachverstaendi-
genrat-wirtschaft.de/fileadmin/dateiablage/gutachten/jg201516/wirt-
schafts-gutachten/jg15_ges.pdf.

Independent Study Outlines Benefits of EU-US Trade Agreement,
EU-Kommission, 12. März 2013, http://europa.eu/rapid/press-release_
MEMO-13-211_en.htm.

*ASSESS_TTIP: Eine Einschätzung der behaupteten Vorteile der trans-
atlantischen Handels- und Investitionspartnerschaft (TTIP)*, Österreichische Forschungsstiftung für Internationale Entwicklung, Oktober
2014, http://www.oefse.at/fileadmin/content/Downloads/Publikati-
onen/Policynote/PN10_ASSESS_TTIP_dt.pdf.

Jeronim Capaldo über die Auswirkungen von TTIP auf den europäischen Arbeitsmarkt, Oktober 2014, http://ase.tufts.edu/gdae/Pubs/
wp/14-03CapaldoTTIP.pdf (S. 15) und http://ase.tufts.edu/gdae/Pubs/
wp/14-03CapaldoTTIP_ES.pdf.

Christoph Scherrer (Hg.), *The Transatlantic Trade and Investment
Partnership (TTIP): Implications for Labor*, München 2014, http://
www.uni-kassel.de/einrichtungen/fileadmin/datas/einrichtungen/
icdd/Publications/Volume_5.pdf (S. 91f.).

José Manuel Barroso über TTIP, 14. Juni 2013, http://ec.europa.eu/
avservices/video/player.cfm?ref=I079364.

Exportboom: Bundesregierung verteidigt deutschen Handelsüberschuss,
13. August 2012, http://www.spiegel.de/wirtschaft/soziales/bundesre-
gierung-verteidigt-deutschen-handelsueberschuss-a-849804.html.

CDU rechnet sich TTIP-Prognosen schön, 22. September 2014, http://
www.spiegel.de/wirtschaft/soziales/ttip-cdu-bewirbt-freihandel-mit-
wackligen-zahlen-a-993107.html.

EU-Handelskommission beantwortet häufige Fragen zu TTIP, http://ec.europa.eu/trade/policy/in-focus/ttip/questions-and-answers/index_de.htm (*Wem kommt TTIP zugute?*).

Kann Europa von den US-Standards profitieren?, 17. Mai 2014, http://www.deutschlandfunk.de/freihandelsabkommen-kann-europa-von-den-us-standards.799.de.html?dram:article_id=285657.

Mittelstandsumfrage: Firmen setzen wenig Hoffnung in Freihandels-abkommen, 14. Mai 2014, http://www.spiegel.de/wirtschaft/unternehmen/ttip-mittelstand-setzt-kaum-hoffnung-in-freihandelsabkommen-a-968383.html.

BVMV-Präsident Mario Ohoven über die Gefahren von TTIP, 1. August 2014, https://www.youtube.com/watch?v=asK6aew75z4.

»Wir fordern den sofortigen Stopp der bisherigen Verhandlungen«, Interview mit AMA-Geschäftsführer Thomas Simmons, 31. Juli 2014, http://www.elektronikpraxis.vogel.de/messen-und-testen/articles/454315/.

Minister Müller warnt vor Freihandels-Folgen für Afrika, 8. Juni 2014, http://aktuell.evangelisch.de/artikel/95073/minister-mueller-warnt-vor-freihandels-folgen-fuer-afrika.

EU-Kommission: »TTIP ist für Entwicklungsländer eine Goldgrube«, 22. Januar 2015, http://www.euractiv.de/section/entwicklungspolitik/news/eu-kommission-ttip-ist-fur-entwicklungslander-eine-goldgrube/

EU-Kommission über Zuwächse bei CETA, http://trade.ec.europa.eu/doclib/press/index.cfm?id=974.

4. Wie Konzerninteressen zu Gesetzen werden oder Der Angriff auf die Demokratie

Geleaktes Dokument zu Befürchtungen der Bundesregierung über Regulierungskooperation, 27. Juli 2015, http://www.foodwatch.org/de/presse/pressemitteilungen/geleaktes-dokument-zu-ttip-verhandlungen-beweist-bundesregierung-sieht-gefahr-der-entmachtung-der-parlamente-durch-zukuenftige-regulierungskooperation/.

Vgl. Wolfgang Weiß zu den verfassungsrechtlichen Problemen der Übertragung von Hoheitsrechten an die bei CETA vorgesehenen Vertragsgremien in: Europäische Zeitschrift für Wirtschaftsrecht (EuZW) 2016, S. 286–291.

Die Verbesserung von Arbeitsschutzvorschriften in den USA, 15. Dezember 2015, http://inthesetimes.com/working/entry/18703/silica-dust-rule-osha-workers-cancer.

Profit durch Un-Recht – Wie Kanzleien, SchiedsrichterInnen und Prozessfinanzierer das Geschäft mit dem Investitionsschutz befeuern, Corporate Europe Observatory (CEO), Transnational Institute, CAMPACT und PowerShift, http://corporateeurope.org/sites/default/files/profit-durch-unrecht.pdf.

Internationale Schiedsgerichte: Ungleiche Gegner, 14. November 2014, http://www.zeit.de/2014/47/schiedsgerichte-steuerzahler.

Rigide Verpackungsvorschriften: Marlboro-Konzern verklagt Australien, 21. November 2011, http://www.spiegel.de/wirtschaft/unternehmen/rigide-verpackungsvorschriften-marlboro-konzern-verklagt-austra-lien-a-799091.html.

Philip Morris Leads Plain Packs Battle in Global Trade Arena, 22. August 2013, http://www.bloomberg.com/news/2013-08-22/philip-morris-leads-plain-packs-battle-in-global-trade-arena.html.

Klage vor dem EuGH: Marlboro-Hersteller prozessiert gegen Europas Tabakrichtlinie, 3. November 2014, http://www.spiegel.de/wirtschaft/unternehmen/tabakrichtline-marlboro-produzent-philip-morris-verklagt-die-eu-a-1000839.html.

Freihandelsabkommen: Wie Konzerne Staaten vor sich hertreiben, 27. März 2014, http://www.zeit.de/wirtschaft/2014-03/investitionsschutz-klauseln-beispiele.

Europa muss aufpassen, Interview mit Sigmar Gabriel, 1. Dezember 2014, http://www.spiegel.de/spiegel/print/d-130630578.html.

Investitionsschutz am Scheideweg, TTIP und die Zukunft des globalen Investitionsrechts, Friedrich-Ebert-Stiftung, http://library.fes.de/pdf-files/iez/global/10773-20140603.pdf.

Gabriel Resources im rumänischen Rosia Montana, http://gabrielre-sources.com/site/projects.aspx und http://www.faz.net/aktuell/politik/ausland/rumaenien-das-gelbe-vom-blei-11715606.html und http://www.zeit.de/wirtschaft/2013-09/rosia-montana-gold/seite-2.

Zyanid-Unfall: Erste Schadensbilanz verheerend, 16. Februar 2000, http://www.spiegel.de/panorama/zyanid-unfall-erste-schadensbilanz-verheerend-a-64715.html.

Peter Draper et al., »Streitpunkt Investitionsschutz: Für und Wider des Investitionsschutzes im TTIP-Abkommen«, *ifo Schnelldienst 12/2014*, S. 3–19, http://www.cesifo-group.de/ifoHome/publications/journals/ifo-Schnelldienst/Archiv/sd2014.html.

Axel Flessner zum Investitionsschutz, 13. Mai 2014, http://www.verfas-sungsblog.de/ttip-und-das-verfassungsrecht/#.VImZJovt7c4.

Joseph Stiglitz über Investitionsschutz und Schiedsgerichte, https://www.theguardian.com/business/2013/nov/08/trade-agreements-developing-countries-joseph-stiglitz und http://www.ipg-journal.de/kommentar/artikel/us-partnerschaftsabkommen/.

Freihandelsabkommen – Angst vor dem Kapitalismus durch die Hintertür, 27. Juli 2014, http://www.faz.net/aktuell/wirtschaft/wirt-schaftspolitik/europaeische-angst-vor-investorenschutz-im-ttip-abkommen-13062978.html.

CETA: Die Geier warten – die Deutschen pennen, 13. September 2014, http://www.infosperber.ch/Artikel/FreiheitRecht/CETA-die-Geier-warten--die-Deutschen-pennen.

Die letzten Freunde des Freihandels, 11. März 2014, http://www.spiegel.de/wirtschaft/soziales/freihandel-wie-ein-besseres-abkommen-aussehen-koennte-a-957831.html.

»Wir brauchen Waffengleichheit von Staat und Konzernen«, Interview mit Klaus Sachs, 26. März 2014, http://www.spiegel.de/wirtschaft/

soziales/freihandel-jurist-klaus-sachs-ueber-umstrittene-schieds-
gerichte-a-958300.html.

»Hilfe, ich werde enteignet!« – Abkommen schützen Auslandsinvesti-
tionen, GTAI Gesellschaft für Außenwirtschaft und Standortmarketing, http://www.gtai.de/GTAI/Navigation/DE/welcome.html, http://
www.exportberatung.de/news-to-use/detailansicht/article/publika-
tion-schutz-von-auslandsinvestitionen/ (Download inzwischen nicht
mehr möglich).

»Investitionsschutz in TTIP in der Kritik« – oder nicht?, 8. Mai 2014,
http://verfassungsblog.de/investitionsschutz-ttip-der-kritik-oder-
nicht-2/.

Deutschland torpediert Verhandlungen mit den USA, 14. März 2014,
http://www.welt.de/wirtschaft/article125825314/Deutschland-torpe-
diert-Verhandlungen-mit-den-USA.html.

Wirtschaft entmachtet Politik? Investitionsschutz in Zeiten der Globalisierung, 12. August 2014, http://www.deutschlandradiokultur.de/
internationale-schiedsgerichte-wirtschaft-entmachtet-politik.976.
de.html?dram:article_id=294365.

The Battle for Control of the Cigarette Packet, 24. November 2014,
http://www.bbc.com/news/magazine-30061952.

Brief des Ölkonzerns Chevron an den US-Handelsbeauftragten
Edward Scott, 7. Mai 2013, http://frackingfreeireland.org/wp-content/
uploads/2011/09/Chevron-Request-for-strong-ISDS.pdf.

Freihandelsabkommen Schweiz/China: die Profiteure, 14. Juli 2013,
http://www.infosperber.ch/Artikel/Wirtschaft/Freihandelsab-
kommen-Investitionsschutz-Schiedsgericht.

TTIP: Eine transatlantische Verfassung der Konzerne?, Februar 2014,
http://www.zeitschrift-luxemburg.de/ttip-eine-transatlantische-
verfassung-der-konzerne/.

Europa vor Gericht, 1. Mai 2014, http://www.sueddeutsche.de/wirt-
schaft/investitionsschutz-im-freihandelsabkommen-ttip-europa-vor-
gericht-1.1947266.

Schattenjustiz: Im Namen des Geldes, 10. März 2014, http://www.zeit.
de/2014/10/investitionsschutz-schiedsgericht-icsid-schattenjustiz.

Stephan Schill, http://www.mpil.de/de/pub/organisation/wiss_
bereich/sschill.cfm.

Gutachten zum Investitionsschutz im Auftrag der Bundestagsfraktion
Bündnis 90/Die Grünen, Mai 2014, https://www.gruene-bundestag.
de/fileadmin/media/gruenebundestag_de/Veranstaltungen/140505-
TTIP/Kurzgutachten_Investititionsschutz_TTIP_Endfassung_layout.
pdf (S. 14).

Megaregionale Wirtschaftsräume geraten unter die Lupe, 21. Juli
2014, https://www.gtai.de/GTAI/Navigation/DE/Trade/Recht-Zoll/
zoll,did=1051766.html.

*The Hidden Cost of EU Trade Deals – Investor-State Dispute Settlement
Cases Taken Against EU Member States*, Friends of the Earth Europe,
4. Dezember 2014, https://www.foeeurope.org/sites/default/files/
publications/hidden_cost_of_eu_trade_deals_0.pdf.

Klage der chinesischen Versicherungsgesellschaft Ping An gegen
Belgien, http://www.die-gdi.de/die-aktuelle-kolumne/article/die-
zeichen-der-zeit-erkennen-investitionsschutz-im-21-jahrhundert/.

*Profiting from Crisis – How Corporations and Lawyers Are Scavenging
Profits from Europe's Crisis Countries*, Transnational Institute und
CEO, März 2014, http://corporateeurope.org/sites/default/files/profi-
ting-from-crisis_0.pdf.

Ausländische Investoren verklagen EU-Krisenstaaten, 9. März 2014,
http://www.spiegel.de/spiegel/vorab/auslaendische-investoren-
verklagen-eu-krisenstaaten-a-957609.html.

Klage Meinl Bank gegen Österreich, http://orf.at/
stories/2258154/2258155/.

Klage gegen Kanada, 22.3.2016, http://www.international.gc.ca/trade-
agreements-accords-commerciaux/topics-domaines/disp-diff/lone.
aspx?lang=eng

Vattenfall klagt gegen Deutschland wegen Atomausstieg, http://
www.juve.de/nachrichten/verfahren/2012/06/icsid-klage-vatten-
fall-fordert-mit-luther-milliardenschaden-vom-bund-zuruck, http://
www.manager-magazin.de/unternehmen/energie/vattenfall-will-
4-7-milliarden-euro-fuer-atomausstieg-a-997366.html und http://
www.faz.net/aktuell/wirtschaft/streit-um-ttip-und-freihandel/vatten-
fall-klage-kostet-schon-jetzt-millionen-13230836.html.

Karl-Heinz Böckstiegel, http://www.iiapp.org/arbitrator/karl-heinz-
bockstiegel/, http://www.dis-arb.de/de/15/mitglieder/selbstdarstel-
lung/karl-heinz-böckstiegel-id72 und http://www.iilcc.uni-koeln.de/
beirat.html.

Deutsche ICSID-Liste: Bundesregierung ernennt neue Schlichter,
10. Januar 2014, http://www.juve.de/nachrichten/namenundnach-
richten/2014/01/deutsche-icsid-liste-bundesregierung-ernennnt-
neue-schlichter.

*Bundeswirtschaftsministerium veröffentlicht Gutachten zu
CETA*, 22. September 2014, http://www.bmwi.de/DE/Presse/
pressemitteilungen,did=655700.html.

TTIP treibt Friedrich Merz an die Öffentlichkeit, 4. April 2014, http://
www.n-tv.de/politik/TTIP-treibt-Friedrich-Merz-an-die-Oeffentlich-
keit-article12602561.html.

Malte Marwedel, »*Reformierter*« *Investitionsschutz in TTIP: Zwei
Schritte voran – und gegen die Wand*, 3. Dezember 2015, http://verfas-
sungsblog.de/reformierter-investitionsschutz-in-ttip-zwei-schritte-
voran-und-gegen-die-wand/.

*Das TTIP-Gericht, Keimzelle oder Stolperstein für echte Multilatera-
lisierung des internationalen Investitionsrechts*, 25. November 2015,
http://verfassungsblog.de/das-ttip-gericht-keimzelle-oder-stolper-
stein-fuer-echte-multilateralisierung-des-internationalen-investiti-
onsrechts/.

Markus Krajewski und Rhea Tamara Hoffmann, *Der Vorschlag der
EU-Kommission zum Investitionsschutz in TTIP*, Friedrich-Ebert-Stiftung (Hrsg.), 2016.

Teil II
5. Die Demontage der Vorsorge

Gerald Ford zum *Metric Conversion Act*, http://www.presidency.ucsb.edu/ws/?pid=5454.

John Bemelmans Marciano, *Whatever Happened to the Metric System*, New York 2014 (S. 234 ff.).

Umweltverfassungsrecht, http://www.umweltbundesamt.de/themen/nachhaltigkeit-strategien-internationales/umweltrecht/umweltverfassungsrecht.

Verordnung von EU-Parlament und -Rat zu Lebensmittelrecht und -sicherheit, 28. Januar 2002, http://eur-lex.europa.eu/legal-content/DE/TXT/HTML/?uri=URISERV:f80501&from=DE.

Der Kampf gegen Asbest, http://www.spiegel.de/spiegel/print/d-88963887.html, http://www.presseportal.de/pm/7840/2445038/zirka-1500-asbesttote-jaehrlich-in-deutschland-zdf-umweltreihe-planet-e-deckt-skandaloese, http://asbestopfer.ch/0189fc92090cef34e/0189fc920c1357b06/0189fc93580b9c403/index.html, http://www.igmetall.de/berufskrankheiten-durch-asbest-14156.htm und http://www.baua.de/cae/servlet/contentblob/674016/publicationFile/55582/artikel18.pdf.

Freihandelsabkommen TTIP: Angriff auf die Demokratie?, 22. Mai 2014, http://www1.wdr.de/daserste/monitor/sendungen/freihandelsabkommenttip100.html.

Towards Effective Regulatory Cooperation under TTIP: A Comparative Overview of the EU and US Legislative and Regulatory Systems, Studie im Auftrag der EU, http://trade.ec.europa.eu/doclib/docs/2014/may/tradoc_152466.pdf (S. 1).

Maine Agriculture and Food Systems in the Transatlantic Trade and Investment Partnership, Juli 2014, http://www.iatp.org/files/2014_07_07_MaineTradePolicyAssessment_KHK_0.pdf.

Shaun Donnelly, http://www.uscib.org/docs/bios_staff_shaun_donnelly.pdf.

Markus Beyrer, http://www.businesseurope.eu/content/default.
asp?PageID=568&DocID=31062.

Businesseurope, Lobbypedia, https://lobbypedia.de/wiki/Businesseu-
rope.

Peter-Tobias Stoll u. a., *CETA, TTIP und das europäische Vorsorgeprinzip*, Göttingen/Berlin 2016

6. Ausgehöhlt: Der Schutz vor Giften

Lösungsmittel Trichlorethylen, http://yosemite.epa.gov/opa/admpress.
nsf/596e17d7cac720848525781f0043629e/63605bd594c4aacb85257d0
20068a28b!OpenDocument und http://www.bgbau-medien.de/bau/
bau582/anh1.htm.

*EPA Releases Final Risk Assessment for TCE: One Down, 84,999
to Go*, 25. Juni 2014, http://blogs.edf.org/health/2014/06/25/epa-
releases-final-risk-assessment-for-tce-one-down-84999-to-go/.

EPA Takes Important Step in Assessing Chemical Risk, 25. Juni 2014,
http://blog.epa.gov/epaconnect/2014/06/a-journey-begins/.

Toxic Substances Control Act (TSCA), http://www.edf.org/health/
policy/chemicals-policy-reform.

Not That Innocent, Studie des Environmental Defense Fund (EDF),
http://www.edf.org/health/reports/not-that-innocent.

Lobbyismus in der EU: Kapitulation im Kampf gegen die Krebserreger,
28. Januar 2007, http://www.spiegel.de/wirtschaft/lobbyismus-in-der-
eu-kapitulation-im-kampf-gegen-die-krebserreger-a-461994.html.

Strategiewechsel: Chemie-Lobby lobt REACH, 3. September 2012,
http://www.euractiv.de/verbraucherschutz/artikel/strategie-
wechsel-chemie-lobby-lobt-reach-006681.

Giftige Partnerschaft, 25. August 2014, http://www.spiegel.de/spiegel/
print/d-128859889.html.

Keine Absenkung von Sicherheitsstandards in der Chemie durch TTIP, VCI, 5. August 2014, https://www.vci.de/Presse/Pressemitteilungen/ Seiten/VCI-zur-ARD-Sendung-Der-grosse-Deal-Keine-Absenkung-von-Sicherheitsstandards-in-der-Chemie-durch-TTIP.aspx.

VCI über TTIP, https://www.vci.de/Downloads/Top-Thema/ Daten-Fakten-Transatlantisches-Freihandelsabkommen-TTIP.pdf (S. 5f.).

Leaked TTIP Draft for Chemicals Sector Reveals a Toxic Partnership, 1. Oktober 2014, http://ciel.org/Chem/TTIP_1Oct2014.html.

EU Legislative Work on Hormone-Affecting Chemicals Could Be Undermined by TTIP, 1. September 2014, http://www.euractiv.com/ sections/health-consumers/eu-legislative-work-hormone-affecting-chemicals-could-be-undermined-ttip.

Umwelthormone, http://www.umweltbundesamt.de/themen/gesund-heit/umweltcinfluesse auf-den-menschen/chemische-stoffe/umwelt-hormone.

WHO warnt vor endokrinen Disruptoren, http://apps.who.int/iris/ bitstream/10665/78102/1/WHO_HSE_PHE_IHE_2013.1_eng.pdf.

BUND-Studie: Ein Drittel der Kosmetika enthält hormonähn-liche Stoffe, 24. Juli 2013, http://www.spiegel.de/gesundheit/diag-nose/bund-studie-viele-kosmetika-enthalten-hormonell-wirksame-stoffe-a-912768.html.

Endokrine Disruptoren – schädlich oder nicht?, 7. März 2014, http:// www.euractiv.de/forschung-und-innovation/linkdossier/endokrine-disruptoren-schaedlich-oder-nicht-000151.

Bisphenol A, http://www.reach-info.de/bisphenol-a.htm und http:// www.sciencedirect.com/science/article/pii/S0960076011001063.

CropLife America and the European Crop Protection Association Discuss Joint Proposal During TTIP Negotiations, 14. März 2014, http://www.ecpa.eu/news/industry-urges-stronger-regulatory-frame-work-between-us-and-eu und http://www.croplifeamerica.org/cropprotection-industry-urges-stronger-regulatory-framework-between-u-s-and-eu/.

Institut für Risikobewertung zu endokrinen Disruptoren, 22. März 2013, http://www.bfr.bund.de/de/presseinformation/2013/08/stoffe_als_endokrine_disruptoren_nach_einheitlichen_wissenschaftlichen_kriterien_identifizieren_und_bewerten-133111.html.

EU-Kommission veröffentlicht Fahrplan zu Identifizierungskriterien von endokrinen Disruptoren, 3. September 2014, http://www.chemikaliengesundheit.org/europa-eu-kommission-veroffentlicht-fahrplan-zu-identifizierungskriterien-von-endokrinen-disruptoren/.

Endokrine Disruptoren: »Massiver Lobbydruck auf die EU-Kommission«, 19. Dezember 2014, http://www.euractiv.de/sections/innovation/endokrine-disruptoren-massiver-lobbydruck-auf-die-eu-kommission-310988.

Hormonell wirksame Biozide, Pestizid-Aktions-Netzwerk e.V., http://www.pan-germany.org/download/biozide/ED-Biozide_Hintergrundpapier_PAN-Germany_F.pdf.

VCI zu endokrinen Disruptoren, 21. Oktober 2013, https://www.vci.de/Themen/Chemikaliensicherheit/Endokrine-Wirkung/Seiten/VCI-Positionspapier-Endokrine-Effekte.aspx.

U.S. Agricultural Exports Threatened by EU Pesticide Regulation, 21. November 2013, http://www.croplifeamerica.org/u-s-agricultural-exports-threatened-by-eu-pesticide-regulation/.

TTIP: A Lose-Lose Deal for Food and Farming, 8. Juli 2014, http://corporateeurope.org/international-trade/2014/07/ttip-lose-lose-deal-food-and-farming.

How the Commission Blocked Key Environmental Plans, 5. August 2014, http://www.euractiv.com/sections/science-policymaking/how-commission-blocked-key-environmental-plans-304834.

Urteil des Gerichts der Europäischen Union gegen Europäische Kommission, 16. Dezember 2015, http://curia.europa.eu/jcms/upload/docs/application/pdf/2015-12/cp150145de.pdf.

7. Bedroht: Der Kampf um gutes Essen

Malloy Signs State GMO Labeling Law in Fairfield, 11. Dezember 2013, http://www.ctpost.com/news/article/Malloy-signs-state-GMO-labeling-law-in-Fairfield-5056120.php.

Maine Becomes Second State to Require GMO Labels, 10. Januar 2014, http://www.washingtonpost.com/blogs/govbeat/wp/2014/01/10/maine-becomes-second-state-to-require-gmo-labels/.

Nation Watching GMO Labeling Fight in Vermont, 1. Dezember 2014, http://www.burlingtonfreepress.com/story/news/local/vermont/2014/11/29/vermont-gmo-fight-nears-court/19639519/.

US States Reject GM Labeling Laws, 10. November 2014, http://www.rsc.org/chemistryworld/2014/11/us-states-reject-genetically-modified-food-labeling.

US-Kongress entscheidet über Gentechnikkennzeichnung, http://thehill.com/blogs/floor-action/house/248974-house-passes-gmo-labeling-reform-bill; http://www.ewg.org/research/big-food-companies-spend-millions-defeat-gmo-labeling; http://ecowatch.com/2015/09/18/senate-vote-dark-act/; http://www.nytimes.com/2013/07/28/science/strong-support-for-labeling-modified-foods.html?_r=2; http://www.nytimes.com/2015/12/15/opinion/are-you-eating-frankenfish.html?emc=edit_th_20151215&nl=todaysheadlines&nlid=48308383; http://www.reuters.com/article/us-usa-gmo-labeling-idUSKCN0SF19620151021.

Margaret Chan über Verbraucherschutz im Zusammenhang mit internationalen Freihandelsabkommen, 10. Juni 2013, http://www.who.int/dg/speeches/2013/health_promotion_20130610/en/.

Gentechnik und Lebensmittel: Die wichtigsten Fakten, Bundesministerium für Ernährung, Landwirtschaft und Verbraucherschutz (BMEL), http://www.bmel.de/SharedDocs/Downloads/Landwirtschaft/Pflanze/GrueneGentechnik/OhneGTSiegel/Hintergrund-InformationenOhneGTSiegel.pdf?__blob=publicationFile.

Gentechnikfreiheit in Lebensmitteln schützen – EU-Kommission darf Nulltoleranz nicht kippen, http://www.bund.net/publikationen/bund-letter/22012/gentechnikfreiheit_in_lebensmitteln_schuetzen/.

Nulltoleranz für unsichere Gentechnik in Lebensmitteln, 11. Juni 2012, http://www.tagesschau.de/inland/gentechnik126.html.

Beschlüsse der EU: Genmais in Nachbars Garten, 12. Juni 2014, http://www.spiegel.de/wissenschaft/technik/gentechnik-eu-beschluesse-zu-verbot-von-genpflanzen-in-kritik-a-974824.html.

Beschluss der Umweltminister: EU-Staaten sollen Genpflanzen leichter verbannen können, 12. Juni 2012, http://www.spiegel.de/wissenschaft/natur/gentechnik-eu-staaten-sollen-genpflanzen-leichter-verbieten-koennen-a-974753.html.

Strategiepapier der Gentechniklobby: Schlachtplan für Europa, 10. Juni 2014, http://www.spiegel.de/wirtschaft/soziales/gentechnik-lobbystrategie-von-europabio-a-973630.html.

Freihandelsabkommen mit den USA: Agrarbündnis warnt vor Chlorhühnchen und Genpflanzen, 16. Januar 2014, http://www.spiegel.de/wirtschaft/service/kritischer-agrarbericht-warnt-vor-freihandelsabkommen-a-943731.html.

Wie die Gentech-Lobby Freihandelsgespräche ausnutzt, 11. November 2013, http://www.sueddeutsche.de/wirtschaft/ttip-abkommen-zwischen-eu-und-usa-wie-die-gentech-lobby-freihandelsgespraeche-ausnutzt-1.1811693.

Bilanz zu »Regionalfenster«: Freiwilliges Siegel gescheitert, 14. Oktober 2014, https://www.foodwatch.org/de/informieren/herkunftsangaben/aktuelle-nachrichten/bilanz-zu-regionalfenster-freiwilliges-siegel-gescheitert/.

EU-Verordnung zur Eintragung geographischer Angaben und Ursprungsbezeichnungen, http://eur-lex.europa.eu/legal-content/DE/ALL/?uri=CELEX:31996R1107.

Verpflichtende Herkunftsangaben auf Lebensmitteln, 2. Juni 2015, http://www.foodwatch.org/de/presse/pressemitteilungen/verpflich-

tende-herkunftsangaben-auf-lebensmitteln-koennten-durch-ttip-
unmoeglich-werden-eu-kommission-bestaetigt-ursprungskennzeich-
nung-stoerend-fuer-handelsabkommen/.

Antrag zum Schutz des »Havarti«-Käses, http://eur-lex.europa.eu/
legal-content/DE/TXT/?uri=CELEX:52014XC0123(04).

Food Names, Stressed Are the Cheesemakers, 19. Juli 2014, http://www.
economist.com/news/united-states/21607867-europeans-want-their-
food-names-back-americans-are-peeved-stressed-are-cheesemakers.

*Say Bye Bye to Parmesan, Muenster and Feta: Europe Wants Its Cheese
Back*, 11. März 2014, http://www.theguardian.com/lifeandstyle/2014/
mar/11/europe-trade-talks-cheese-back-parmesan-feta.

8. Gefangen im Status quo: Das Desaster in der Landwirtschaft

Streitfall Freihandelsabkommen – Profite für Konzerne?, Diskussion bei Anne Will am 14. Mai 2014, https://www.youtube.com/
watch?v=KAWlkhlIj8Q.

»Chancen nutzen – Standards schützen«, Deutscher Bauernverband
über TTIP, http://www.bauernverband.de/chancen-nutzen-standards-
schuetzen.

Bundesvereinigung der Deutschen Ernährungsindustrie über TTIP,
4. Juli 2014, http://www.bve-online.de/themen/aussenwirtschaft/
aussenhandelspolitik/aktuell-140703-003-ttip und http://www.bve-
online.de/themen/aussenwirtschaft/aussenhandelspolitik/aktuell-
140314-001-ttip.

*Weltmarktführer: EU steigt zum größten Agrarlebensmittel-Exporteur
auf*, 23. Juni 2014, http://www.spiegel.de/wirtschaft/unternehmen/
eu-steigt-zum-groessten-agrarlebensmittel-exporteur-der-welt-
auf-a-976989.html.

*Risks and Opportunities for the EU Agri-Food Sector in a Possible
EU-US Trade Agreement*, Studie im Auftrag der EU, http://www.euro-
parl.europa.eu/RegData/etudes/STUD/2014/514007/AGRI_IPOL_
STU(2014)514007_EN.pdf.

Außenhandel der deutschen Milchwirtschaft, http://www.meine-milch.de/artikel/wie-wichtig-ist-der-export-f%C3%BCr-den-deutschen-milchmarkt und http://www.milchindustrie.de/marktdaten/aussenhandel/.

TTIP schafft neue Chancen für unsere Landwirtschaft, BMEL, 12. Juli 2014, http://www.bmel.de/SharedDocs/Interviews/2014/2014-06-30-SC-FrankfurterRundschau-Namensartikel.html.

Müller geißelt Schleuderpreise bei Lebensmitteln, 25. August 2014, http://www.welt.de/politik/deutschland/article131563926/Mueller-geisselt-Schleuderpreise-bei-Lebensmitteln.html.

TTIP bedroht Europas Bauern und Verbraucher, 24. April 2014, http://www.zeit.de/wirtschaft/2014-04/TTIP-landwirtschaft-agroindustrie-gastbeitrag.

Fair Oaks Farms stellt sich vor, http://fofarms.com/about-us.

Blog der Fair Oaks Farms, http://fofarms.com/blog/.

Dairy Finds a Way to Let Cows Power Trucks, 27. März 2013, http://www.nytimes.com/2013/03/28/us/dairy-finds-way-to-let-cows-power-trucks.html?_r=0.

Güllebecken-Unfall in Brussels, http://www.greenbaypressgazette.com/story/news/local/2014/09/17/dnr-brussels-manure-spill-ground-water/15776135/ und http://www.jsonline.com/news/statepolitics/door-county-farm-has-states-largest-manure-spill-since-2005-b99353198z1-275365041.html.

US-amerikanische CAFOs, http://www.sierraclub.org/wisconsin/protecting-water-resources und http://www.friendsofcs.org/our-work.html und http://www.friendsofcs.org/Facts___Maps.html.

Changes in America's Dairyland Foul the Waters of Green Bay, 13. September 2014, http://www.jsonline.com/news/wisconsin/changes-in-americas-dairyland-foul-waters-of-green-bay-b99344904z1-274684891.html.

Boat Tour Showcases Environmental Gains in Green Bay, 21. September 2014, http://www.greenbaypressgazette.com/story/news/

local/2014/09/20/boat-tour-showcases-environmental-gains-green-bay/15986305/.

E.P.A. Unveils Second Phase of Plan to Reverse Great Lakes Damage, 24. September 2014, http://www.nytimes.com/2014/09/25/us/epa-unveils-plan-to-restore-great-lakes.html?nlid=48308383&src= recpb&_r=0.

Behind Toledo's Water Crisis, a Long-Troubled Lake Erie, 4. August 2014, http://www.nytimes.com/2014/08/05/us/lifting-ban-toledo-says-its-water-is-safe-to-drink-again.html?emc=edit_th_20140805&nl=tod aysheadlines&nlid=48308383&_r=0.

Green Water Keeps Beach-Goers Away From Lake Erie, 13. September 2014, http://www.jsonline.com/news/wisconsin/green-water-keeps-beach-goers-away-from-lake-erie-b99344900z1-274569831.html.

Toxic Algae Cocktail Brews in Lake Erie, 13. September 2014, http://www.jsonline.com/news/wisconsin/toxic-algae-cocktail-brews-in-lake-erie-b99344890z1-274542731.html.

Gülle vergiftet Brunnen, 5. September 2014, http://www.greenpeace.de/themen/landwirtschaft/guelle-vergiftet-brunnen.

Die Folgen von Massentierhaltung und Biogasanlagen – Zeitbombe im Trinkwasser, 25. Oktober 2013, http://www.greenpeace.de/themen/landwirtschaft/zeitbombe-im-trinkwasser.

Nitratbelastung im deutschen Grundwasser besonders hoch, EU-Kommission, 18. Oktober 2013, http://ec.europa.eu/deutschland/press/pr_releases/11751_de.htm.

Massentierhaltung: Das Wasser wird schlecht, 18. September 2014, http://www.zeit.de/2014/37/massentierhaltung-guelle-grundwasser-bruessel.

Grundwasser in Deutschland immer weniger als Trinkwasser geeignet. Umweltverbände fordern strenge Düngeverordnung, 23. Oktober 2014, http://www.bund.net/nc/presse/pressemitteilungen/detail/artikel/grundwasser-in-deutschland-immer-weniger-als-trinkwasser-ge-eignet-umweltverbaende-fordern-strenge-d/.

EU-Kommission zur Nitratbelastung der Gewässer aus landwirtschaftlichen Quellen, Oktober 2013, http://eur-lex.europa.eu/LexUri-
Serv/LexUriServ.do?uri=COM:2013:0683:FIN:DE:PDF.

Das Grundwasser belastende Schadstoffe, http://www.umweltbun-
desamt.de/themen/wasser/gewaesser/grundwasser/nutzung-belas-
tungen/naehr-schadstoffe.

Düngeverordnung, http://www.umweltbundesamt.de/themen/klu-
duengeverordnung-jetzt-ambitioniert-aendern.

BMEL zu TTIP, http://www.bmel.de/DE/Landwirtschaft/Markt-
Handel-Export/_Texte/BilateraleFreihandelsabkommen.html und
http://www.bmel.de/DE/Landwirtschaft/Markt-Handel-Export/_
Texte/TTIP.html.

Antibiotika-Einsatz in der Tiermast, http://www.bfr.bund.de/cm/343/
fragen-und-antworten-zu-den-auswirkungen-des-antibiotika-ein-
satzes-in-der-tierproduktion.pdf (nicht frei zugänglich) und http://
www.eu-koordination.de/component/content/article/2171-antibio-
tika-in-der-tiermast.

*Start der systematischen Antibiotika-Minimierung in der Tierhal-
tung*, BMEL, 31. März 2014, http://www.bmel.de/SharedDocs/
Pressemitteilungen/2014/083-SC-AMG-Novelle.html.

Ractopamin-Verbot in der EU, http://www.susonline.de/meldungen/
fuetterung/USA-streitet-mit-EU-weiter-ueber-Ractopamin-
Verbot-1123905.html und http://www.boell.de/de/2014/04/25/frei-
haendler-wittern-morgenluft.

TTIP-Faktencheck: Lebensmittel – Kulturkampf in der Küche, 14.
August 2014, http://www.sueddeutsche.de/wissen/ttip-faktencheck-
lebensmittel-kulturkampf-in-der-kueche-1.2079479.

US-Institut für Landwirtschaft und Handel über den TTIP-Entwurf
der EU-Kommission zu Lebensmittelsicherheit, Umwelt- und Tierschutz, http://www.iatp.org/documents/analysis-of-the-draft-transat-
lantic-trade-and-investment-partnership-ttip-chapter-on-food-.

Zurück auf Null beim Tier-und Verbraucherschutz?, http://www.bund.net/themen_und_projekte/internationaler_umweltschutz/ttip_ceta/landwirtschaft/.

Schweinemast in Deutschland, http://albert-schweitzer-stiftung.de/massentierhaltung/schweine, und http://albert-schweitzer-stiftung.de/aktuell/kastenstandhaltung-schweine-vor-dem-aus.

Neue EU-Schweinehaltungsverordnung, 26. April 2012, http://europa.eu/rapid/press-release_MEMO-12-280_en.htm.

Zur EU-Verordnung über die Haltung von Schweinen, http://www.fwi.co.uk/livestock/defra-secretary-owen-paterson-demands-action-on-sow-stalls.htm und http://www.ciwf.org.uk/news/2014/01/six-countries-still-flouting-sow-stall-ban.

Vertragsverletzungen durch Mitgliedsstaaten im Januar 2015, EU-Kommission, http://europa.eu/rapid/press-release_MEMO-14-36_de.htm.

Vertrag über die Arbeitsweise der EU, Artikel 13 (Landwirtschaft und Fischerei), http://dejure.org/gesetze/AEUV/13.html.

9. Der Sog nach unten: Die neue Arbeitswelt

Lothar Schröder, https://www.verdi.de/presse/downloads/personen/++co++47c22c80-b46c-11e0-6d0a-00093d114afd.

Telekom-Petition: Für die Wahrung von Arbeitnehmerrechten an ausländischen Standorten deutscher Unternehmen, http://www.weexpectbetter.org/petition-an-den-deutschen.

Unlautere Geschäftspraktiken der Telekom, http://www.weexpectbetter.org/video-what-happened-in-the.html?lang=en und http://www.welt.de/aktuell/article111251080/Telekom-Mitarbeiter-musste-angeblich-Eselsmuetze-tragen.html.

Kampf um Gewerkschaftsrechte bei T-Mobile USA geht weiter, ver.di, 8. Juli 2012, http://www.verdi.de/presse/pressemitteilungen/++co++a29a229a-c756-11e1-5127-0019b9e321cd.

NLRB Moves Forward On Unfair Labor Practice Charges Against T-Mobile US, 4. November 2013, http://www.cwa-union.org/news/entry/nlrb_moves_forward_on_unfair_labor_practice_charges_against_t-mobile_us/.

T-Mobile Is A Two-Faced Union Buster, 10. Juli 2014, https://www.oximity.com/article/T-Mobile-Is-A-Two-Faced-Union-Buster-1.

Die Telekom als verantwortungsvoller Arbeitgeber, https://www.telekom.com/verantwortung/verantwortungsvoller-arbeitgeber/101338.

Im Zweifel für den Arbeitgeber, 16. Mai 2014, http://www.zeit.de/wirtschaft/2014-05/Freihandel-TTIP-Deutschland-USA.

Die Telekom und gesellschaftliche Verantwortung, http://www.telekom.com/verantwortung/gesellschaftliche-verantwortung/24462.

Offener Brief an die Deutsche Telekom, http://www.weexpectbetter.org/IMG/pdf/anzeige_offener_brief_in_bonner_generalanzeiger.pdf, und seine Unterzeichner: http://www.weexpectbetter.org/wallraff-und-40-abgeordnete.html?lang=de.

Deutsche Telekom lehnt Vermittlungsbemühungen ab, 18. Juli 2013, http://www.weexpectbetter.org/deutsche-telekom-lehnt.

Urteil gegen T-Mobile USA, 20. April 2015, www.weexpectbetter.org/t-mobile-us-fur-schuldig-befunden-574?lang=de.

Ver.di-Bundestagspetition wegen gewerkschaftsfeindlicher Aktivitäten der Telekom, 17. August 2015, https://www.verdi.de/themen/nachrichten/++co++dc3b3cb0-44d9-11e5-b7e9-52540059119e.

Das Netzwerk der Bundesvereinigung Logistik (BVL), http://www.bvl.de/netzwerk.

Automobilindustrie im Südosten der USA setzt Expansionskurs fort, 5. März 2013, http://www.gtai.de/GTAI/Navigation/DE/Trade/maerkte,did=772412.html.

Merkblatt über gewerbliche Wareneinfuhren in den USA, https://www.schwaben.ihk.de/blob/aihk24/produktmarken/Beratung_und_Dienstleistung/international/Laender_Maerkte/Amerika/USA/554456

/21014f171ce5ee4a4cd0e479ccob9a35/Merkblatt_Gewerbliche_Waren-einfuhr-data.pdf.

Wahl im Werk Chattanooga: VW-Mitarbeiter in Tennessee wollen keinen Betriebsrat, 15. Februar 2014, http://www.spiegel.de/wirtschaft/unternehmen/werk-in-chattanooga-vw-mitarbeiter-wollen-keinen-betriebsrat-a-953648.html.

US-Senator lästert über deutsche Mitbestimmung, 7. Oktober 2013, http://www.sueddeutsche.de/wirtschaft/streit-ueber-vw-betriebsrat-in-den-usa-us-senator-laestert-ueber-deutsche-mitbestim-mung-1.1788509.

Mercedes-Benz Violated Alabama Workers' Organizing Rights, Judge Rules, 29. Juli 2014, http://www.autonews.com/article/20140729/OEM01/140729833/mercedes-benz-violated-alabama-workers-organi-zing-rights-judge-rules.

TTIP-Abkommen nur mit höchsten Arbeits- und Sozialstandards, IG Metall, 18. September 2014, http://www.igmetall.de/internet/ttip-transatlantisches-freihandelsabkommen-zwischen-der-eu-und-13347.htm.

Gewerkschaftsbüro für Daimler-Beschäftigte in Tuscaloosa, http://www.igmetall.de/SID-71891876-EA64CC8A/gewerkschaftsbuero-fuer-daimler-beschaeftigte-in-tuscaloosa-14512.htm.

Deutsche »Slumlords« in Amerika, 24. Mai 2011, http://www.manager-magazin.de/unternehmen/autoindustrie/a-764584.html.

Südosten der USA etabliert sich als bedeutender Kfz-Produktions-standort, 30. April 2014, http://www.gtai.de/GTAI/Navigation/DE/Trade/maerkte,did=1003228.html.

Obama hebt Mindestlohn auf 10,10 Dollar an, 13. Februar 2014, http://www.manager-magazin.de/politik/weltwirtschaft/mindestlohn-mit-rund-10-dollar-in-usa-geringer-als-in-deutschland-a-953196.html.

TTIP: Im Zweifel für den Arbeitgeber, 16. Mai 2014, http://www.zeit.de/wirtschaft/2014-05/Freihandel-TTIP-Deutschland-USA/.

TTIP-Faktencheck: Arbeitnehmerrechte, 15. August 2014, http://www.sueddeutsche.de/politik/ttip-faktencheck-arbeitnehmerrechte-macht-gefaelle-in-fabrik-und-buero-1.2081908.

Kernarbeitsnormen der ILO, http://www.ilo.org/berlin/arbeits-und-standards/kernarbeitsnormen/lang--de/index.htm und http://www.ilo.org/dyn/normlex/en/f?p=NORMLEXPUB:12000:0::NO::P12000_INSTRUMENT_SORT:1.

Die ILO und die USA, http://www.ilo.org/washington/ilo-and-the-united-states/the-usa-leading-role-in-the-ilo/lang--en/index.htm und http://www.ilo.org/washington/ilo-and-the-united-states/brief-history-and-timeline/lang--en/index.htm.

Ratifizierung der ILO-Grundprinzipien in den USA, https://www.uscib.org/docs/US_Ratification_of_ILO_Core_Conventions.pdf, und im internationalen Vergleich: http://www.ilo.org/dyn/normlex/en/f?p=NORMLEXPUB:10011:0::NO::P10011_DISPLAY_BY,P10011_CONVENTION_TYPE_CODE:1,F.

Die EU will während TTIP-Verhandlungen an ILO festhalten, http://trade.ec.europa.eu/doclib/docs/2013/july/tradoc_151626.pdf (S. 2).

Arbeits-Unrechts-Staat USA, http://www.sopos.org/aufsaetze/529364e2a092f/1.phtml.

Bundesverband der Deutschen Arbeitgeber zu TTIP, http://www.arbeitgeber.de/www/arbeitgeber.nsf/id/C128FC186B124CFCC1257D5800329193.

Potenziale und Blockaden internationaler Arbeitsrechte und -standards, Vortrag von Claudia Hofmann an der Universität Regensburg, http://www.social-globalization.uni-kassel.de/wp-content/uploads/2012/11/Hofmann.pdf.

Fazit

Höhere Einfuhrmenge für tunesisches Olivenöl, 17. September 2015, http://www.foodnavigator.com/Policy/Europe-set-to-increase-imports-of-Tunisian-olive-oil/